李辉 著

宋金交聘制度研究

（1127-1234）

杭州市社会科学院

南宋及南宋都城临安研究系列丛书 编

博士文库

浙江文化研究工程项目（23WH18-1Z）
浙江省哲学社会科学重点研究基地课题
（09JDNS004YB）

浙江文化研究工程成果文库总序

　　有人将文化比作一条来自老祖宗而又流向未来的河,这是说文化的传统,通过纵向传承和横向传递,生生不息地影响和引领着人们的生存与发展;有人说文化是人类的思想、智慧、信仰、情感和生活的载体、方式和方法,这是将文化作为人们代代相传的生活方式的整体。我们说,文化为群体生活提供规范、方式与环境,文化通过传承为社会进步发挥基础作用,文化会促进或制约经济乃至整个社会的发展。文化的力量,已经深深熔铸在民族的生命力、创造力和凝聚力之中。

　　在人类文化演化的进程中,各种文化都在其内部生成众多的元素、层次与类型,由此决定了文化的多样性与复杂性。

　　中国文化的博大精深,来源于其内部生成的多姿多彩;中国文化的历久弥新,取决于其变迁过程中各种元素、层次、类型在内容和结构上通过碰撞、解构、融合而产生的革故鼎新的强大动力。

　　中国土地广袤、疆域辽阔,不同区域间因自然环境、经济环境、社会环境等诸多方面的差异,建构了不同的区域文化。区域文化如同百川归海,共同汇聚成中国文化的大传统,这种大传统如同春风化雨,渗透于各种区域文化之中。在这个过程中,区域文化如同清溪山泉潺潺不息,在中国文化的共同价值取向下,以自己的独特个性支撑着、引领着本地经济社会的发展。

　　从区域文化入手,对一地文化的历史与现状展开全面、系统、扎实、有序的研究,一方面可以藉此梳理和弘扬当地的历史传统和文化资源,繁荣和丰富当代的先进文化建设活动,规划和指导未来的文化发展蓝图,增强文化软实力,为全面建设小康社会、加快推进社会主义现代化提供思想保证、精神动力、智力支持和舆论力量;另一方面,这也是深入了解中国文化、研究中国文化、发展中国文化、创新中国文化的重要途径之一。如今,区域文化研究日益受到各地重视,成为我国文化研究走向深入的一个重要标志。我们今天实施浙江文化研究工程,其目的和意义也在于此。

千百年来,浙江人民积淀和传承了一个底蕴深厚的文化传统。这种文化传统的独特性,正在于它令人惊叹的富于创造力的智慧和力量。

浙江文化中富于创造力的基因,早早地出现在其历史的源头。在浙江新石器时代最为著名的跨湖桥、河姆渡、马家浜和良渚的考古文化中,浙江先民们都以不同凡响的作为,在中华民族的文明之源留下了创造和进步的印记。

浙江人民在与时俱进的历史轨迹上一路走来,秉承富于创造力的文化传统,这深深地融汇在一代代浙江人民的血液中,体现在浙江人民的行为上,也在浙江历史上众多杰出人物身上得到充分展示。从大禹的因势利导、敬业治水,到勾践的卧薪尝胆、励精图治;从钱氏的保境安民、纳土归宋,到胡则的为官一任、造福一方;从岳飞、于谦的精忠报国、清白一生,到方孝孺、张苍水的刚正不阿、以身殉国;从沈括的博学多识、精研深究,到竺可桢的科学救国、求是一生;无论是陈亮、叶适的经世致用,还是黄宗羲的工商皆本;无论是王充、王阳明的批判、自觉,还是龚自珍、蔡元培的开明、开放,等等,都展示了浙江深厚的文化底蕴,凝聚了浙江人民求真务实的创造精神。

代代相传的文化创造的作为和精神,从观念、态度、行为方式和价值取向上,孕育、形成和发展了渊源有自的浙江地域文化传统和与时俱进的浙江文化精神,她滋育着浙江的生命力、催生着浙江的凝聚力、激发着浙江的创造力、培植着浙江的竞争力,激励着浙江人民永不自满、永不停息,在各个不同的历史时期不断地超越自我、创业奋进。

悠久深厚、意韵丰富的浙江文化传统,是历史赐予我们的宝贵财富,也是我们开拓未来的丰富资源和不竭动力。党的十六大以来推进浙江新发展的实践，使我们越来越深刻地认识到，与国家实施改革开放大政方针相伴随的浙江经济社会持续快速健康发展的深层原因，就在于浙江深厚的文化底蕴和文化传统与当今时代精神的有机结合，就在于发展先进生产力与发展先进文化的有机结合。今后一个时期浙江能否在全面建设小康社会、加快社会主义现代化建设进程中继续走在前列，很大程度上取决于我们对文化力量的深刻认识、对发展先进文化的高度自觉和对加快建设文化大省的工作力度。我们应该看到，文化的力量最终可以转化为物质的力量，文化的软实力最终可以转化为经济的硬实力。文化要素是综合竞争力的核心要素，文化资源是经济社会发展的重要资源，文化素质是领导者和劳动者的首要素质。因此，研究浙江文化的历史与现状，增强文化软实力，为浙江的现代化建设服务，是浙江人民的共同事业，也是浙江各级党委、政府的重要使命和责任。

2005 年 7 月召开的中共浙江省委十一届八次全会，作出《关于加快建设文化大省的决定》，提出要从增强先进文化凝聚力、解放和发展生产力、增强社会公共服务能力入手，大力实施文明素质工程、文化精品工程、文化研究工程、文化保护工程、文化产业促进工程、文化阵地工程、文化传播工程、文化人才工程等"八项工程"，实施科教兴国和人才强国战略，加快建设教育、科技、卫生、体育等"四个强省"。作为文化建设"八项工程"之一的文化研究工程，其任务就是系统研究浙江文化的历史成就和当代发展，深入挖掘浙江文化底蕴、研究浙江现象、总结浙江经验、指导浙江未来的发展。

浙江文化研究工程将重点研究"今、古、人、文"四个方面，即围绕浙江当代发展问题研究、浙江历史文化专题研究、浙江名人研究、浙江历史文献整理四大板块，开展系统研究，出版系列丛书。在研究内容上，深入挖掘浙江文化底蕴，系统梳理和分析浙江历史文化的内部结构、变化规律和地域特色，坚持和发展浙江精神；研究浙江文化与其他地域文化的异同，厘清浙江文化在中国文化中的地位和相互影响的关系；围绕浙江生动的当代实践，深入解读浙江现象，总结浙江经验，指导浙江发展。在研究力量上，通过课题组织、出版资助、重点研究基地建设、加强省内外大院名校合作、整合各地各部门力量等途径，形成上下联动、学界互动的整体合力。在成果运用上，注重研究成果的学术价值和应用价值，充分发挥其认识世界、传承文明、创新理论、咨政育人、服务社会的重要作用。

我们希望通过实施浙江文化研究工程，努力用浙江历史教育浙江人民、用浙江文化熏陶浙江人民、用浙江精神鼓舞浙江人民、用浙江经验引领浙江人民，进一步激发浙江人民的无穷智慧和伟大创造能力，推动浙江实现又快又好发展。

今天，我们踏着来自历史的河流，受着一方百姓的期许，理应负起使命，至诚奉献，让我们的文化绵延不绝，让我们的创造生生不息。

2006 年 5 月 30 日于杭州

序　言

徐　规

　　靖康之变,北宋灭亡。建炎元年(1127)五月初一日,宋徽宗第九子、钦宗之弟赵构在应天府(河南商丘)即帝位,重建宋政权。不久,宋高宗在金兵的追击下一路南逃,最终在杭州站稳了脚跟,并将此地称为行在所,成为实际上的南宋都城。

　　南宋自立国起,到最终为元朝灭亡(1279),国祚长达一百五十三年之久。对于南宋社会,历来评价甚低,以为它国力至弱,君臣腐败,偏安一隅,一无作为。但是近代以来,一些具有远见卓识的史学家却有不同看法,如著名史学大师陈寅恪先生在二十世纪四十年代初指出:

　　　　华夏民族之文化,历数千载之演进,造极于赵宋之世。①

　　著名宋史专家邓广铭先生更认为:

　　　　宋代是我国封建社会发展的最高阶段,两宋期内的物质文明和精神文明所达到的高度,在中国整个封建社会历史时期之内,可以说是空

---

　　①　陈寅恪:《金明馆丛稿二编》,生活·读书·新知三联书店2001年出版。

前绝后的。①

很显然,对宋代的这种高度评价,无论是陈寅恪还是邓广铭先生,都没有将南宋社会排斥在外。我以为,一些人所以对南宋贬抑至深,在很大程度上是出于对患有"恐金病"的宋高宗和权相秦桧一伙倒行逆施的义愤,同时从南宋对金人和蒙元步步妥协,国土日朘月削,直至灭亡的历史中,似乎也看到了它的懦弱和不振。当然,缺乏对南宋史的深入研究,恐怕也是其中的一个原因。

众所周知,南宋历史悠久,国土虽只及北宋的五分之三,但人口少说也有五千万左右,经济之繁荣,文化之辉煌,人才之众多,政权之稳定,是历史上任何一个偏安政权所不能比拟的。因此,对南宋社会的认识,不仅要看到它的统治集团,更要看到它的广大人民群众;不仅要看到它的军事力量,更要看到它的经济、文化和科学技术等各个方面,看到它的人心之所向。特别是由于南宋的建立,才使汉唐以来的中华文明在这里得到较好的传承和发展,不至于产生大的倒退。对于这一点,人们更加不应该忽视。

北宋灭亡以后,由于在淮河、秦岭以南存在着南宋政权,才出现了北方人口的大量南移,再一次给中国南方带来了充足的劳动力、先进的技术和丰富的生产经验,从而推动了南宋农业、手工业、商业和海外贸易的显著的进步。

与此同时,南宋又是中国古代文化最为光辉灿烂的时期。它具体表现为:

一是理学的形成和儒学各派的互争雄长。

南宋时候,程朱理学最终形成,出现了以朱熹为代表的主流派道学,以胡安国、胡宏、张栻为代表的湖湘学,以谯定、李焘、李石为代表的蜀学,以陆九渊为代表的心学。此外,浙东事功学派也在尖锐复杂的民族矛盾和阶级矛盾的形势下崛起,他们中有以陈傅良、叶适为代表的永嘉学派,以陈亮、唐

---

① 邓广铭:《关于宋史研究的几个问题》,载《社会科学战线》1986 年第 2 期。

仲友为代表的永康学派,以吕祖谦为代表的金华学派。理宗朝以前,各学派之间互争雄长,呈现出一派欣欣向荣的景象。

二是学校教育的大发展,推动了文化的普及。

南宋学校教育分中央官学、地方官学、书院和私塾村校,它们在南宋都获得了较大发展。如南宋嘉泰二年(1202),仅参加中央太学补试的士人就达三万七千余人,约为北宋熙宁初的二百五十倍。① 州县学在北宋虽多次获得倡导,但只有到南宋才真正得以普及。两宋共有书院三百九十七所,其中南宋占三百十所,② 比北宋的三倍还多,著名的白鹿洞、象山、丽泽等书院,都是各派学者讲学的重要场所。为了适应科举的需要,私塾村校更是遍及城乡。学校教育的大发展,有力地推动了南宋文化的普及,不仅应举的读书人较北宋为多,就是一般识字的人,其比例之大也达到了有史以来的高峰。

三是史学的空前繁荣。

通观整个南宋,除了权相秦桧执政时期,总的说来,文禁不密,士大夫熟识政治和本朝故事,对国家和民族有很强的责任感,不少人希望借助于史学研究,总结历史上的经验和教训,以供统治集团作为参考。另一方面,南宋重视文治,读书应举的人比以前任何时候都多,对史书的需要量极大,许多人通过著书立说来宣扬自己的政治主张,许多人将刻书卖书作为谋生的手段。这样就推动了南宋史学的空前繁荣,流传下来的史学著作,尤其是本朝史,大大超过了北宋一代,南宋史家辈出,他们治史态度之严肃,考辨之详赡,一直为后人所称道。四川、两浙东路、江南西路和福建路都是重要的史学中心。四川以李焘、李心传、王称等人为代表。浙东以陈傅良、王应麟、黄震、胡三省等人为代表。江南西路以徐梦莘、洪皓、洪迈、吴曾等人为代表,福建路以郑樵、陈均、熊克、袁枢等人为代表。他们既为后世留下了宝贵的史料,也创立了新的史学体例,史书中反映的爱国思想也对后世史家产生了

① 徐松辑:《宋会要辑稿》崇儒一之三九,中华书局 1987 年影印本。
② 参见曹松叶《宋元明清书院概况》,载《中山大学语言历史研究所周刊》第十集,第 111–115 期,1929 年 12 月至 1930 年出版。

重大影响。

四是公私藏书十分丰富。

南宋官方十分重视书籍的搜访整理,重建具有国家图书馆性质的秘书省,规模之宏大,藏书之丰富,远远超过以前各个朝代。私家藏书更是随着雕板印刷业的进步和重文精神的倡导而获得了空前发展。两宋时期,藏书数千卷且事迹可考的藏书家达到五百余人,生活于南宋的藏书家有近三百人,①又以浙江为最盛,其中最大的藏书家有郑樵、陆宰、叶梦得、晁公武、陈振孙、尤袤、周密等人,他们藏书的数量多达数万卷至十数万卷,有的甚至可与秘府、三馆等相匹敌。

五是文学、艺术的繁荣。

南宋是中国古代文学、艺术繁荣昌盛的时代。词是两宋最具代表性的文学形式,据唐圭璋先生所辑《全宋词》统计,在所收作家籍贯和时代可考的八百七十三人中,北宋二百二十七人,占百分之二十六;南宋六百四十六人,占百分之七十四,李清照、辛弃疾、陆游、姜夔、刘克庄等都是南宋杰出词家。宋诗的地位虽不及唐代,但南宋诗就其数量和作者来说,却大大超过了北宋。由北方南移的诗人曾几、陈与义;有"中兴四大诗人"之称的陆游、杨万里、范成大、尤袤;有同为永嘉(浙江温州)人的徐照、徐玑、翁卷、赵师秀;有作为江湖派代表的戴复古、刘克庄;有南宋灭亡后作"遗民诗"的代表文天祥、谢翱、方凤、林景熙、汪元量、谢枋得等人。此外,南宋的绘画、书法、雕塑、音乐舞蹈以及戏曲等,都在中国文化史上占有一定的地位。

在日常生活中,南宋的民俗风情,宗教思想,乃至衣、食、住、行等方面,对今天的中国也有着深刻影响。

南宋亦是我国古代科学技术发展史上最为辉煌的时期,正如英国学者李约瑟所说:"对于科技史家来说,唐代不如宋代那样有意义,这两个朝代的气氛是不同的。唐代是人文主义的,而宋代较着重科学技术方面……每当

---

① 参见《中国藏书通史》第五编第三章《宋代士大夫的私家藏书》,宁波出版社2001年出版。

人们在中国的文献中查找一种具体的科技史料时,往往会发现它的焦点在宋代,不管在应用科学方面或纯粹科学方面都是如此。"①此话当然一点不假,不过如果将南宋与北宋相比较,李约瑟上面所说的话,恐怕用在南宋会更加恰当一些。

首先,中国四大发明中的三大发明,即指南针、火药和印刷术而言,在南宋都获得了比北宋更大的进步和更广泛的应用。别的暂且不说,仅就将指南针应用于航海上,并制成为罗盘针使用这一点来看,它就为中国由陆上国家向海洋国家的转变创造了技术上的条件,意义十分巨大。再如,对人类文明有重大贡献的活字印刷术虽然发明于北宋,但这项技术的成熟与正式运用却是在南宋。其次,在农业、数学、医药、纺织、制瓷、造船、冶金、造纸、酿酒、地学、水利、天文历法、军器制造等方面的技术水平都比过去有很大进步。可以这样说:在西方自然科学东传之前,南宋的科学技术在很大程度上代表了中国封建社会科学技术的最高水平。

南宋军事力量虽然弱小,但军民的斗争意志却异常强大。公元1234年,金朝为宋蒙联军灭亡以后,宋蒙战争随即展开。蒙古铁骑是当时世界上最为强大的军队,它通过短短的二十余年时间,就灭亡了西夏和金,在此前后又发动三次大规模的西征,横扫了中亚、西亚和俄罗斯等大片土地,前锋一直打到中欧的多瑙河流域。但面对如此劲敌,南宋竟顽强地抵抗了四十五年之久,这不能不说是世界战争史上的一个奇迹。从中涌现出了大量可歌可泣的英雄人物,反映了南宋军民不畏强暴的大无畏战斗精神,他们与前期的岳飞精神一样,成为中华民族宝贵的精神财富。

古人有言:"以古为镜,可以知兴替。"近人有言:"古为今用,推陈出新。"前者是说,认真研究历史,可为后人提供历史上的经验和教训,以少犯错误;后者是说,应该吸取历史上一切有益的东西,通过去粗取精,改造、发展,以造福人民,总之,认真研究历史,有利于加强精神文明的建设,也有利于将我国建设成为一个和谐的、幸福的社会。我觉得南宋可供我们借鉴反

① 《中国科学技术史·导论》中译本,科学出版社、上海古籍出版社1990年出版。

思和保护利用的东西实为不少。

以前,南宋史研究与北宋史研究相比,显得比较薄弱,但随着杭州市社会科学院主持的 50 卷《南宋史研究丛书》编撰出版工作的基本完成,这一情况发生了一些令人欣喜的改变。但历史研究没有穷尽,关于南宋和南宋都城临安的研究,尚有许多问题值得进一步探讨,也还有一些空白需要填补。近日,欣闻杭州市社会科学院南宋史研究中心拟进一步深化和扩大南宋史研究,同时出版"博士文库",加强对南宋史研究后备人才的培养,对杭州凤凰山皇城遗址综保工程,也正从学术上予以充分配合和参与,此外还正在点校和整理部分南宋史的重要典籍。组织编撰《南宋及南宋都城临安研究系列丛书》,对于开展以上一系列的研究,我认为很有意义。我相信,在汲取编撰《南宋史研究丛书》成功经验的基础上,新的系列丛书一定会进一步推动我国南宋史研究的深入开展,对杭州乃至全国的精神文明建设都有莫大的贡献,故乐为之序。

2010 年 11 月于杭州市道古桥寓所

目　　录

浙江文化研究工程成果文库总序 …………………… 习近平（1）

序　言 …………………………………………… 徐　规（1）

引言 ……………………………………………………（1）

　　一、朝贡制度与交聘制度 ………………………（2）

　　二、宋金关系史研究概况 ………………………（5）

　　三、本课题研究史回顾 …………………………（7）

　　四、本书基本构架 ……………………………（10）

第一章　宋金交聘背景分析 …………………………（1）

　第一节　宋辽关系对宋金关系的影响 ……………（1）

　　一、对等外交关系的发展回顾 …………………（3）

　　二、南宋人对"澶渊之盟"的评价 ………………（7）

　第二节　南宋对"夷狄"的认识 …………………（10）

　　一、强调"中国"与"夷狄"共生 ………………（10）

　　二、尊中国、贬夷狄 …………………………（12）

　第三节　"朝贡体系"理想对现实政策的影响 ………（19）

　　小结 ……………………………………………（21）

第二章　南宋聘使制度 ………………………………（22）

　第一节　南宋处理宋金交聘的机构 ………………（22）

一、主管往来国信所 …………………………………………（23）

二、都亭驿 ………………………………………………………（28）

三、班荆馆 ………………………………………………………（29）

第二节　国信使节之选派 ……………………………………（29）

一、使节名目 ……………………………………………………（29）

二、使团构成 ……………………………………………………（35）

三、使节之优待 …………………………………………………（41）

第三节　国信使节的走私问题 ………………………………（45）

一、使节走私之普遍 ……………………………………………（45）

二、以"私觌"为方式的使节走私 ……………………………（46）

三、走私之物品 …………………………………………………（48）

四、使节走私之惩戒 ……………………………………………（49）

第四节　使金礼物 ……………………………………………（50）

一、国信礼物 ……………………………………………………（50）

二、私觌 …………………………………………………………（53）

三、小结 …………………………………………………………（54）

第五节　对金使的接待 ………………………………………（55）

一、送伴使及馆伴使之选派 ……………………………………（56）

二、金使之接送 …………………………………………………（60）

三、金使之待遇 …………………………………………………（61）

第六节　国书与交聘礼仪 ……………………………………（69）

一、国书 …………………………………………………………（69）

二、金使入见之礼仪 ……………………………………………（72）

第三章　南宋国信使群体研究 ………………………………（80）

第一节　布衣出使 ……………………………………………（80）

一、布衣出使举例 ………………………………………………（81）

二、布衣出使原因探讨 …………………………………………（82）

三、小结 …………………………………………………………（84）

第二节　南宋初使金使与秦桧之关系 …………………………（85）

一、亲戚、师友 …………………………………………………（86）

二、同乡 …………………………………………………………（87）

三、同党 …………………………………………………………（89）

四、僚属 …………………………………………………………（92）

五、小结 …………………………………………………………（94）

第三节　宰执的出使经历 …………………………………………（96）

一、以执政身份出使之例 ………………………………………（97）

二、出使若干年后升至宰执之例 ………………………………（98）

三、小结 …………………………………………………………（100）

第四章　金国聘使制度 ………………………………………………（103）

第一节　聘使统计 …………………………………………………（103）

一、礼仪使 ………………………………………………………（104）

二、泛使 …………………………………………………………（106）

第二节　国信使节的选用及待遇 …………………………………（108）

一、使团之组成 …………………………………………………（108）

二、使、副的选拔 ………………………………………………（110）

三、国信礼物 ……………………………………………………（112）

四、使节之奖惩 …………………………………………………（113）

第三节　借官出使 …………………………………………………（114）

一、出使借官的发现 ……………………………………………（114）

二、金使借官之举例 ……………………………………………（115）

三、金使借官制度之分析 ………………………………………（118）

第四节　对宋使的接待 ……………………………………………（119）

一、接送伴使及馆伴使 …………………………………………（119）

二、沿途接待 ……………………………………………………（120）

三、在京待遇 ……………………………………………………（120）

第五节　金帝生辰改期受贺 ………………………………………（121）

一、《金史》所载诸帝生辰与诞节 ……………………………（122）

二、金帝生辰改期受贺之原因 ………………………………（124）

三、金帝生辰改期受贺之分析 ………………………………（127）

第五章　宋金交聘史料研究 …………………………………（129）

第一节　宋人使金国信"语录"叙录 ……………………………（129）

一、《宣和使金录》 …………………………………………（131）

二、《聘燕录》 ………………………………………………（131）

三、《靖康奉使录》 …………………………………………（131）

四、《建炎通问录》 …………………………………………（132）

五、《奉使杂录》 ……………………………………………（132）

六、《馆伴日录》 ……………………………………………（133）

七、《隆兴奉使审议录》 ……………………………………（133）

八、《金国行程》 ……………………………………………（133）

九、《茆斋自叙》 ……………………………………………（133）

十、《乾道奉使录》 …………………………………………（134）

十一、《重明节馆伴语录》 …………………………………（134）

十二、《燕云奉使录》 ………………………………………（135）

十三、《绍兴甲寅通和录》 …………………………………（135）

十四、《使金录》 ……………………………………………（136）

十五、《使燕录》 ……………………………………………（136）

十六、《奉使金国语录》 ……………………………………（137）

十七、《北辕录》 ……………………………………………（137）

十八、《揽辔录》 ……………………………………………（138）

十九、《北行日录》 …………………………………………（139）

二十、《金国生辰语录》 ……………………………………（139）

二十一、《宣和乙巳奉使行程录》 …………………………（139）

二十二、《靖康大金山西军前和议录》 ……………………（140）

二十三、《建炎假道高丽录》 ………………………………（140）

二十四、《松漠纪闻》 ···（140）

二十五、《奉使执礼录》 ···（141）

第二节 《金史·交聘表》补正 ·····································（141）

一、《金史·交聘表》不载之条 ·································（142）

二、补《金史·交聘表》所阙使副姓名、官职之条 ·······（157）

三、正《金史·交聘表》之条 ·····································（166）

附录一 南宋国信使表 ··（168）

附录二 金国国信使表 ··（204）

引用书目 ···（233）

一、古籍之属 ···（233）

经部之属 ···（233）

史部之属 ···（233）

子部之属 ···（236）

集部之属 ···（237）

二、近人著述之属 ···（238）

三、外文著述之属 ···（241）

后记 ···（242）

引　言

以"关系史"为主题的研究一直是中国古代史研究的一个传统。这一传统不仅包含了国与国之间的范畴,也包括了不同民族之间的关系。西方的中国学研究者使用了一个新的概念:天下秩序、世界秩序,其实一也。

关于"天下"这一词语,在日本学者的研究中,一种看法认为,天下是超越了民族、地域,呈同心圆状扩展的世界,以田崎仁义、平冈武夫、西岛定生、堀敏一诸氏为代表。另一种看法则认为天下等同于中国、九州,以山田统、安部健夫为代表①。渡边信一郎在此基础上提出,古文经学家与今文经学家构想出两个不同的天下观:古文经学系统的天下观以天子统治的王城为世界中心,依照九州—四海(天下)—四荒—四极的顺序重层展开,天下是包括中国与夷狄在内的复合型政治社会;今文经学系统将天下理解为由同一语言圈、同一交通圈、同一文化圈所构成的九州②。

费正清(John King Fairbank)认为中国古代的世界秩序是以中国为中心的、等级制的外交关系,可以分为三个大圈:第一个是汉字圈,由几个最邻近的文化相同的属国组成,即朝鲜、越南、琉球群岛,包括某些时期的日本;第二个是内亚圈,同亚洲内陆游牧或半游牧民族等属国和从属部落构成;第三

---

①　参见[日]渡边信一郎《中国古代的王权与天下秩序——从中日比较史的视角出发》,中华书局2008年,第9—17页。

②　渡边信一郎:《中国古代的王权与天下秩序——从中日比较史的视角出发》,第66—76页。

个是外圈,包括日本、东南亚、南亚以及欧洲①。费正清此段论述是在考察清代中国与外邦的关系基础上提出来的,并且认为,中国的世界秩序是一整套的思想和做法,千百年来,中国的统治者们不断地将这套东西加以发展,使之永久地保存下来②。费正清这一说法对不对? 他的这一猜测有无道理? 我们知道,自古以来就有多个民族生活在中国这块广袤的土地上,王朝更迭,民族兴衰,似乎很难讲,在这样的历史背景下,有什么东西可以称得上"永久"?

10—13 世纪是中国古代历史上充满政局变革的时期,传统上的中原汉族政权已不占绝对优势,契丹人、女真人、蒙古人先后策马南下。以中原汉族为中心的传统文化是怎样看待这些来自草原上的"异民族"? 这些"非汉族"政权又是如何处理与中原政权的关系? 费正清的"以中国为中心的、等级制的中国外交关系"放置于其它朝代是否还成立? 本书将以南宋与金的关系为切入点,思考以上问题。

一、朝贡制度与交聘制度

费正清将中国"世界秩序"概括为"朝贡制度"。他早在 1941 年,就与邓嗣禹合写过一篇长文《论清代的朝贡制度》③。在这篇文章里,他们认为中国人朝贡的观念自商代起就有了。中原超越"四夷",依靠的是文化,而非武力,是以儒家思想为指导,以汉字为介质而推行的中国生活方式。费正清所提出的"中国的世界秩序",从中国历史出发,构建了一个以传统中国为中心的三个"同心圆"文化圈体系。这一理论引起了其他学者的兴趣,对此进行了部分修正和质疑。例如杨联陞就说,以中国为中心的世界秩序,是在不同的时间,从许多程度不一、甚至有时几近于零的事实上建立起来的一个神话④。此外,20 世纪 80 年代,美国亚利桑那大学的罗萨比(Rossabi)组织了

---

① 费正清:《一种初步的构想》,载费正清编,杜继东译《中国的世界秩序》,中国社会科学出版社 2010 年,第 2 页。

② 同上,第 1 页。

③ John King Fairbank and S. Y. Teng: On the Ching Tributary System, Harvard Journal of Asiatic Studies,1941 6(2),pp135—246.

④ 杨联陞:《从历史看中国的世界秩序》,载《国史探微》,辽宁教育出版社 1998 年,第 1—14 页。

一次学术会议,讨论 10—14 世纪中国的对外关系,并在会议论文的基础上,编辑了书名为 China among Equals 的论文集。这实际上就是对费正清理论的修正,认为在 10—14 世纪的中国已经存在一种稳定和平等的外交关系,而不是像费正清所提出的由中国主导的不平等的朝贡关系。

"交聘"这一概念出现得很早。交,《说文》在交部,云:"交胫也。从大,象交形。"①可知"交"是一个象形字,引申之义为互相。聘,《说文》:"聘,访也。从耳,粤声。"②访是一个平等的字眼,不含褒贬。故知"交聘"本义是相互访问。利用四库检索系统"史部"检索"交聘"二字,宋以前,唯《宋书》、《北齐书》、新旧《五代史》、《资治通鉴》出现"交聘"二字。例如,《宋书》卷七五《颜竣传》载:"昔年江上之役,乃是和亲之所招。历稔交聘,遂求国婚,朝廷羁縻之义,依违不绝……"③又如《北齐书》卷三五《陆卬传》载:"自梁、魏通和,岁有交聘,(陆)卬每兼官燕接,在帝席赋诗……"④逯耀东认为,南北朝时期,南北间的外交关系和春秋时代诸国间的外交关系相似,例如北魏与南方的宋、齐、梁三朝,双方时常维持着平等的外交立场,外交礼节皆以平等为原则。而沃斯(Edmund H. Worthy)研究了五代时期的吴越国外交,认为五代时南方诸国之间普遍存在着外交上的对等关系⑤。以上两位学者的研究正可以说明何以唯南北朝、五代时期的史料中出现"交聘"二字。

"交聘"二字在《宋史》中频频出现,《金史》甚至专门列有《交聘表》,这说明当时国与国之间的关系是以"交聘"为主。此外,宋人文集中出现的"交聘"概念,则更能说明问题。例如,宋人宋庠(996—1066)在《崇政殿与枢密院同答手詔》中,分析宋辽关系,认为辽国"舍交聘就战斗,则悖逸而向劳,绝岁输谋掠夺,则利轻而害重"⑥。此处,即将宋辽和好的关系称为"交

---

①　许慎:《说文解字》,徐铉校定,中华书局 2013 年,第 213 页。
②　《说文解字》,第 250 页。
③　沈约:《宋书》卷七五,中华书局 1995 年。
④　李百药:《北齐书》卷三五,中华书局 1995 年。
⑤　Edmund H. Worthy, JR:Diplomacy for Survival:Domestic and Foreign Relations of Wu Yueh, 907—978,Morris Rossabi, ed., China Among Equals, pp17—44.
⑥　宋庠:《元宪集》卷三二,武英殿聚珍本。

聘"。北宋甚至在抚问辽使的诏书中,亦明确将宋辽往来称为"交聘"。例如《班荆馆赐契丹贺正旦人使到阙酒果口宣》云:"卿等岁律更端,邻欢交聘,载驰使传,方及国郊,宜推宠锡之恩式,示眷怀之厚。"①南宋亦视与金的交往为"交聘"。一个最有力的证据,就是南宋朝廷公文中出现了"交聘"这样的提法。例如在南宋人的文集中就保留了这样一份公文,其题为《甲戌九月间传闻盱眙军得泗州关牒欲再行交聘之礼拟作议状》②,从这份公文中可以看出南宋的官方文件确将宋金之间的交往称为"交聘"。

朝贡之概念则完全不同。"贡",《说文》曰:"献功也,从贝,工声。"③宋人对"朝"与"聘"的概念分得很清。例如"天子之与诸侯,诸侯之与邻国,皆有朝礼,有聘礼。朝则相见,聘则相问也"④。可知诸侯见天子曰朝,诸侯之邦交曰聘,朝与聘是有严格区别的。

宋代之朝贡制度与交聘制度是同时存在的,以国家实力的不同而区分对待。北宋时,鸿胪寺掌管外事往来,因对象的不同,分设机构处理:"其官属十有二:往来国信所,掌大辽使介交聘之事。都亭西驿及管干所,掌河西蕃部贡奉之事。礼宾院,掌回鹘、吐蕃、党项、女真等国朝贡馆设,及互市译语之事。怀远驿,掌南蕃交州,西蕃龟兹、大食、于阗、甘、沙、宗哥等国贡奉之事。"⑤其中,处理对辽事务,设往来国信所,其往来之事,称之为"交聘"。而对于回鹘、吐蕃、党项、女真等小的国家则有都亭驿、怀远驿等机构,其往来之事,称之为"朝贡"或"贡奉"。由此知宋代的外交制度是二元制,既有朝贡制度,亦有对等的交聘制度,以对方实力的不同而区别对待。

对于宋、辽、金之往来,清人亦敏锐地意识到,宋、辽、金之间的交聘是不同于"蕃国朝贡"的关系。秦蕙田曰:"宋、辽、金交聘与蕃使朝贡有别,因无类可归,故附见于此,而著其说云。"⑥对于宋辽关系,已有多位学者从不同

---

① 欧阳修:《欧阳文忠公集》卷八六,四部丛刊初编本。
② 曹彦约:《昌谷集》卷九,文渊阁《四库全书》本。
③ 《说文解字》,第 126 页。
④ 卫湜:《礼记集说》卷一四八《聘仪第四十八》,文渊阁《四库全书》本。
⑤ 《宋史》卷一六五《职官五》,中华书局 1985 年,第 3903 页。
⑥ 秦蕙田:《五礼通考》卷二二六,文渊阁《四库全书》本。

的角度进行了深入的研究。聂崇岐考查宋辽互派使节的情况、国书之体例、使节之仪注说:"惟宋辽平等互待,一切聘问礼文,大致相仿,由宋之如何待辽,即可窥辽之如何待宋。"①陶晋生以澶渊之盟为例,认为宋辽间交往是平等的②。以上研究从不同的角度出发,得出相同的结论,认为宋辽之间是对等的,与传统上的朝贡关系大不相同。

宋金关系与宋辽关系相比,有不同之处,但也有许多相通之处。从南宋这方面来说,亦是二元制,仅将与金国的往来称为交聘,而对回鹘、西南诸夷则用朝贡制度相待③。考察金国的政治体制,在外交方面亦是二元制,有以"交聘"待之者,亦有令其"朝贡"者。《金史》有《交聘表》,记载与南宋、西夏、高丽使者往来之事,而在记载与回鹘等国往来时,则使用"朝贡"。例如《金史》卷四记载:"(天眷元年,1138)八月甲寅朔,颁行官制。癸亥,回鹘遣使朝贡。"④南宋、金实行的对外政策,以对方实力大小而区别对待,是双方博弈的结果。

二、宋金关系史研究概况

(一)宋金关系史研究从清代就已开始。如赵翼在《廿二史劄记》中提出赵良嗣不应入奸臣传,而且还注意到宋、辽、金、夏各国交聘礼仪⑤。前辈们的研究无疑是具有开拓性质的,至今仍可为我们进一步研究提供借鉴。

(二)民国时期,宋金关系史研究主要集中在20世纪30—40年代。由于这一时期抗日救亡运动十分活跃,反映在学术上,宋代外交、宋金联合攻辽、秦桧主和与南宋大局的关系、宋代太学生救国运动和岳飞抗金救国斗争,成为研究热点。代表性著作主要有谢诒徵《宋之外交》⑥、黄现璠《宋代

① 聂崇岐:《宋辽交聘考》,《宋史丛考》,中华书局1980年,第283页注2。
② 陶晋生:《宋辽关系史研究》,台北联经出版事业公司1984年,第15—42页。
③ 参看黄纯艳《宋代朝贡体系研究》,商务印书馆2014年,第226—236页。
④ 《金史》卷四《本纪第四》,中华书局1975年,第73页。
⑤ 赵翼:《廿二史劄记》卷二五,黄寿成校点,辽宁教育出版社2000年,第433页。
⑥ 谢诒徵:《宋之外交》,上海大东书局1935年。

太学生救国运动》①、周君远《徽钦北徙录》②等。

而这一时期，日本学者出于政治目的，尤其注意对包括金史在内的北方民族史的研究。在宋金关系史方面，涉及国内学人关注较少的经济领域，如加藤繁《宋代和金国的贸易》、《宋金贸易中的茶、钱和绢》③等。《宋代和金国的贸易》一文对宋金边界的榷场贸易作了详尽论述；《宋金贸易中的茶、钱和绢》则主要论述榷场贸易中的大宗货物。

（三）20 世纪 50—70 年代，大陆学者们以马克思唯物史观为指导，运用阶级斗争的方法研究民族关系。其中重要的著作有邓广铭的《岳飞传》④、沈起炜《宋金战争史略》⑤、何竹淇《岳飞抗金史略》⑥。此外还有一些论文，重要的有邓广铭《南宋对金斗争的几个问题》⑦等。这一时期，宋金关系史研究虽然取得一些初步进展，但由于受意识形态的影响，过多使用阶级斗争的方法，使研究出现教条化的倾向。然而，值得注意的是，港台史界的宋金关系史研究却相当活跃，出现了一些成果。重要的著作有姚从吾《东北史论丛》⑧、陶晋生《金海陵帝的伐宋与采石战役的考实》⑨等。论文方面，集中于对宋金海上之盟的史实考察，例如赵铁寒《宋金海上之盟始末记》⑩、徐玉虎《宋金海上联盟的概观》⑪等。

（四）20 世纪 80 年代以后，宋金关系史的研究出现了新的转机。国外新方法、新理论的输入推动了这一领域研究的发展，特别是扩大了研究视野。尽管如此，从这一时期发表论文的数量来看，还是集中于宋金和战的研

---

① 黄现璠：《宋代太学生之救国运动》，上海书店 1996 年。
② 周君远：《徽钦北徙录》，上海书店 1941 年。
③ ［日］加藤繁：《中国经济史考证》卷二，台湾华世出版社 1981 年，第 693—743 页。
④ 邓广铭：《岳飞传》，三联书店 1955 年。
⑤ 沈起炜：《宋金战争史略》，湖北人民出版社 1958 年。
⑥ 何竹淇：《岳飞抗金史略》，三联书店 1959 年。
⑦ 邓广铭：《南宋对金斗争中的几个问题》，载《历史研究》1963 年第 2 期。
⑧ 姚从吾：《东北史论丛》，台北中正书局 1959 年。
⑨ 陶晋生：《金海陵帝的伐宋与采石战役的考实》，台湾大学文学院《文史丛刊》1963 年。
⑩ 赵铁寒：《宋金海上之盟始末记》(1—3)，载《大陆杂志》25 卷第 5、6、7 期。
⑪ 徐玉虎：《宋金海上联盟的概观》，载《大陆杂志》第 11 卷第 12 期。

究,例如张博泉《金宋和战史论》①、李蔚《略谈宋金战争性质的几点看法》②、王曾瑜《宋金富平之战》③。这一系列的文章重视史实的研究,在一定程度上摆脱意识形态领域的影响,推动了宋金关系史研究的发展。

三、本课题研究史回顾

研究宋金和平时期的聘使往来,是宋金关系研究中重要一环。但是综合来看,研究宋金交聘的成果并不多,还未出现专门论及宋金交聘制度的专著,故笔者将涉及宋金交聘的研究成果分四个专题,介绍如下。

第一,对使金文人的创作进行研究。南宋国信使多为文人,出使北国,身经目历,发而为诗。对使金诗进行研究的论文有景宏业《范成大出使金国所作诗艺术蠡测》④、台湾学者张高评《南宋使金诗与边塞诗之转折》⑤、台湾学者黄奕珍《范成大使金绝句中以"时间之对比"形塑"蛮荒北地"之修辞策略》⑥等。除使金诗外,出使人员所记日记,或称出使报告(俗称"语录"),其史料价值亦很高。这方面的研究有贾敬颜《五代宋金元人边疆行记十三种疏证稿》⑦、赵永春《宋人出使辽金语录研究》⑧、赵永春《范成大使金与〈揽辔录〉一书的史料价值》⑨。《宋人出使辽金语录研究》涉及使金语录十四种。《五代宋金元人边疆行记十三种疏证稿》收录使金行记一种。《范成大使金与〈揽辔录〉一书的史料价值》一文,指出了《揽辔录》的史料

---

① 张博泉:《金宋和战史论》,载《史学集刊》1984 年第 2 期。
② 李蔚:《略谈宋金战争的性质》,载《河南师大学报》1983 年第 4 期。
③ 王曾瑜:《宋金富平之战》,载《中州学刊》1983 年第 1 期。
④ 景宏业:《范成大出使金国所作诗艺术蠡测》,载《晋阳学刊》1997 年第 6 期。
⑤ 张高评:《南宋使金诗与边塞诗之转折》,载莫砺锋主编《第二届宋代文学国际研讨会论文集》,江苏教育出版社 2003 年,第 395—443 页。
⑥ 黄奕珍:《范成大使金绝句中以"时间之对比"形塑"蛮荒北地"之修辞策略》,载莫砺锋主编《第二届宋代文学国际研讨会论文集》,江苏教育出版社 2003 年,第 466—485 页。
⑦ 贾敬颜:《五代宋金元人边疆行记十三种疏证稿》,中华书局 2004 年。
⑧ 赵永春:《宋人出使辽金语录研究》,载《金宋关系史研究》,吉林教育出版社 1999 年,第 222—235 页。
⑨ 赵永春:《范成大使金与〈揽辔录〉一书的史料价值》,载《金宋关系史研究》,第 261—268 页。

价值。

第二,对南宋国信使节进行研究。主要有王德朋《靖康建炎前后宋朝赴金使节述论》①、德国学者傅海波(Herbert Frank)《宋使:一些基本的考察》(Sung Embassies:Some General Observations)②、日本学者外山军治《松漠纪闻的作者洪皓》③、赵永春《宋金聘使对文化交流的贡献》④。《靖康建炎前后宋朝赴金使节述论》对傅雱、李若水、朱弁、张邵、洪皓等使节的境遇做了简要论述。傅海波的文章从宏观的角度对两宋与高丽、西夏、辽、金关系加以评述,在资料的运用上,重视宋使的出使报告(reports)。《松漠纪闻的作者洪皓》一文通过对文本的详细解读,对洪皓出使的原因加以探讨,指出其出使另有隐情。《宋金聘使对文化交流的贡献》从三个方面论述使节对文化传播的作用:其一宋金聘使是双方赠索书籍的传送人,为文化交流作出贡献。其二,被金拘留的宋使授徒讲学,为汉文化在金朝的传播立下功勋;例举宇文虚中、洪皓、张邵三人。其三宋金聘使每次出使都通过讲究礼仪、斗智斗巧、谈经说史等,传播各种文化知识⑤。

第三,对交聘制度的论述。对宋金交聘制度的论述,笔者仅见一篇,即赵永春《宋金交聘制度述论》⑥。该篇文章应该是国内较早对宋金交聘使之名、使命及其聘使往来之贡献进行综合论述的文章,对研究宋金交聘制度具有启发意义。但文章对交聘制度本身,例如机构管理制度,正、副使及三节

---

① 王德朋:《靖康建炎前后宋朝赴金使节述论》,载《辽宁大学学报》2003 年第 6 期。

② Herbert Frank:Sung Embassies:Some General Observations, Morris Rossabi ed, China among Equals:The Middle Kingdom and Its Neighbors,10th—14th Centuries. University of California Press, London, 1984, PP89—116.

③ [日]外山军治:《松漠纪闻的作者洪皓》,载《金朝史研究》,李东源译,黑龙江朝鲜民族出版社 1988 年。

④ 赵永春:《宋金聘使对文化交流的贡献》,载《北方文物》1995 年第 3 期。

⑤ 但此文引用史料不加详审。例如引《宋人轶事汇编》中"宋孝宗击球偶伤一目,金人遣使来庆寿,以千手千眼白玉观音为寿,盖寓相谑之意"来说明"金使对宋人也常加讥刺和相谑"。所引原文出自《宋人轶事汇编》卷二:"孝宗击毬,偶伤一目。金人遣使来庆贺,以千手千眼白玉观音为寿,盖寓相谑之意。孝宗命迎使入径山,邀使者同往。及寺门,住持说偈云……"此记载显然是条伪材料。金使入朝,确实要到天竺寺烧香,但有专门的馆伴使陪同,皇帝不会陪同金使去烧香。

⑥ 赵永春:《宋金交聘制度述论》,载《金宋关系史研究》,第 183—195 页。

人从的选派制度,对金使的接待制度,及制度的变化并无涉及。且《宋会要辑稿·职官》中,有关南宋国信所、国信使的丰富史料,及宋人文集中的史料、使金诗中的史料,该文并无利用,是为一憾。

第四,对交聘礼仪的研究。关于宋金交聘礼仪的研究有两篇论文:《宋金关于"受书礼"的斗争》、《宋金关于交聘"国书"的斗争》①。"受书礼"即宋金双方互派使臣递交国书的礼节。这两篇文章介绍了南宋因"受书礼"而与金进行交涉的过程。

另外还有两篇长论文,一篇是聂崇岐《宋辽交聘考》②,一篇是傅乐焕《宋辽交聘表稿》③。《宋辽交聘考》对宋辽交聘制度作了详尽的考述,可谓周详。所附《生辰国信使副表》、《正旦国信使副表》、《祭吊等国信使副表》、《泛使表》将宋辽百六十年往来清晰展现。《宋辽交聘表稿》,其文章主体是《宋辽聘使表》,后附有详考,并有索引,使用方便。这两篇论文虽未涉及宋金交聘,但从方法及研究思路上给予笔者颇多启迪,亦可对宋辽、宋金交聘制度的变化作以参照,故本书也多次引用。

还有一本专著亦需一提,即赵永春《金宋关系史研究》④。这是近年出现的第一本以"宋金"或"金宋"关系史命名的专著。这本专著收录了作者关于宋金关系的文章共二十五篇,有关涉及宋金交聘的文章前已讨论,此不多说,唯书后附录《金宋交聘表》整理了从北宋政和元年(1111)至端平元年(1234)宋金之间的战事及往来,其中亦涉及宋金聘使往来,为研究者带来很大方便,然而受资料所限,遗漏、失误也不少,且不注明资料来源,亦需补正。

从上述对研究史的梳理中可以发现以下不足:(一)对宋金交聘的研究还很不深入,特别是对制度的研究不够,尚未见到一篇专门论及金国交聘制

---

① 赵永春:《宋金关于"受书礼"的斗争》及《宋金关于交聘"国书"的斗争》,载《金宋关系史研究》第208—221页及第196—207页。
② 聂崇岐:《宋辽交聘考》,《宋史丛考》下册,中华书局1980年,第283—375页。
③ 傅乐焕:《宋辽聘使表稿》,《辽史丛考》,中华书局1984年,第179—285页。
④ 赵永春:《金宋关系史研究》,吉林教育出版社1999年。

度的文章。研究宋金关系的一个传统视点是宋金和战,对宋金和平时期的交往较少著意。史家多将两宋与辽、金的对峙,称为中国史上的第二次南北朝时期。南宋与金对峙,虽然在军事上弱于金国,但依然有与金相抗衡的实力,而宋金交聘的制度化正是这种实力的体现。在宋金相对峙的一百多年间,除建炎四年、绍兴元年以及金末(1218—1234)外,其他时间都有使者往来。即使在宋金交战之时,亦有通问使、祈请使。宋金和盟后,每年又定期互派使节,互贺对方正旦及皇帝生辰。因此研究宋金和平时期的聘使往来,是宋金关系史研究中的重要一环。然而,有关这一主题的著作、论文并不多见,论述亦不够充分。至今还未见对宋金交聘制度作出全面论述的专著,留下许多可供研究的空白。宋金交聘制度研究的薄弱亦可从 2001 年 11 月宋史界在杭州召开的一次国际学术会议内容看出。此次学术会议以“近百年宋代制度史研究的回顾与反思”为主题,其中涉及行政治度、法律制度、军事制度、科举制度、人口制度等,唯不见对宋代外交制度的研究史的回顾①。此或许可视为宋金交聘制度研究滞后的表现。(二)史料的利用上并不充分。《永乐大典》残卷中保留了一些宋代的佚书、佚文,其中涉及宋金交聘的史料也很多,《宋会要辑稿》及宋人文集中有大量涉及宋金交聘的史料,这些都没有得到有效利用。

四、本书基本构架

(一) 探讨宋辽关系对宋金关系的影响。在制定宋金关系政策时,无论南宋人还是金人都借鉴了宋辽交聘的制度,宋辽交聘制度为宋金交聘制度提供了基本范式。以此来说,宋辽关系对宋金关系产生了最直接的影响。在意识形态领域中,南宋人对“澶渊之盟”给予较高的评价。尽管传统上的朝贡思想还保留在南宋人的头脑中,但他们中的大多数还是从现实出发,给予宋辽对等关系较高的评价。

(二) 对南宋聘使制度进行了深入研究,重视不同时期聘使制度的变更

---

① 包伟民主编:《宋代制度史研究百年》,商务印书馆 2004 年。

现象。对南宋国信使的种类、使节的人员构成、待遇、使节走私等问题进行了细致研究。南宋制定了详细的接待金使制度，从宋人如何待金使，亦可以看出宋金关系的一个侧面。宋金往来，使者要携带国书。国书必有称谓，从称谓可看出宋金地位之高低。金使朝见有朝见之仪，辞别有朝辞之仪，甚至接送伴、馆伴皆有其仪。交聘礼仪虽不构成宋金往来的主要内容，此皆可以体现出宋金之间微妙的关系。

（三）对南宋国信使的任用情况进行考察，可以了解不同时期宋金交聘之特点。一般来说，担任国信正使、副使之人应具有相当资历，但是建炎年间及绍兴初年副使多是布衣小臣担任，这有悖于国信使由有出身、有才望之人担当的常规。此现象与当时的宋金关系的大背景密不可分。此外，高宗一朝所遣使节与秦桧多有关联，或为僚属，或为同乡，或为同党，或为亲戚。秦桧利用他们控制了外交，稳固了他在朝廷中的地位。

（四）对金国的聘使制度进行考察。观其聘使制度，如使节名目、接待礼仪虽大体承辽宋旧制，但涉及一些具体问题，则可发现，金的聘使制度与辽更为接近。

（五）对涉及宋金交聘的部分史料进行专题研究。首先对宋人使金国信"语录"进行研究。国信语录是宋金交聘的产物，"语录"中主要报告使节出使时的酬答情况，附带记载所经路途及该地风土人情，以备朝廷参考，在宋金交聘研究中，史料价值非常大，因此有必要对使金国信"语录"进行全面的调查。其次，对《金史·交聘表》进行了补正。《金史·交聘表》记载了金朝自收国元年与宋、西夏、高丽三国或往来，或交战的史实，但对金世宗以前的宋金聘使往来记载疏略。笔者利用宋人所载，补正《金史·交聘表》，得一百余条。

本书以《南宋国信使表》、《金国国信使表》作为附录。此二表中，两国国信使、副姓名，出使时间、官衔、任务一一展现，并核实宋金不同之记载，为进一步研究宋金关系提供借鉴。

第一章　宋金交聘背景分析

宋辽关系对宋金关系产生了最直接的影响,本章首先回顾了宋辽对等关系的发展,然后以南宋人对"澶渊之盟"的评论为例,论证了大多数南宋人还是从现实出发,给予宋辽关系较高的评价。其次,论述了传统的朝贡体系无论在思想上还是现实政策上,都会对南宋人产生一定影响。

第一节　宋辽关系对宋金关系的影响

在中国历史上,北方民族对中原地区的威胁一直困扰着历代中原王朝。因此,如何处理与北族的关系是各中原王朝一项重要而不可或缺的政策。人们通常认为中原王朝与北族之间的"朝贡关系"是唯一的体系。这种体系以中原王朝为中心,令臣服的诸国按时入贡①。而这种观点在罗萨比所编《均势中的中国:10—14世纪的中国与其邻国》中受到质疑②。罗萨比在该书的导言中说:"这本论文集中的文章表明:正如以上所述,所谓以中国为中

① 可参阅费正清在《中国的世界秩序》一书中的导论。J. K. Fairbank ed., The Chinese World order , Cambridge Mass., Harvard University Press,1968.

② Morris Rossabi ed., China among Equals:The Middle Kingdom and Its Neighbors, 10ᵗʰ—14ᵗʰ Centuries. University of California Press, London, 1984. 该书是 1978 年在华盛顿召开的有十七位学者参加的十至十四世纪的东亚多国关系讨论会的论文集,最后由罗萨比(Morris Rossabi)结集而成。

心的世界秩序,并不是从公元前二世纪到鸦片战争这一整个时期一直都存在。从十到十三世纪,中国并没有教条地强迫外族服从这个体系。宋朝是这一段时期重要的朝代,它就能比较弹性地处理对外关系。"①而此论点的雏形已由杨联陞在20世纪60年代末提出。他提出,在许多时期,中国在政治上、军事上与邻近的民族保持对等的关系,例如汉与匈奴,唐与吐蕃,宋与辽、金、元之间都是如此。他说:"有人常以中国之世界秩序为一以中国为中心的层级。理论上,此秩序最少有三个方面的层级:中国是内的、大的、高的;而蛮夷是外的、小的和低的。然而,对整个中国历史加以观察以后,即可发现这个多面的中国中心之世界秩序,是在不同时间,从许多程度不一,甚至有时几近于零的事实上,建立起来的一个神话。"②而在20世纪80年代初,陶晋生在其著作《宋辽关系史》亦表达了相似的观点。他说:"以中国为中心的世界秩序及朝贡制度,虽然是传统中国对外关系的主要模式,但是朝贡制度不足以涵盖整个传统中国历史上的对外关系。在漫长的中外关系史上,仍有各种不同的对外'模式'值得探究。当理想的世界秩序不能实现的时候,中国与外族之间不得不勉强发展各种形式的实质关系,平等的外交关系也就是这种无可奈何的实质关系的一种。"③该书以宋辽关系为研究对象,指出宋辽之间是平等的外交关系。其主要内容有以下几点:1. 宋辽君主间亲属称谓的确立。2. "南北朝"平等的称呼。3. 两朝平等的外交礼节。4. 两国间的贸易关系并非朝贡贸易,而是平等的榷场贸易。

通过对以上学者研究的回顾,我们可以知道,无论是罗萨比、陶晋生,还是杨联陞,他们的目光都十分敏锐,注意到了中国历史上的多国时期。然而他们都过分强调"对等外交关系"。事实上,陶晋生所指的"宋辽间平等的

① Morris Rossabi ed., China among Equals:The Middle Kingdom and Its Neighbors,10th—14th Centuries. University of California Press, London, 1984. P4.

② 原题"Historical Notes on the Chinese World Order",收入费正清主编《中国的世界秩序》一书,后由邢义田译出,收入《国史探微》,辽宁教育出版社1998年,第1—14页。

③ 陶晋生:《宋辽关系史研究》,台北联经出版社1984年版。几年后在美国又出版了该书的英文版:Two Sons of Heaven, The University of Arizona Press,1999。英文版书名《两个天子》,可以看出作者将宋、辽放在平等的位置上,而不是传统上的以宋为中心的叙事方式。

外交关系"是一种操作层面上的东西。那么,在观念中,"朝贡体系"的影响还存不存在? 如果存在,统治者是如何处理实际操作与观念上的矛盾? 令人遗憾的是,无论《对等关系中的中国:10—14 世纪的中国与其邻国》还是《宋辽关系史研究》都没有回答这一问题。

一、对等外交关系的发展回顾

朝贡制度必须以强大的武力作后盾才得以构建,而这一制度非具有强大的政治、经济、军事实力而不能维持。因此纵观中国历史,真正能建立以中国为中心的朝贡体系,必须是统一而具有实力的时期。而事实上,在中原王朝的"威"、"德"不足以臣服"夷狄"时,就会退而以"夷狄"不来扰边为满足,以和平为首要,朝贡与否尚在次要①。这时就会在操作层面发展另一种体系——对等的体系。这种体系在四个阶段非常明显:一是春秋战国,二是南北朝时期,三是五代,四是宋、辽、金时期。

（一）对等外交体系的孕育

对等的体系是从春秋战国时期孕育而来。在春秋会盟中,有外交礼节和惯例的实行:条约的缔订,使节的互访,仪式的举行及外交辞令的运用,都显示着平等的原则②。南北朝时期,南北间的外交关系即以春秋战国时期为蓝本,互派使节,外交礼节亦以平等为原则。例如北魏与南方的宋、齐、梁三朝,双方时常维持着平等的外交立场③。五代时期是另一个多国关系的时期。北方相继兴起的五代,居于中原的领导地位,南方诸国之间则普遍存在着外交上的对等关系。在国与国的交往中,互派信使,递交国书,互赠礼物,缔结条约④。南方诸国不仅彼此之间互相交往,与北方的契丹亦有着千

---

① 这种情形不足为奇,因为朝贡制度溯源于古代的封建制度。参阅陶晋生《宋辽关系史研究》,第3—5 页。

② 参见陶晋生《宋辽关系史研究》,第5—6 页。陶晋生认为,这种对等的关系一直存在于各个朝代。

③ 参见逯耀东《北魏与南朝对峙期间的外交关系》,《新亚书院学术年刊》第八期（1966）,第31—61 页。

④ Edmund H. Worthy, JR: Diplomacy for Survival: Domestic and Foreign Relations of Wu Yueh, 907—978, China among equals, pp17—47.

丝万缕的联系。例如后梁乾化五年(915),吴越国派使臣由海路到达契丹宫廷①。南唐国王甚至与契丹皇帝兄弟相称。而中原王朝亦与契丹有着密切的交往。后晋天福二年(937),石敬瑭与辽太宗达成协议,向辽太宗称臣称子,割让燕云十六州,每年进贡绢三十万匹,以换取耶律德光出兵中原,支持石晋政权②。这一协议对后世影响颇大,不但影响了宋辽关系中的一些措施,更影响了宋金关系的格局。

(二) 宋辽对等关系的产生

宋初,在尚未统一南方时,北宋与南唐、吴越均有相互往来。例如开宝六年(973)四月,遣卢多逊为江南国信使,出使南唐③。在统一南方后,宋太祖着力于经营北方。宋代是一个"积弱"时代④,北宋君臣从客观实际出发,对契丹的实力从各方面加以客观地评估,建立了以平等为基础的对外关系。

宋辽外交关系的建立,最初在宋开宝七年(974)。此年十一月,辽涿州刺使耶律琮致书宋知雄州孙全兴,其文曰:

> 琮滥受君恩,猥当边任。臣无交于境外,言则非宜。事有利于国家,专之亦可。切思南北两地,古今所同,曷常不世载歌盟,时通赍币。往者晋氏后主,政出多门,惑彼疆臣,亡我大义,干戈以之日用,生灵于是罹灾。今兹两朝,本无纤隙。若或交驰一介之使,显布二君之心,用息疲民,重修旧好,长为与国,不亦休哉!琮以甚微,敢干斯义,远希通悟,洞垂鉴详。⑤

对于此次交往,辽人的记载不尽相同,说北宋主动讲和。《辽史》记载:"(保宁六年,974)三月,宋遣使请和,以涿州刺史耶律昌述加侍中与宋

---

① 参见[德]傅海波等编《剑桥中国辽西夏金元史》,中国社会科学出版社1998年,第82页。

② 有学者认为,石敬瑭是一个突厥人,而不是汉人,因而他对中原臣服于一个非汉族政权并不特别敏感。参见傅海波等编《剑桥中国辽西夏金元史》,第80—81页。

③ 《宋史》卷三《本纪第三》,第39页。

④ 关于宋代积弱原因,陶晋生认为与其立国方针——重内轻外有重大关系,参见陶晋生《宋辽关系史研究》,第12—13页。

⑤ 《宋会要辑稿》蕃夷一之一,中华书局1957年,第7673页。

议和。"①但从耶律琼书"臣无交于境外,言则非宜。事有利于国家,专之亦可"来看,此次议和,应是辽主动通信于宋,而宋对辽也颇有意修好。开宝八年(975)三月,契丹遣使克妙骨慎思来,宋太祖在崇德殿召见,赐随从银两、衣服等物②。此次通好仅四年,双方战争复起。

宋真宗即位后,意欲与契丹再度恢复往来。景德元年(1004),宋辽签订"澶渊之盟",双方停止军事冲突,互派使者,友好往来近一百二十年。至徽宗宣和四年(1122),宋人败盟,宋辽关系破裂。

(三)"澶渊之盟"所确立的宋辽关系

真宗景德元年(1004),辽圣宗南侵,宋真宗从寇准之议亲征,双方在澶渊(今河南濮阳县西)对峙,经宋降将王继忠从中斡旋,于次年确立澶渊盟约。澶渊盟约内容如下:

> 维景德元年岁次甲辰十二月庚辰朔七日丙戌,大宋皇帝谨致誓书于大契丹皇帝阙下:共遵成信,虔奉欢盟,以风土之宜,助军旅之费,每岁以绢二十万匹,银一十万两,更不差臣专往北朝,只令三司差人般,送至雄州交割。沿边州军,各守疆界。两地人户,不得交侵。或有盗贼逋逃,彼此无令停匿。至于陇亩稼穑,南北勿纵惊骚。所有两朝城池,并可依旧存守。沟壕完葺,一切如常。即不得创筑城隍,开拨河道。誓书之外,各无所求。必务协同,庶存悠久。自此保安黎献,慎守封陲。质于天地神祇,告于宗庙社稷。子孙共守,传之无穷。有渝此盟,不克享国。昭昭天鉴,当共殛之。远具披陈,专俟报复。不宣谨白。③

以上条约所约定的事项有:

1. 双方相互的称谓

宋、契丹的誓书互称"大宋皇帝、大契丹皇帝",条约中亦有"北朝"、"南

---

①　《辽史》卷八《本纪第八》,中华书局1974年,第94页。
②　《宋会要辑稿》蕃夷一之二,第7673页。
③　庄绰:《鸡肋编》卷中,中华书局1983年,第45页。按契丹誓书除去纪年用本国外,与宋誓书基本内容相同。

北"这样的字眼,以示两国之间的平等。"澶渊之盟"后,宋辽互称兄弟之国。此条虽然没有在誓书中明确规定,但从双方往来的国书看已施行。例如重熙十一年契丹国书抬头云:"维重熙十一年,岁次壬午,八月壬申朔,二十九日庚子,弟大契丹皇帝谨致书于兄大宋皇帝阙下………"①治平二年司马光呈宋英宗的奏议中,回顾宋辽关系,亦指出:"真宗皇帝亲与契丹约为兄弟。"②从宋人的角度来看,也承认宋与契丹是兄弟之国。

2. 有关岁币

条约规定:"以风土之宜,助军旅之费:每岁以绢二十万匹,银一十万两,更不差臣专往北朝,只令三司差人般送至雄州交割。"以银、绢共三十万为岁币送契丹,在雄州交割。

3. 对双方各自的约束

条约有对疆境的规定:"沿边州军,各守疆界。两地人户,不得交侵……至于陇亩稼穑,南北勿纵惊骚。"互不隐匿叛亡:"或有盗贼逋逃,彼此无令停匿。"对边境军事力量的规定:"所有两朝城池,并可依旧存守。沟壕完葺,一切如常。"即不得创筑城池,开拔河道。

从"澶渊之盟"的誓书内容看,除了宋对契丹的岁币外,其他的规定对双方都具有同样的约束力:如互不容纳叛亡,互不骚扰边界,互不增加边防设备。而岁币是"以风土之宜,助军旅之费",况且这三十万匹两对北宋来说数目并不大。当时曹利用与契丹谈判,出发前请示宋真宗岁币之数,真宗曰:"必不得已,虽百万亦可。"③曹利用以三十万成约而还,真宗先遣内侍问岁币数,曹利用以三指加额,真宗以为是三百万,先是吃惊,即而曰:"姑了事,亦可耳。"④及曹利用入对,真宗方知岁币为三十万,而非三百万,高兴异常,厚赏曹利用。因此澶渊之盟在双方看来都是平等的,是宋人从实际出发的重要表现。

---

① 叶隆礼:《契丹国志》卷二〇《契丹回宋誓书》,中华书局 2014 年,第 217 页。
② 赵汝愚:《宋名臣奏议》卷一三六,文渊阁《四库全书》本。
③ 李焘:《续资治通鉴长编》卷五八,景德元年十二月条,中华书局 1992 年,第 1292 页。
④ 《续资治通鉴长编》卷五八,景德元年十二月条,第 1292—1293 页。

二、南宋人对"澶渊之盟"的评价

宋金关系以双方实力的变化而发生转变。宋金交往初期以"宋辽关系"为模式,即"对等关系"。宣和五年(1123)三月,金人遣使来,问:"今后通好,不知或为弟兄,或为叔侄,或为知友。"王黼说:"敌国往来,只可用知友之礼。"①从"海上盟约(1123)"到1125年金人侵宋之前,宋金交聘礼仪是模仿宋辽交聘礼仪的。《宣和乙巳奉使行程录》载:"金人既灭契丹,遂与我为敌国;依契丹旧例,以讲和好。每岁遣使,除正旦、生辰两番永为常例外,非泛庆吊别论也。"同书又说:"行人并依奉使契丹条例,所至州备车马,护送至界首。"②可知宋金初期关系是对等的。但"靖康之难"使宋金地位发生了根本的变化。宋金之间确立过三个和议,分别是"绍兴和议"(1142),"隆兴和议"(1164),"嘉定议和"(1208)。

"绍兴和议"具体内容不见载于宋方,而在《金史》中有完整的记载:"(皇统二年二月,1142)宋主遣端明殿学士何铸等进誓表,其表曰:'臣构言,今来画疆,合以淮水中流为界,西有唐、邓州割属上国。自邓州西四十里并南四十里为界,属邓州。其四十里外并西南尽属光化军,为敝邑沿边州城。既蒙恩造,许备藩方,世世子孙,谨守臣节。每年皇帝生辰并正旦,遣使称贺不绝。岁贡银、绢二十五万两、匹,自壬戌年为首,每春季差人般送至泗州交纳。有渝此盟,神明是殛,坠命亡氏,踣其国家。臣今既进誓表,伏望上国早降誓诏,庶使敝邑永有凭焉。'"③据此,"绍兴和议"约定了以下内容:

(一)国书已不称誓书,而称"誓表",世世子孙谨守臣节。

(二)双方划定了疆界。

(三)岁贡银、绢二十五万两、匹。

(四)每年皇帝生辰并正旦,遣使称贺。

---

① 徐梦莘:《三朝北盟会编》卷一五《政宣上帙十五》,上海古籍出版社1987年。

② 钟邦直:《宣和乙巳奉使行程录》,陈乐素校补本,载《求是集》第一集,广东人民出版社1984年,第254—259页。

③ 《金史》卷七七《宗弼传》,中华书局1975年,第1755—1756页。

从"绍兴和议"的内容来看,宋金双方已不是平等之关系,宋高宗赵构对金称臣,南宋已沦为金的属国。

以后,"隆兴和议"、"嘉定和议"稍有改观,但同样是不平等的。"隆兴和议"改金、宋的君臣关系为"世为叔侄";"嘉定和议"又将"世为叔侄"变为"世为伯侄"关系。

在中国传统文化中,称谓是地位高低的一个重要标志。尽管宋金之间由君臣关系变为"世为叔侄关系"是一个很大的改善,但双方的关系仍不平等,与宋辽关系不同。宋真宗与辽圣宗约为兄弟,两国即为兄弟之邦。但是,宋真宗为兄,并非宋的地位就高一些,而是因为宋真宗(968—1022)年齿稍长于辽圣宗(971—1031)。宋帝为兄时多,只是因为碰巧宋帝的年齿长。并且宋辽皇帝间的关系,并非每朝都是宋帝为兄,辽帝为弟,亲戚关系是从真宗时期开始推算,有时因辈分关系,亦为侄叔之国;同理,并不等于宋的地位低于辽。而金宋"世为叔侄"则不同,它不以年齿。无论金国皇帝年纪有多轻,他总是宋皇帝的叔叔,而宋帝永远是侄皇帝。这种仿亲属关系是不平等的,而建立在此基础上的宋金关系也就不平等。

基于这样的现实,南宋人认为如果能与金人建立一种对等的外交关系,亦是最佳之选择。这一点从南宋人对澶渊之盟的态度及对宋辽之间平等关系的认可,就可清楚地知道。

宋高宗自认为"绍兴和议"是仿效"澶渊之盟":"朕于政事专以仁祖为法。景德与契丹讲和,今日可以遵行。"[1]认为已有与契丹议和的先例,现在亦可与金议和。当"绍兴和议"之后,臣僚中有反对之声,上疏言战。针对此事,宋高宗说:"真宗皇帝澶渊之盟,虏人百年不犯边塞。今者和议,人多异论,朕不晓所谓,止是不恤国事耳。"[2]宋高宗认为"澶渊之盟"最现实的成果就是"虏人百年不犯边塞",那些持异议者都是"不恤国事"之人。

当时的执政大臣对宋辽关系也持肯定态度。钱端礼在上书孝宗时说:

---

[1] 留正:《增入名儒讲义皇宋中兴圣政》卷一三,宛委别藏本。

[2] 李焘:《建炎以来系年要录》卷一五六,绍兴十七年四月丙辰条,中华书局 2014 年,第 2958—2959 页。

"三代以至秦、汉,夷狄多得志于中国。所谓王者不治夷狄,非不治也,以不治治之也。"①并且历陈秦皇汉武用兵之祸,高帝和亲,宣帝不用兵之利,认为"澶渊之盟为中国之福,燕山之役致靖康之变"②。从以上的言论可以看出,对待"夷狄",钱端礼反对用兵,主张以"不治治之",就是说不用武力讨伐。

　　李纲是南宋初期著名的主战派,一般会认为他反对"和议"一类的事情。然而事实恰恰相反。他在《论守御劄子》中说:"臣窃观自秦汉以来制御戎狄未有得上策者,惟本朝与契丹为澶渊之盟,守之以信,结之以恩,百有余年。"③可见他对与契丹结盟是赞同的,认为澶渊之盟让大宋江山安稳了百余年。在李纲看来,送给契丹的岁币是宋给予契丹的"恩惠",用恩惠保持国家的和平,避免了战争破坏。他在《制虏论》中亦云:"当时盟誓之信,皎如日月,约束之严,曲为之防,通使有常时,赠贿有常数,燕犒有常礼,仆从有常制。其慰荐抚循,交际威仪,俯仰拜起,纤悉备具,故能结欢修好百有余年。并边之民不识兵革,振古以来所未尝有,谨守盟约,虽传之万世可也。故曰:得御夷狄之全策,惟本朝为然。"④澶渊盟约"通使有常时,赠贿有常数,燕犒有常礼,仆从有常制",两国之间完全是平等的。另外他还作诗歌颂宋辽结盟:"天骄自昔难羁縻,凭凌中夏侵北垂。秦城万里堑山谷,汉女远嫁为阏氏。赫然武帝事征伐,天下骚动士马疲。古来制御无上策,本朝镇抚诚得宜。祖宗守边有良将,胡骑远游不敢窥。澶渊之役起仓卒,当时众议何其危?莱公庭争乃亲讨,貔虎百万从六飞。弩机暗发虏酋殒,震怖屈膝祈元归。欢盟从此到今日,生灵休息诚赖之。"⑤从"赫然武帝事征伐,天下骚动士马疲"一句看出李纲实际并不赞成对边疆民族使用武力,因此认为"古来制御无上策,本朝镇抚诚得宜",即与边疆民族结为一种平等、互利、和平的关系是最恰当的。

----

①　楼钥:《攻媿集》卷九二《观文殿学士钱公行状》,四部丛刊初编本。

②　《攻媿集》卷九二《观文殿学士钱公行状》。

③　李纲:《梁溪先生文集》卷四六《论守御劄子》,清福建刻本。

④　《梁溪先生文集》卷一四三《制虏论》。

⑤　《梁溪先生文集》卷一二《题富郑公画像》。按莱公即寇准,真宗朝被封为莱国公。

此外，南宋中后期的人亦认为澶渊盟约是北宋维持百余年安定的保证。王十朋有诗云："昔在景德初，胡虏犯中原。朝廷用莱公，决策幸澶渊。高琼虽武夫，能发忠义言。咏诗退虏骑，用丑枢相颜。銮舆至北城，断桥示不还。一箭毙挞览，夜半却腥膻。至仁不忍杀，和好垂百年。伟哉澶渊功，天子能用贤。"①从以上材料，我们可以发现，尽管理想上南宋人还未摆脱传统的"朝贡"思想，但大多数南宋人还是从现实出发，给予"澶渊盟约"较高的评价，即认为澶源之盟所建立的这种平等的外交关系是可以效法的。

第二节 南宋对"夷狄"的认识

中国传统的思想家和史家都以中原王朝与边疆民族维持"朝贡"关系为理想，而以与他们建立平等关系为耻辱。但当中原王朝没有能力维持朝贡体系时，对等体系亦是无可奈何之选择。因此，朝贡体系是理想，对等体系是无奈之现实。相应地，在他们的思想意识中，对"夷狄"亦有看似矛盾的认识。这种认识，亦会对现实政策产生某种作用。

一、强调"中国"与"夷狄"共生

中原王朝与边疆民族保持对等的关系，与我们现代意义上平等的"国与国"之间的关系不同。"对等"仅仅是操作层面的东西，与观念上的"平等"根本不同。因此与"夷狄"保持一种"共生"关系的思想，甚至可以从历代史家论述的"华夷之辨"中找到依据。班固说："夷狄之人，贪而好利，被发左衽，人面兽心，其与中国殊章服、异习俗。饮食不同，言语不通，辟居北垂寒露之野，逐草随蓄，射猎为生，隔以山谷，雍以沙幕，天地所以绝外内也。是故圣王禽兽畜之，不与约誓，不就攻伐；约之则费赂而见欺，攻之则劳师而招寇。其地不可耕而食也，其民不可臣而畜也，是以外而不内，疏而不戚，政教

---

① 王十朋:《王十朋全集》卷一《观国朝故事》,上海古籍出版社1998年,第3页。

不及其人，正朔不加其国；来则惩而御之，去则各而守之。其慕义而贡献，则接之以礼让，羁縻不绝，使曲在彼，盖圣王制御蛮夷之常道也。"①班固的此段议论表明史家除有"四夷来朝"的"夷狄观"，还有"来则惩而御之，去则各而守之"的"夷狄观"。

对此，南宋人亦有相应的解释。南宋立国的一个主导思想就是"和戎"。为配合这一"路线"，就需要在意识形态上建立一种理论，以这一理论来说明现实中这种平等关系的合理性。"中国"与"夷狄"共生这一理论，正是在这一历史背景下产生的。李纲《上道君太上皇帝劄子》中道："臣闻中国、夷狄相为盛衰，非徒人为，殆亦天数。"②同时他也用诗句表达了相同的思想："中原夷狄相衰盛，圣哲从来只自强。"③南宋中期的陆游也作诗云："汉家自古有夷狄，付与穷荒何足惜。"④认为自古以来，"汉家"就与"夷狄"共同存在，夷狄生活于四荒之地。李纲与陆游是南宋不同时期的主战派代表，他们的认识应该具有典型性。宋高宗曾告诫大臣说："□□不可责以中国之礼。朕观三代以后，惟汉文帝待匈奴最为得体。彼书辞倨傲，则受而弗了较；彼军旅侵犯，则御而弗逐。谨守吾中国之礼，而不以责□□，此最为得体也。"⑤"不以中国之礼责夷狄"即只要求各自相安，并不一定将中国之礼推广到荒蛮。作为追求事功的永嘉学派的代表人物——叶适又将这一认识提升到理论高度，即"中国不治夷狄"。其曰："为国，以义、以名、以权。中国不治夷狄，义也。中国为中国，夷狄为夷狄，名也。二者为我用，故其来寇也，斯与之战，其来服也，斯与之接，视其所以来而治之者，权也。中国虽贵，夷狄虽贱，然而不得其义，则不可以治，不得其名，则不可以守，不得其权，则不可以应。"⑥"中

---

① 班固：《汉书》卷九四《匈奴传下》，中华书局 1995 年，第 3832 页。
② 李纲：《梁溪先生文集》卷四四《上道君太上皇帝劄子》。
③ 李纲：《梁溪先生文集》卷二三《伏读三月六日内禅诏书及传将士榜檄慨王室之艰危悯生灵之涂炭悼前策之不从根奸回之误国感愤有作聊以述怀四首之三》。
④ 陆游：《剑南诗稿》卷一五《明河篇》，钱仲联校注本，上海古籍出版社 1985 年。
⑤ 留正：《增人名儒讲义皇宋中兴圣政》卷二七。另此处"□□"显然系清人所删改，疑为"夷狄"二字。
⑥ 叶适：《水心先生文集》卷四《外论一》，四部丛刊初编本。

国不治夷狄"正是叶适"事功"的价值观在政治领域内的体现,主张"中国为中国,夷狄为夷狄",各自相安,中国不用自己的政治、法律统治夷狄。

南宋人之所以要屡屡言及"中国"与"夷狄"共生,"不以中国之礼责夷狄",其实正是南宋士人面对强敌,对"四夷来朝"这一传统理想的反思。如果能出现"但敷文德怀百蛮,边尘不动弓刀闲。汉人耕种胡人猎,陛下圣寿齐南山"①这样的局面,恐怕是南宋朝野都向往的事情。

二、尊中国、贬夷狄

在宋辽交往的国书中,宋辽双方称呼"北朝"、"南朝",或"大宋"、"大契丹"。在澶渊盟约缔结后(1005),宋真宗立即废除了有鄙视色彩的地名,如"虏"、"戎"之类,且契丹的避讳亦为宋人所遵从②。这是实事求是的态度。官方或非官方对辽的看法,则不如公开的态度那样平等,而是强调宋的地位较契丹为优越。至于官方不向契丹公开的文件,则多半仍指契丹为夷狄。在北宋官方编纂的著作及私人文集中,外族常被视为低等民族,并用鄙视的字眼称呼他们,例如"丑虏"、"狂虏"、"豺狼"及"禽兽",古时用来称呼夷狄的名词如"獯狁"和"匈奴"也用来称呼契丹③。

若考察南宋人对女真人的态度,就会发现与宋辽关系之间有许多相似之处。在公开的场合,南宋人要避金讳。据《宋会要辑稿》职官三六之四一载:"(绍兴三年)十一月十七日,三省言:北使非晚到来。除已将大金国讳'旻、晟'二字行下经由州军照会,如榜示牌号内有此二字,并权行贴改外,所有见张挂应干文榜及民间贡物等见出牌榜,如金银匹帛铺之额,亦合指挥照应。""旻、晟"二字是金太祖、太宗之名,故需避讳。在此条材料中,我们只要注意"经由州军"四字就可以知道,南宋下令避金讳,只是做做样子。"经由州军"即是金使要经过的州军,这些地方需要将"榜文、铺额"涉及金讳的"旻、晟"二字改贴。至于金使看不到的地方,则不去管它。很明显,这只是

---

① 刘才邵:《檆溪居士》卷二《塞下曲二首之二》,文渊阁《四库全书》本。
② 参看陶晋生《宋辽关系史研究》,第97—99页。
③ 同上书,第105—106页。

一个权宜之计。南宋人除要避金讳外,还下诏曰:"大金国已遣使通和,自今官司文字,并称大金,不得指斥。"①因此,在宋金和好之时,南宋人在榜文等公文中,金人可能会看到的文字中,称金国为"大金"。而在非公开场合,则是另外一种情况。

使用四库检索系统在集部别集中检索"夷狄"二字。结果,汉至五代仅有 97 条,北宋建隆至靖康共有 194 条,而南宋建炎至德祐则达到 267 条。从"夷狄"一词使用的频率或可看出不同时代对"夷狄"的关注程度:越是民族关系紧张之时,夷夏之辨越是引人注目。有学者认为,南宋和北宋,帝王世系一脉相承,政策制度大抵雷同,因此,南宋是北宋的继续②。但与北族的关系,则大不相同。南宋遇到了中原王朝前所未有的事情——对北族王朝称臣纳贡,而且要时刻警惕"灭国"之祸。因此,南宋人对金的态度恐怕远比北宋人对辽的态度复杂。"靖康之耻"给南宋人留下的深深记忆亦影响了南宋人对"夷狄"的态度。

宋人面对策马南下的女真,简直有些措手不及,惊呼:"自古夷狄之盛有若此者?"③李纲亦曰:"自古夷狄之祸中国,未有若此之甚者。"④同时,金人带给宋人的灾难,亦是难以磨去的记忆。金人在攻破开封外城后,为避免巷战,采用诱骗和威逼的手段,迫宋钦宗出城求和,最后将开封的赵宋皇族一网打尽。相比而言,南宋人的记忆更为深刻。南宋有独立的政权,通过教育、书籍、民间口耳相传,会加深这种印象。因此,经历"靖康之耻",南宋士人的"华夷之辨"、"夷夏大防"的观念远比前代激进,亦是情理之中。以下就南宋朝野人士对"夷狄"的认识作具体分析。

(一) 丑化金人

此种认识现象在南宋朝野极为普遍。南宋在宋金和议后,曾下令禁止

---

① 参见《建炎以来系年要录》卷一四二"绍兴十一年十一月"条,第 2685 页。
② 何忠礼、徐吉军:《南宋史稿》序言,杭州大学出版社 1999 年。
③ 陈宓:《复斋先生龙图陈公文集》卷二三《朝散大夫直秘阁主管亳州明道宫林公行状》,《续修四库全书》本。
④ 李纲:《梁溪先生文集》卷五八《论国是》。

"指斥金人"，但这只限于公开场合。在非公开场合，南宋人通常会用"虏"、"金虏"、"金贼"、"丑虏"等一类贬义词指代女真人。翻看南宋人文集，此类词随处可见(需注意的一点是文渊阁四库全书本的宋人文集中的这一类带有歧视字眼的词语，已全部被四库馆臣改过，改成"女真""北人"等词)。例如，南宋人认为"阿骨打、粘罕之徒，崛兴穷海之滨，茹毛饮血，云合鸟散，用夷狄之所长以凭陵诸夏，故所向莫能当"①。这里，南宋人将女真人视为"茹毛饮血"的未开化之人，加以丑化。又如陆九渊云："圣人贵中国贱夷狄，非私中国也。中国得天地中和之气，固礼义之所在。贵中国者，非贵中国也，贵礼义也。"②再如胡铨云："中国由正道，夷狄由诡道。中国以正胜，夷狄以奇胜。由正道者常不得志，由诡道者常得志。以正胜者常少，以奇胜者常多。此自古及今中国所以见陵于夷狄也。"③此类议论在南宋人的文集中是常见的。南宋在军事实力上不如金，只好用文化上的优势来增强优越感。

（二）南宋人对"和亲"的评价

"和亲"的一般概念就是汉族皇帝将本国公主嫁给少数民族君主。"和亲"一词在先秦就已出现。但其义与后世所指不同，仅指华夏与戎夷蛮狄之间的修好活动，没有姻亲关系。④ 汉代"和亲"一词有了"结为姻亲"的含义。葛亮在《论汉代的民族"和亲"并非民族间的政治联姻———释两汉时期民族"和亲"之含义》一文中说："汉代所谓民族之间的'和亲'是指民族之间停止战争，捐弃仇怨，从而建立和平、友好、亲睦的关系。"又说："按照翦伯赞的说法，古代封建社会时期为维持民族友好关系而申之以婚姻就是和亲，这对王昭君嫁单于就说不通。汉元帝应呼韩邪单于之请而遣王昭君嫁单于，这在当时确是为维持民族友好关系而申之婚姻，但汉代却从未有人称之为'和亲'。"⑤如果细读史料，就知道这一结论恐怕过于绝对化。《史记》卷九九载："(汉高

---

① 真德秀：《西山先生真文忠公文集》卷二《辛未十二月上殿奏札二》，四部丛刊初编本。
② 陆九渊：《象山集》卷二三《太学春秋讲义》，四部丛刊初编本。
③ 胡铨：《澹庵文集》卷二《上孝宗论兵法书》，文渊阁《四库全书》本。
④ 参考崔明德、林恩显《论中国古代和亲的类型、特点及其它》，《民族研究》1995 年第 5 期。
⑤ 葛亮：《论汉代的民族"和亲"并非民族间的政治联姻——释两汉时期民族"和亲"之含义》，《河北学刊》2003 年第 6 期。

祖)欲遣长公主,吕后日夜泣,曰:'妾唯太子、一女,奈何弃之匈奴。'上竟不能遣长公主,而取家人子,名为长公主,妻单于,使刘敬往结和亲约。"①这里的"和亲"明显有结为"婚姻"的含义,就是我们通常理解的"和亲"概念。另外,据《汉书·匈奴传》载,王昭君兄子王歙被封为"和亲侯"②。王歙封"和亲侯",是因昭君出嫁呼韩邪单于而封,可知当时是将"昭君出塞"称为"和亲",否则怎会有"和亲侯"一说?因此,笔者认为"和亲"有两种含义,一种即指将本国公主外嫁,另一种仅指中原王朝同边疆民族的修好活动。

提到"和亲",人们都会想到历史上一个哀婉的人物:王昭君。王昭君确有其人。其事载于《汉书·元帝纪》、《汉书·匈奴传》、《后汉书·南匈奴列传》。从这些基本史料中,我们可以滤去一些民间传说,还王昭君一个本来面目:王嫱,字昭君,汉南郡秭归人。元帝时以良家子选入后宫。竟宁元年(前33),南匈奴呼韩邪单于来朝,求汉女和亲。昭君入宫数岁不得见御,积悲怨,乃请行。元帝以昭君赐单于。单于立昭君为阏氏,生一子。呼韩邪单于死后,按匈奴风俗,昭君再适呼韩邪单于之大阏氏子复株累若鞮单于,生二女。

从古至今,文人骚客歌咏昭君的诗歌多不胜数。有人作过统计,大约有七百七十多首③。汉唐均有公主和亲。终唐一朝,共有二十一位公主分别同回纥、突厥、吐蕃、吐谷浑、契丹、奚和亲④。可见唐代的人是不大反对和亲的。而两宋则完全不同,没有宋公主与外族和亲之例。北宋末年,开封被困,曾有以帝姬和亲之议,但旋以城破,帝后北迁,此事亦作罢⑤。此事,宋人亦以此为荣:"不以女色媚穹庐,圣宋之德千古无。"⑥因此看南宋昭君题

---

① 《史记》卷九九《刘敬孙叔通列传》,中华书局1959年,第2719页。

② 《汉书》卷九四《匈奴列传》,中华书局1964年,第3827页。

③ 参见鲁歌等《历代歌咏诗词选注》,长江文艺出版社1982年,第10页,另见该书附录《存目》。按就宋代来说,这个统计是不全面的。该书选注了宋代咏昭君诗23首,另有22首存目。笔者翻检全宋诗,仅南宋就有三十余首。

④ 参见崔明德、林恩显《论古代和亲的类型、特点及其它(续)》。

⑤ 宗泽:《宗忠简集》卷七《钦宗诏书》,江苏古籍出版社1984年。

⑥ 沈继祖:《昭君村》,《全宋诗》48/29861,北京大学出版社1991年。按48/29861是指第48册第29861页。下同。

材的诗,与前代有着很大的不同。在昭君出塞的题材中,"昭君怨"是个传统的主题;其次谴责画师,表达昭君对故国的思念亦是常见的主题①。但南宋歌咏昭君的诗特别突出了一种反对"和亲"的情绪。南宋人咏昭君的诗有三十余首,而以"直接抨击汉朝的和亲政策"为主题的诗达十五首之多②。例如李纲在《明妃曲》中言:"宁辞玉质配夷虏,但恨拙谋羞汉家。"③陈宓有"汉家无计饵单于,掖庭为出千金姝"④之语。姚宽亦云"汉家失计何所获,羽林射士空头白"。这些诗句均表达出作者强烈反对和亲政策的意图。

正如前文所论述,南宋人比较赞同北宋的对外政策。他们已经接受了北宋与契丹为平等之国的事实,并在处理与金国的关系时,也以此为目标。仔细将汉唐和亲政策与北宋"澶渊盟约"对比,"澶渊盟约"并不比和亲政策高明:送给契丹三十万匹两的财物,比和亲所费多许多。为什么南宋人会强烈批评汉唐的和亲政策,反对和亲? 会认为和亲是一种"耻辱"⑤? 这里可以从南宋民族主义情绪高涨来解释。南宋初期,有一大批人是经历了1127年的宋金战争而逃回南方的。当武力不足以抵抗金人,只好竭力在文化上歧视金人,并利用教育、书籍,甚至是民间的口耳相传,将这种仇视传播开来。因此,在南宋人的印象中,金人与野兽相差无几。例如朱熹就视金人为禽兽之类,"论及北虏事,当初起时,如山林虎豹纵于原野,岂是人!"⑥他在行文中常将"夷狄"与"禽兽"并提:"夷狄禽兽亦将不得久肆","夷狄愈盛而禽兽愈繁。"⑦这种看法在南宋是相当普遍的。此外,传统儒家"内中国,外夷狄"的观念,在南宋亦是一个普遍的认识,尽管这与事实不相符(金朝占据

---

① 杨开达:《历代昭君题材诗词主题思想谫论》,《云南师范大学学报》2000年第2期。

② 姚宽:《昭君曲》,《全宋诗》35/22060;陆游:《明妃曲》,《全宋诗》40/24867;薛季宣:《明妃曲》36/28633;舒邦佐:《咏昭君》47/29586;王炎:《明妃曲》48/29586;沈继祖:《昭君村》48/29861;赵汝鐩:《昭君曲》55/34202;盛世忠:《王昭君》55/36829;许棐:《明妃》59/36842;白玉蟾:《明妃曲》60/37496;李曾伯:《昭君溪》62/38731;武衍:《明妃曲》62/38967。

③ 李纲:《梁溪先生文集》卷一二《明妃曲》。

④ 陈宓:《复斋先生龙图陈公文集》卷一《和徐绍奕昭君图》,《续修四库全书》本。

⑤ 曹勋有"结亲徒自辱,掩泣羞汉皇"之句。见曹勋《松隐集》卷六《细君并序》。

⑥ 黎靖德编:《朱子语类》卷一三三《本朝七·夷狄》,中华书局1986年。

⑦ 朱熹:《朱子文集》卷一三《垂拱奏劄二》、卷五九《答余方叔》,陈俊民校订本,德富文教基金会2000年。

着中原地区)。陈渊即这样认为:"今虏邈在万里之外,豺狼狐兔之与居,非能为秦也。"①最明显的例证是使金人员的一段记载:"山之南地,则五谷百果、良材美木无所不有。出关来才数十里,则水皆重浊,地皆瘠卤,弥望黄云白草。岂天设此限华夷也?"②"夷夏"之分界竟如"人兽"之分界,这恐怕亦是宋人对金人的歧视。托名辛弃疾的《南渡录》(又名《南烬余闻》),记录了徽钦及大批宗室北迁之事。毫无疑问,《南渡录》是一本伪书,但这本书是南宋末人所作,则不会有问题。因此,从这本书里,我们也可了解宋末的人对"夷狄",对金人的看法。奚如谷分析此书道:"徽宗最后的日子充满了各种'越界'。离中国越远,世界就变得越来越光怪陆离","这些界限包括不同生命区域之间的自然界限,宋金之间的地理界限,不同性别、服色、饮食之间的界限,生与死、人与鬼的界限,以及'天下'与'天下之边缘'或者说'天下之外'国与夷狄之界。"③这与前文所引宋使者的看法有惊人的相似。综上所述,我们可以看出,南宋人对女真的歧视是具有普遍性的,而且比以往朝代更激烈。基于这样的认识,南宋人会激烈地抨击"和亲政策"。

(三) 强调"中国"为"夷狄"之主

与丑化、歧视金人的行为相联系,南宋人还在理论上用阴阳学说来强化"中国"为"夷狄"之主。例如,刘爚认为:"《传》曰:阴气之精,凝而为雹。故刘向以为阴协阳之证,孔季彦以为阴乘阳之证。考诸前代,凡妾妇乘其夫,臣子背君父,政权在臣下,夷狄侵中国,皆其事也。"④杨万里亦明确地说:"曷谓阳?曰君也,德也,中国也,君子也。曷谓阴?曰臣也,兵刑也,夷狄也,女谒近习也。"⑤南宋人一遇到大水、雷雨等与水有关的灾害,总会归结为"夷狄作乱"。高宗时,因久雨,令群臣进言。中书舍人季陵言:"臣者,君

---

① 陈渊:《默堂先生文集》卷一九《正月十七日上殿劄子》,四部丛刊三编本。
② 钟邦直:《宣和乙巳奉使行程录》,陈乐素校补本,见陈乐素《求是集》第一集,第252—274页。
③ [美]奚如谷:《史之解构:荒唐皇帝宋徽宗之死》,载《中国学术》2002年第2辑。
④ 刘爚:《云庄集》卷一七《己巳四月上殿》,文渊阁《四库全书》本。
⑤ 杨万里:《诚斋集》卷六二《上寿皇论天变在震书》,四部丛刊初编本。

之阴;妻者,夫之阴;北方者,中国之阴。金人累岁侵轶,生灵涂炭,城邑丘墟,怨气所积,灾异之来,固不足怪。"吏部侍郎刘珏亦言:"北方强大,阴盛阳微,故阴雨为灾。"①更有士人直白地说:"夫中国者,夷狄之主也。"②可见南宋人面对宋弱金强事实,还是不愿承认这一点,还要强调"中国为夷狄"之主。

(四) 宋代《春秋》学的发达

宋代《春秋》学之发达亦是一个明证。牟润孙说:"宋人之治经学,谈义理者则言易,论政治则说春秋大义……而考之史传,证之典籍,谓宋人春秋之学最为发达,诚非夸大。"③《宋史·艺文志》载《春秋》类二百四十部,二千七百九十九卷。其中,汉唐人的著述共有三十三部,其余绝大部分都是两宋人的著述。宋人著述固不能尽载于《宋史·艺文志》,然宋代《春秋》学之发达是显而易见的。

两宋《春秋》学何以发达?牟润孙说:"北宋治春秋者好论内政,南宋治春秋者好论御侮,其言多为当时而发。"④北宋、南宋遇到的都是"夷狄"问题,但程度不同,故其《春秋》学主旨亦不同。牟润孙指出,两宋解说《春秋》之书虽众,笃守汉唐矩矱,专言一传,而不影射时政者,几可谓无之。北宋解《春秋》者偏重尊王,其事倡自孙氏(孙复)。及南宋,胡安国明《春秋》复仇攘夷之义,其亦自为传,所论较孙氏细密,取径则宗法孙氏,而偏重者不同⑤。为什么在中原地位下降之时,会提出"尊王攘夷"?葛兆光有一段话说得很好:"这显示了一个很有趣的现实世界与观念世界的反差,即在民族和国家的地位日益降低的时代,民族和国家的自我意识却在日益升高。"⑥由此,我们可以理解南宋人何以会更注重"华夷之辨"、"夷夏大防"。

---

① 留正:《增入名儒讲义皇宋中兴圣政》卷五,宛委别藏本。
② 吴泳:《鹤林集》卷三七《互市》,文渊阁《四库全书》本。
③ 牟润孙:《两宋春秋学之主流》,载《注史斋丛稿》,中华书局1987年,第140—161页。
④ 同上。
⑤ 同上。
⑥ 葛兆光:《宋代"中国意识的凸显":关于近世民族主义思想的一个远源》,《文史哲》2004年第1期。

第三节　"朝贡体系"理想对现实政策的影响

从前文论述中可知，宋人已认可宋辽之间的对等外交关系，并将其视为一个目标；但同时并没有放弃传统儒家"四夷来朝"的理想。以最高统治者为例，从建炎元年开始，金兵不断追击南宋朝迁，宋高宗被金人追得无路可逃，最后入海避难才躲过一劫。就是这样，《诫谕帅臣修饬边备诏》仍说："朕抚有方夏，收宁万邦，蛮夷向风，稽首来享。蠢兹西戎，昏迷不恭，敢雠大邦，诱逋逃之臣，率犬羊之旅，搔扰疆场。"①可见"向往朝贡"的情结无论何时总是会存在。皇帝如此，底下的臣民如何呢？楼钥是孝宗时人，此时南宋对金，地位已有很大的改善，由君臣之国变为叔侄之国，但楼钥却说："方今边陲虽靖，而夷狄未宾。"②李清照亦做诗云："径持紫泥诏，直入黄龙城。北人定稽颡，侍子当来迎。"③（按此句中"北人"定是清人所改，原作应是"北虏"之类的称呼。惜不能找到更好的版本，此诗《全宋诗》未收。）可见在南宋人的理想中，并不存在"平等之国"的概念，他们的理想是"夷狄来宾"、"侍子来迎"。

这种"四夷来朝"的理想与现实状况常会产生矛盾与冲突，亦会对宋金关系产生或多或少的影响。例如北宋同女真人接触时，并不把女真当强敌来看，有轻视和盲目自大之意，认为女真"于夷狄中最微且贱"④。南宋人回忆初与金人交往之时，说："夫金虏女真一小丑耳。当国家全盛之际，所忧者在辽夏，岂知有所谓女真者。"⑤而且认为以堂堂大宋与蕞尔小国结盟，是宋

---

① 李纲：《梁溪先生文集》卷三六《诫谕帅臣修饬边备诏》。

② 楼钥：《攻媿集》卷二〇《论治道》，四部丛刊初编本。

③ 李清照：《上枢密韩公工部尚书胡公并序》，载厉鹗《宋诗纪事》卷八七，上海古籍出版社1983年。

④ 徐梦莘：《三朝北盟会编》卷一九三《炎兴下帙九十三》，上海古籍出版社1987年。

⑤ 陈宓：《复斋先生龙图陈公文集》卷二三《朝散大夫直秘阁主管亳州明道官（宫）林公行状》，《续修四库全书》本。

有德于金。故南宋人谈到这段历史会说:"女真以蕞尔小国结我盟好,受我封建,是我徽宗有大造金虏。"①这种良好的自我感觉也的确反映出宋人潜意识中还是视"汉族中心主义—朝贡体系"为最高理想。我们还可以从宋金初次结盟的史实看出这一点。宣和元年(1119)三月,宋差赵有开、王环持诏书使金。有人提议用国书,赵有开曰:"女真之酋止节度使,世受契丹封爵,常慕中朝,不得臣属,何必过为尊崇,止用诏书足矣。"②另一个明显的例子就是宋高宗向金求和。因为有"朝贡体系"思想的约束,如果没有强硬的借口,是过不了舆论这一关的。对此,高宗自己心里也很清楚。他不敢赤裸裸地投降,而是打着"孝悌"或"民生"的幌子。其诏书曰:"大金遣使至境,朕以梓宫未还,母后在远,陵寝宫阙久稽洒扫,兄弟宗族未闻会聚,南北军民十余年间不得休息,欲屈己就和。"③此外,南宋大臣可以"春秋大义"激烈地反对议和。对此,宋高宗竟也无可奈何。例如绍兴八年(1138)十一月,史馆校勘范如圭致书秦桧,责其主和:"《春秋》之于中国书名爵,而夷狄则以号外而贱之也。王者欲一乎天下,曷外而贱之? 以为非我族类,其心必异,不得不峻内外之限,别贵贱之分,以防不测之患于未然也。凡中国诸侯与夷狄盟会者,《春秋》必谨志而深讥之,其法严矣。"④范如圭不过是一个史馆校勘,能有勇气指责宰相,可知舆论还是有一定力量的。再如胡铨上书反对议和,其言辞犀利,在封建帝王时代亦属少见:"夫管仲,霸者之佐耳,尚能变左衽之区而为衣赏(裳)之会。秦桧,大国之相也,反驱衣冠之俗而归左衽之乡。则桧也,为惟陛下之罪人,实管仲之罪人矣。……不然,臣有赴东海而死耳,宁能处小朝廷求活耶?"将本朝视为"小朝廷",简直就是大逆不道。可事实上,尽管宋高宗非常愤怒,但也仅将他罢官。正是舆论的力量使范如圭、胡铨等人有胆量进如此之言。

此外,终孝宗一朝"礼仪之争",亦可视为"四夷来朝"理想影响现实政

---

① 陈准:《北风扬沙录》,载《金史辑佚》,吉林文史出版社 1990 年。
② 《三朝北盟会编》卷四《政宣上帙四》。
③ 留正:《增入名儒讲义皇宋中兴圣政》卷二四。
④ 《三朝北盟会编》卷一八七《炎兴下帙八十七》。

策之证。有关"受书之礼",《宋史全文》记载颇详:"自绍兴讲和后,定受书之礼,及乾道再和,循旧例,降榻受书,毕,复御座。上颇悔之。"①从此段记载来看,"隆兴和议"之后的"受书之仪"是循"绍兴旧例"的。宋皇帝要起立接金国书,这当然是不平等的。《春秋》之学大讲"尊王攘夷",而宋皇帝要起立受国书,这种强烈的反差,南宋君臣必不甘心于这种局面。因此隆兴、开禧年间的宋金战争都是因宋欲改变"受书之礼"而开启的。除了战争,南宋人还不断地利用外交手段来改变宋的地位。例如孝宗朝,为了改变"受书礼",与金进行了长达十年的交涉②。

小　结

综上所述,我们可以看到如下几点:第一,在外交操作层面上,南宋人面对强大的金国,理性地认识到达到二者之间的对等关系是一种比较符合实际的选择。这一点我们可以从南宋人对"澶渊之盟"的评价与他们致力于建构"中国与四夷并存"的理论中看得非常清楚。第二,南宋人虽然在现实中要努力取得宋金间的对等关系,然而受儒家传统思想深刻影响的南宋士人并没有放弃他们"四夷来朝"的理想,即在观念上,他们从来不承认"夷夏"是平等的。这一点通过南宋人对金人的丑化、歧视,以及他们努力建构"中国为四夷之主"的理论就可以看得很清楚。第三,南宋士人对宋金关系看似矛盾的认识,其实都建立在同一基础之上,即宋金间不平等的关系。他们的努力是首先与金建立一种平等之外交,再进一步实现儒家"四夷来朝"的理想。

---

① 佚名:《宋史全文》卷二五上,李之亮点校本,黑龙江人民出版社2005年。
② 有关交涉的详情,参阅赵永春《金宋关于"受书礼"的斗争》,《金宋关系史研究》,第208—221页。

第二章　南宋聘使制度

　　本章对南宋聘使制度进行深入研究,重视不同时期聘使制度的变更现象。首先梳理了南宋的聘使机构的设置。主管往来国信所是南宋最主要的处理宋金往来的机构。然后对南宋国信使的种类、使节的人员构成、待遇等问题进行了细致研究。发现使节在完成使命的同时,亦会挟带走私物品,因此本章第三节对此问题加以论述。宋人使金,必备礼物,称"国信礼物"、"国信"或"礼物"。使名不同,礼物等级亦不同,故第四节对南宋使节所携礼物情况作以论述。南宋制定了详细的接待金使制度,从宋人如何待金使,可以看出宋金关系的一个侧面,故第五节主要论述了接待金使制度。宋金往来,使者要携带国书。国书必有称谓,从称谓可看出宋金地位之高低。金使朝见有朝见之仪,辞别有朝辞之仪,甚至接送伴、馆伴皆有其仪。交聘礼仪虽不构成宋金往来的主要内容,但它可以体现出宋金之间微妙的关系。因此有必要对宋金聘使往来的礼仪做一专门论述。

第一节　南宋处理宋金交聘的机构

　　宋代设专门机构处理与辽、金交往事务,北宋称之为管勾往来国信所。《宋宋会要辑稿》记载:"《两朝国史志》:管勾往来国信所,管勾官二人,以都知、押班充,掌大辽使介交聘之事。"①南宋处理宋金往来的外事机构叫主管往来国信所,负责与金交聘事宜,与此相匹配的机构还有都亭驿和班荆馆。

一、主管往来国信所

（一）沿革

南宋的制度主要承袭北宋,其外事机构亦是如此,但也有变化。北宋,主管与契丹往来的机构称"管勾往来国信所",简称国信所。此机构随着与契丹交往加深而从无到有。据《宋会要辑稿》记载:"初,雄州当用兵之际,每有密事,择驯谨吏主之,号机宜司。及契丹请和,改为国信所。"②最初与契丹交战时,设"机宜司",是战时临时机构。随着与契丹交往的正常化,交聘事务益繁,设置固定的对辽机构十分必要。宋辽关系逐渐稳固后,景德四年(1007)八月,置管勾往来国信所一司,替代临时机构"排办礼信所"。此事原委史载颇详:"又景德四年八月,帝(真宗)谓近臣曰:'契丹使、副到阙、见辞、及馆、接伴、支赐例物,并朝廷遣使合行之事,并有规制,行之以(已)二年,已成定例,可特置管勾往来国信所一司。'旧止云排办礼信所,至是立局置印也。"③因此,国信所并不是澶渊之盟确定后的即时产物,而是经过一段时间,才"立局置印"的。北宋国信所编制是:管勾官二人,以都知、押班充。译语、殿侍二十人,通事十二人④。

南宋主管与金国往来的外事机构称"主管往来国信所",简称"国信所",分隶入内内侍省与鸿胪寺。由"管勾往来国信所"改称"主管往来国信所",当为避宋高宗赵构之讳。例如,北宋的"管勾左、右春坊事",至南宋改称"主管左、右春坊事"⑤,是为避高宗之名讳。

《宋会要辑稿》职官三六之四十载:"高宗绍兴三年六月五日,奉使大金

---

① 《宋会要辑稿》职官三六之三二,第 3087 页。

② 同上。

③ 高承:《事物纪原》卷七,"国信所"条,中华书局 1989 年,第 305 页。

④ 《宋会要辑稿》职官三六之三二,第 3087 页。都知、押班,宦官官名,隶内侍省。

⑤ 《宋史》卷一六二《职官二》,第 3825—3826 页。

国信所言：近差到有官人……"据此，有学者言："奉使大金国信所，绍兴三年(1133)三月始见。南宋绍兴十二年《绍兴和议》订立后，为主管往来国信所取代。孝宗乾道七年曾置奉使大金国信所，与主管往来国信所并存。"①此说恐有误。据《建炎以来系年要录》卷七八绍兴四年七月条载："(绍兴四年七月)武功大夫、文州刺史、入内内侍省押班陈永锡兼主管往来国信所。"知绍兴四年即有主管往来国信所这一机构，则绍兴十二年取代之说不能成立。吴晓萍认为国信所是一个很灵活的机构，它可能因为某种外交事务而组成不同名称的临时办事机构②。此说甚有道理。因此，"奉使大金国信所"是"主管往来国信所"下设的一个临时办事机构，相关的事情处理完毕，此机构也完成了使命，所以"奉使大金国信所"并不是一个常设机构。除"奉使大金国信所"外，南宋尚有"奉使金国通谢国信所"、"使金通问国信所"这样的机构。例如《宋史》中出现"(隆兴元年十一月)以胡昉、杨由义为使金通问国信所审议官"③这样的材料。又《宋会要辑稿》记载："(开禧三年)九月九日，奉使金国通谢国信所参议官方信孺特追三官，送临江军居住。"④"奉使金国通谢国信所"、"使金通问国信所"与"奉使大金国信所"相同，是与金国交涉具体之事而设立的临时机构，不是一个常设机构。因此南宋处理宋金往来的机构是"主管往来国信所"。

(二) 编制

主管往来国信所是一个常设机构，由主管官二员及若干属员组成。国信所属员不同时期的人数或有变化。以下为绍兴三年所定之额。

> (绍兴三年十一月)二十六日，国信所言："本所大小通事、传语、指使、使臣等，遇人使到阙，引接使副、三节人从殿庭并在驿抄札听审语录、押送吃食酒果等，及入位承领传语计会公事，轮差奉使、接送伴觉察祗应。兼已奉旨差归朝人教习译语，亦合差拨逐色人习学祗应，即日止

---

① 参见龚延明《宋代官制辞典》，第 67 页。
② 吴晓萍：《宋代外交制度研究》，安徽人民出版社 2006 年，第 49 页。
③ 《宋史》卷三三《孝宗一》，第 625 页。
④ 《宋会要辑稿》职官七四之二六，第 4023 页。

有一十二人,实见分差不足。今不敢依旧额差填,欲乞比旧裁减贴差,其所破请给,轮差祗应等并乞依见行条例。内大、小通事最要惯熟详审之人,仍乞从本所于见在人内选拣拨填。一、旧额管再留通事、传语、指使、使臣共二十四人,见在止有八人。今裁减,乞贴差六人,通共一十四人,阅习祗应,并乞从本部于见任得替待阙已未到部大小使臣内踏逐指差,及许拘收旧曾在本所充再留使臣填阙。大通事祖额五人,见在一名,今乞贴差二人,通共三人。小通事祖额六人,见在一名,今乞贴差二人,通共三人。传语祖额五人,见在二人,今乞贴差二人,通共四人。指使祖额八人,见在四人,今乞添差一名,通共五人。一、旧额指挥使下班祗应共二十人,准备祗应五人,见在止有四人,今乞添差,内六人充入额指使,二人充准备祗应。并乞下殿前司,先次划刷曾在所充指使下班祗应,如不足,即行选差发遣赴所。"从之。①

以上材料中,旧额当指北宋时期的国信所属官定额,为二十四人。绍兴三年经增补后实有十五人,其中大通事三人,小通事三人,传语四人,指使五人。

又据《宋会要辑稿》记载:"(绍兴)九年十二月一日,国信所言:'本所旧额官(管)人吏后行四人,系名贴司四人,守阙贴司人、私名贴司不限人数,不下十五余人。今来见管后行三人,贴司二人,所有见阙后行一名,贴司内不可选填。其见阙系名贴司二名,今于守阙贴司内试补,今来又无守阙贴司。又缘已差官奉使大金,切虑不测有使人到来,人力不胜。'诏见阙后行一名,依例于本所孔目官内选填,请给、迁补、出职并依见行条例。其退下孔目名阙,依条例差填施行。兼本所掌行事务繁重,不可阙人,自今后依旧额内裁减,差置守阙贴司、私名各二人,更不支破请给。向去有阙,依条迁补。"②这里额定人数亦为十五人。

到了孝宗时期,此人数复有变化。据《宋会要辑稿》职官三六之五五记

---

① 《宋会要辑稿》职官三六之四一,第3092页。
② 《宋会要辑稿》职官三六之四三,第3093页。

载:"孝宗隆兴元年八月十四日,主管往来国信所言:'依指挥条具并省吏额,本所见管使臣二十一员,点检、通事、指使、传语使臣共二员,指使祗应一十员,欲并减半。'从之。"①可知,到孝宗隆兴年间,国信所属员已大大增加,以至要裁减人员了。

国信所主管官由内侍担任。《宋会要辑稿》职官三六之三二载:"主管官二员,以内侍充。"②又据《建炎以来系年要录》卷七八载:"(绍兴四年七月)武功大夫、文州刺史、入内内侍省押班陈永锡兼主管往来国信所。"同书卷一九九载:"(绍兴三十二年五月)入内内侍省押班李绰主管往来国信所。"可知国信所主管官由内侍省押班兼。这与北宋的制度亦相符③。大、小通事、传语(也称译语)一般由懂女真语之人充任。大、小通事掌引接金国使节的文字翻译,抄录使节谈话即"语录"上报朝廷。大通事由品官(包括宦官)充任,小通事由非品官充任。传语(译语)负责口头翻译。指挥使、下班祗应均为武官,负责安全工作。

(三) 国信所日常事务

1. 接待金使

据《宋会要辑稿》职官三六之四一载:"(绍兴三年十一月)二十六日,国信所言:本所大小通事、传语、指使、使臣等,遇人使到阙,引接使副、三节人从,殿庭并在驿,抄劄、听审语录,押送吃食酒果等,及入位,承领传语,计会公事,轮差奉使、接送伴觉察祗应。"可知负责接待金国使团是国信所最主要的任务。内容包括安排使节住宿,递送朝廷所赐食品、礼物,传达朝廷旨意。

2. 收录、整理与金交往的相关档案

国信所大小通事、译语均通女真语,由他们记录金使的言行,并整理成册,上报朝廷。此外,出使语录等外交文字均由国信所负责管理。例如《宋会要辑稿》职官三六之五五记载:"(隆兴)二年十二月二十一日,国信所言:

---

① 《宋会要辑稿》职官三六之五五,第3099页。
② 《宋会要辑稿》职官三六之三二,第3087页。
③ 据《宋会要辑稿》职官三六之三二载:"管勾往来国信所,管勾官二人,以都知、押班充。"可知北宋国信所由宦官领。

'勘会已降指挥,将奉使金国传语、宣问意度,今后令国信所录白一本,候使、副赴都亭驿阅视日,主管官当面分付使、副遵执,仍取知委闻奏。昨奉金国上尊号,本所传旨陈诚之修写闻奏所在金(日)。今来金国贺生辰传语意度,遂具奏闻。'诏令洪适修写大金朝见日传语、宣问意度一本,赴国信所进呈。"①陈诚之是绍兴二十六年(1156)贺大金上尊号使,洪适是隆兴二年(1164)贺生辰使,故令他们将使金过程写一份报告即语录,进呈国信所。不仅出使金国的使臣要向国信所上呈语录,凡是接待金使过程中的朝廷旨意、慰问之语都要笔录副本,整理归档。

3. 教习外语及外交礼仪

国信所亦是一个培训外交人才之地。首先,由国信所选用从金国逃回的归朝人负责培训懂女真语的双语人才②。其次,国信所也是出使人员学习外交礼仪之所。楼钥以书状官使金,其《北行日录》多次提到去都亭驿"习仪"③。都亭驿是国信所官署所在地,故知使金人员"习仪"由国信所负责。且《宋会要辑稿》记载:"(乾道)八年十一月十九日,诏:'自来年为始,令六曹将合差奉使金国正旦、生辰使副,并馆伴、接送伴下引接、仪范人,每曹籍定一十人,于差使、副前两月遇旬休日分轮一曹所籍人数,发赴都亭驿,令国信所掌仪、通事使臣指教、阅习仪范节次。'"④由此可见,这种礼仪培训由国信所制定计划,分期进行,而不是随意安排。不仅三节人从要赴都亭驿习仪,正使、副使也要接受外交礼仪的培训。第三,差拔人员随同使节出使。出使金国的三节人使一部分由正使、副使所辟,一部分从国信所差拔。此外,馆伴、送伴使的属官亦由国信所差拔。

由此,国信所负责全面协调与金国交涉的各类外交事务。它显然不是一个权力机构,而是一个执行机关,但它的机置灵活,所涉事务繁杂,送往迎

---

① 《宋会要辑稿》职官三六之五五,第3099页。按:"本所传旨陈诚之修写闻奏所在金"一句恐漏一字"日"。

② 参见《宋会要辑稿》职官三六之四一,第3092页。

③ 楼钥:《攻媿集》卷一一一《北行日录》,四部丛刊初编本。

④ 《宋会要辑稿》职官三六之六○,第3101页。

来,外交礼仪、文字档案等凡关涉金国之事,均由国信所协调处理,在对金关系中处于重要的位置。

二、都亭驿

都亭驿是接待金使住宿的馆所,由国信所负责管理,国信所官署亦设在都亭驿。据《咸淳临安志》卷一〇载:"主管往来国信所,在都亭驿。"①

"驿"之名始于汉,邮驿传递之馆,设在四方,称驿。北宋太平兴国二年(977)八月四日,改东京怀信驿为都亭驿,位于东京城东,专用于馆待契丹使人②。宋南渡后,庶事草创,起初并无专门接待金国使人之地。绍兴八年(1138),金国遣使到阙,仓促之间,将左仆射府权充使馆③。据《宋会要辑稿》职官三六之四四:"(绍兴)十二年三月十六日,临安府言:修盖都亭驿了毕,乞关报所属差人前来交割、照管。诏,令(主)管国信所交割。"④绍兴十二年(1142),宋金议和,宋金外交人员的往来成为日常事务,于是在临安府修盖都亭驿,专为馆待金使,并由国信所负责日常管理。据《乾道临安志》卷一载:"都亭驿,在候潮门里。"⑤可知都亭驿位于临安候潮门。都亭驿设监官一人,吏属有专知、副知各一人,分手、贴司、库级各一人,库子二人,院子七人,兵级四十人⑥。

都亭驿是馆待金使的地方,故一些涉及宋金往来之事,也在这里处理。例如,都亭驿曾是与金使谈判的场所。据《宋史》卷一一九《礼志二十二》记载:"(绍兴)八年金国遣使副来,就驿议和。诏王伦就驿赐宴。"都亭驿是馆宿金使的地方,因此亦用来宴犒金使⑦。另外,都亭驿也是使节学习外交礼

---

① 潜说友:《咸淳临安志》卷一〇,载《宋元方志丛刊》第四册,中华书局1990年。
② 王应麟:《玉海》卷一七二,"景德怀远驿"条,广陵书社2003年,第3166页。
③ 参见《宋会要辑稿》职官三六之四三:"(绍兴八年)十二月二日诏,左仆射府权充使馆,令临安府日下差人撋截。"第3093页。
④ 《宋会要辑稿》卷三六之四四,第3093页。
⑤ 周淙:《乾道临安志》卷一,载《宋元方志丛刊》第四册,中华书局1990年。
⑥ 参见《宋会要辑稿》方域十之一一,第7479页。
⑦ 参见崔敦诗《崔舍人玉堂类稿》卷一三:《正月一日入贺毕归驿赐御筵口宣》、《正月一日入贺毕归驿赐酒果口宣》,《续修四库全书》本,第1318册。

节的地方。宋使团出行前,使副及以下要集中至都亭驿"习仪"。据楼钥记载,每次遣使之前,小型的"习仪"有三次,"大习仪"一次①。金使每至,南宋要遣馆伴使至都亭驿,为金使"说仪",即与金人解说注意事项。

三、班荆馆

班荆馆,《资治通鉴》天福二年条胡三省注曰:"《左传》楚伍举与声子相善,伍举出奔,声子遇于郑郊,班荆相与食而言。杜预《注》曰:班,布也;布荆坐地共议。以班荆名馆,取诸此也。此馆必在汴州郊外。"②故知班荆馆五代时即有之,在汴州之郊。北宋时以陈桥驿为班荆馆,为契丹使迎钱之所。宋朝南渡后,在赤岸港建班荆馆,距临安府三十六里。南宋在此赐御宴,以款待金使,是为定例③。

都亭驿、班荆馆是临安府设立的接待金使的客馆。而沿途之州县,则由地方自置客馆④。

第二节　国信使节之选派

一、使节名目

聂崇岐列出使辽使十二种使名,计:贺正旦使,贺生辰使,告哀使,遗留使,告登位使,祭奠使,吊慰使,贺登位使,贺册礼使,回谢礼信使(答谢邻邦吊贺),回谢使(答聘或因邻邦请求而遣人有所磋商者),泛使(普通聘问或有所报告要求于邻邦者)⑤。此为北宋使节之名目。南宋使金使与之类似,

---

① 楼钥:《攻媿集》卷一一一《北行日录上》,四部丛刊初编本。
② 《资治通鉴》卷二八一"天福二年七月"条,中华书局 1956 年。
③ 参见《宋史》卷一一九《礼志二十二》,第 2811—2812 页;又陆游《入蜀记》卷一载:"过赤岸班荆馆,小休前亭。班荆者,北使宿顿及赐燕之地,距临安三十六里。"《入蜀记》,知不足斋丛书本,载《宋史资料萃编》第四辑,文海出版社 1981 年。
④ 此见黄震《黄氏日抄》卷八七《邵武军建宁县绥城驿记》,文渊阁《四库全书》本。
⑤ 聂崇岐《宋辽交聘考》,第 287 页。

仅有些微差别。见于史籍的有生辰使、正旦使、告哀使,遗留使,贺登位使,告登宝位使,吊祭使,报谢使、贺上尊号使等。此类为礼仪使。另一类是因有特殊事情所遣专使,此种非礼仪性使节,俗称泛使。泛使亦有具体使名:通问使,通谢使,祈请使等。北宋之时,分别有祭奠使与吊慰使,南宋之时,将此合二为一,称吊祭使。此外与北宋相比,增贺上尊号使,减贺册礼使。

（一）礼仪使

1. 生辰使

逢金国皇帝生日之时,南宋派遣使臣前往祝贺,称生辰使。金国皇帝生日立节名始于金太宗吴乞买。金太宗生日名天清节,为每年十月十五日。《金史》卷六〇《交聘表上》记载:"(天会二年)十月戊午,宋使贺天清节。"熙宗生日为正月十七日,名万寿节。海陵生日是正月十六,不载节名。世宗生日为三月一日,名万春节。章宗的生日是九月一日,名天寿节。卫绍王的生日在八月,名万秋节。宣宗生日是三月十三日,名长春节。逢金帝生日,南宋遣生辰使前往贺寿。

2. 正旦使

逢正旦之时,派遣使节前往金国贺正旦,称正旦使。绍兴十二年(1142)九月,朝廷下诏,令中书舍人杨愿及左武大夫、宣州观察使、知阁门事何彦良为贺正旦使、副出使金国①。此为南宋首次遣正旦使。正旦使的派遣一般于当年八月下诏,十月二十日前后离临安,在十二月二十五日前后至金国都城,正月初一进贺。

3. 告哀使

告哀使,其任务即以皇帝、皇太后崩逝告知金国。南宋一代,皇帝、皇太后、太上皇去世,均遣告哀使。例如绍兴二十九年九月高宗之母韦氏去世,遣使告哀,使名为奉表哀谢使②。

4. 吊祭使

当金国皇帝或皇太后去世,派遣使节去金国吊祭,此谓吊祭使。宋辽交

---

① 《建炎以来系年要录》卷一四六"绍兴十二年九月"条,第2770页。
② 《建炎以来系年要录》卷一八三"绍兴二十九年九月"条,第3533页。

聘制度中,祭奠使、吊慰使分遣,而宋金交聘则省并为一,称吊祭使。

5. 遗留使

将去世的皇帝、太上皇生前用过的物品送至金国,此谓遗留使。皇太后去世一般仅遣使报哀,不遣遗留使。但高宗之母韦后是一个例外,不但遣遗留使,其规格亦与皇帝相当①。

6. 报登位使

当南宋新皇帝即位,都要派遣使节至金国,报本国皇帝即位,谓之报登位使。

7. 贺登位使

当金国皇帝新即位,南宋亦派遣使节,贺金国皇帝登位,谓之贺登位使。

8. 报谢使

因金国遣使来吊祭皇帝、皇太后等,故遣使感谢,此使名为报谢使。

（二）泛使

泛使又称专使,为非常时期派出的使节,具有特殊的使命,与礼仪使节有所不同。傅乐焕曰:"宋辽通好期间遇有特殊事故,另遣专使,特名泛使以达意。故欲知百余年来两国常年礼聘外交涉之事,止求得其全部泛使即可晓。"②南宋与金国之间的交涉一般派泛使去完成。例如,南宋遣范大成使金,求更变"受书仪"。他在出使前,对孝宗言:"无故遣泛使,近于求衅,不戮则执。臣已立后,仍区处家事,为不还计,心甚安之。"③范大成即以泛使之名出使金国。南宋向金称臣,其必不甘心屈居人下,但军事上又敌不过金,故常想利用外交渠道取得与金的平等地位。而金人亦清楚南宋的"以大事小"屈辱求和,只是不得已之举,未必甘心。所以双方对泛使的派遣都非常敏感。据《建炎以来系年要录》卷一四六载:"先是金人求真珠靫靫等物,

---

① 详见本章第五节。
② 傅乐焕:《宋辽聘使表稿》,载《辽史丛考》,中华书局 1984 年,第 261 页。
③ 周必大:《文忠集》卷六一《资政殿大学士赠银青光禄大夫范公（成大）神道碑》。

秦桧以誓书不遣泛使,乃谕盱眙军,令录事参军孙守信往泗州,谕守将周金,令具奏达,俟遣彦良出使附行。"①彦良当为何彦良,为第二年贺正旦使。由此可见,绍兴议和时,有不遣泛使之规定。但遇到"有干事体"之事,双方还是会互遣泛使。绍兴和约定立后,中间又有两次大战,其间两国谈判均由泛使来完成。

宋金交战期间,南宋派出的泛使有通问使、奉迎梓宫使、祈请使、通谢使。战时遣泛使频繁,亦显示南宋通和心切。

1. 通问使。通问使实际就是议和使。在两段时期内,南宋所遣使名为通问使。一是从建炎元年(1127)至绍兴七年(1137),遣使通问徽、钦二帝,借以同金保持联络,表明求和态度。《三朝北盟会编》卷一〇八载:"(傅)雱,字彦济,临江军人,进士及第。时从事郎,乃改宣教郎,借工部侍郎,使于金国。识者已知上意在乎讲和矣。"按宋高宗是建炎元年五月即位,傅雱在此年六月出使,求和之速,难怪"识者已知上意在乎讲和矣"。自1127年至1137年,十年间共遣通问使十七次。另一段时间是从绍兴三十二年(1162)至隆兴二年(1164),共遣通问使四次。

2. 通谢使。开禧三年(1207)前后,南宋派往金国的求和使节称"通谢使",共遣三次。第一次于开禧三年四月,遣方信孺以"奉使金国通谢国信所参议官"②身份与金议和。第二次,开禧三年六月遣林拱辰为"金国通谢使"③。第三次,"嘉定元年正月二十二日,诏起居郎许奕、阁门舍人吴衡差充通问金国使、副。既而改作通谢"④。盖因宋金交恶,由宋先启衅北伐,故这三次遣使,使名称"通谢使"。

3. 祈请使。建炎二年(1128)五月遣宇文虚中为祈请使,祈请归还二帝。

4. 奉迎梓宫使。奉迎梓宫使,是请求金国将徽宗梓宫归还。在得知徽

---

① 《建炎以来系年要录》卷一四六"绍兴十二年九月"条,第2770页。

② 《宋史》卷三八《宁宗二》,第744页。

③ 同上书,第745页。

④ 《宋会要辑稿》职官五一之四四,第3558页。

宗死于五国城之后,南宋共派出四批奉迎梓宫使,请求归还梓宫。

宋金交好时期,南宋亦遣泛使,其使名有:贺上尊号使,报谢使,祈请使。

1. 贺上尊号使。为贺金国皇帝上尊号而派遣使节。据《三朝北盟会编》卷二二一载:"陈诚之假资政殿学士,苏晔假崇宁军节度使副之,为泛使,上金国主尊号也。"可知上尊号使亦泛使也。南宋遣使贺金上尊号共三次。第一次绍兴二十六年(1156)四月,陈诚之为"贺大金上尊号使"出使金国,以海陵帝上尊号①。第二次在乾道元年(1165)八月,李若川为"贺金国上尊号国信使",以金世宗上尊号"应天兴祚仁德圣孝皇帝"②。第三次在乾道八年四月,姚宪为"贺上尊号使",以金世宗上尊号"应天兴祚钦文广武仁德圣孝皇帝"③。"上尊号使"为南宋独有,金国未遣一例,亦真实地反映出南宋的地位低于金。

2. 报谢使。此报谢使与上文为答谢金国所遣吊祭使而派出的使节虽同名为"报谢使",但性质不同。现将南宋所遣报谢泛使举例如下:绍兴八年(1138)十二月,遣韩肖胄为大金奉表报谢使,以金允和也。绍兴十二年九月,遣王次翁为报谢使,谢归母后韦氏。绍兴十四年正月,遣罗汝檝为大金报谢使,以金来贺正。绍兴十四年五月,陈康伯充大金报谢使,以金来贺生辰故也④。由以上材料知,报谢的原因有:金同意和盟,归徽宗等人梓宫及高宗母韦氏,金国初次遣正旦、生辰使等,南宋均派遣使节表示感谢。

3. 祈请使。祈请使是南宋特有之使名,有时亦称申议使、报聘使,其实一也。高、孝两朝被史家称为"中兴两朝",然而即使在中兴之时,南宋的军事力量也敌不过金国,但又不甘心屈辱的地位,因此多次遣泛使,想利用外交手段取得平等地位。现将所遣祈请使举例如下:

高宗绍兴二十一年(1151)遣巫伋为祈请使。《三朝北盟会编》卷二一九载此事始末尤详:"巫伋、郑藻以祈请使副使于金国。至金国阙下,引见

---

① 《建炎以来系年要录》卷一七二"绍兴二十六年四月"条,第3290页。

② 《金史》卷六一《交聘表中》,第1421页。

③ 同上书,第1431页。

④ 参考本书《附录一:南宋国信使表》。

毕,内殿奏公事,惟正使巫伋得入。虏主问所请者何事,伋首言:'乞修奉陵寝。'虏主令译者传言:'自有看坟人。'伋第二言:'乞迎请靖康帝归国。'又令译者传言:'不知归国甚处顿放?'伋第三言:'本朝称皇帝二字。'又令译者传言:'此是你国中事,当自理会。'伋唯唯而退,以待辞而归。"①巫伋所请三事,一乞修奉陵寝,二乞迎宋钦宗归国,三乞改变宋金臣属关系,三事均被金熙宗很干脆地拒绝。孝宗乾道六年(1170)遣范成大为祈请使,求陵寝地且请更定受书礼。结果"金庭纷然,太子欲杀成大,越王止之"②。此事亦没有成功。

孝宗淳熙元年(1174)遣张子颜为报聘使,求免起立接书,"诏不许"③。

孝宗淳熙二年遣汤邦彦为申议使,请河南陵寝地,"夹道皆控弦露刃之士,邦彦怖,不能措一词而出……自是河南之议遂息,不复泛遣使矣"④。

南宋所遣祈请使无一完成使命,究其原因,最主要是南宋的军事不敌金国。前文所提到孝宗淳熙元年遣张子颜为报聘使,求免起立接书。金世宗交予大臣议,左丞石琚、右丞唐括安礼以为不从所请,必至于用兵。世宗则曰:"卿等所言,非也。所请有大于此者,更欲从之乎?"⑤说明金根本不惧宋,而没有武力作后盾的外交是无力之外交。其二,使节任人不当。派出的使节多是无胆无识,只是浮夸之人。例如前文所提到的巫伋。巫伋,《宋史》无传,但从时人的评价,大致可知其为人:"如巫伋者,才学识见,政事操履,略无一长,徒以谄事秦桧,为之鹰犬,故能猎取大官。"⑥可知其以谄事秦桧而得官,故听命于秦桧为必然。秦桧以主和起家,必不敢得罪金人。宋高宗任用此人与金交涉,只会"唯唯而退"。又如汤邦彦,《宋史》卷三八六《李彦

① 《三朝北盟会编》卷二一九《炎兴下帙一百十九》,第 1574 页。
② 《宋史》卷三八六《范成大传》,第 11868 页。
③ 《金史》卷八八《纥石烈良弼传》载有张子颜所携国书:"言念眇躬,夙承大统。荷上国照临之惠,寻盟遂阅于十年。修两朝聘问之勤,继好靡忘于一日。惟是函书之受,当新宾接之仪。尝空臆以屡陈,伤行人而再请。仰祈眷顾,俯赐矜从。"第 1953 页。
④ 刘时举:《续宋编年资治通鉴》卷九,丛书集成新编本。
⑤ 《金史》卷八八《纥石烈良弼传》,第 1954 页。
⑥ 洪适:《盘洲文集》卷四七《缴巫伋召命札子》,文渊阁《四库全书》本。

颖传》有一段评语："时左司谏汤邦彦新进,冀侥幸集事,自许立节。（李）彦颖言,邦彦轻脱,必误国。"①故知汤邦彦是想借出使邀功,然其个性"轻脱",至金,"金人拒不纳,旬余乃命引见,夹道皆控弦露刃之士,邦彦怖,不能措一词"②。可见他是一个贪生怕死之徒。派遣如此之人与金交涉大事,亦见时政不明也。

二、使团构成

出使金国的使团由正使、副使及三节人从组成。正使是使团的核心人物,一般由具有相当资历的文臣充当。副使负责协助,一般由经验丰富的武臣充当。三节人从是从属人员。

（一）正使、副使之选择

聂崇岐云："宋遣国信使副,例由中书枢密会同审择。"③此为北宋遣使之准则。从现有的材料来看,南宋国信使副的选择,是由宰执集体讨论,提出使副候选人,然后上报皇帝,由皇帝钦点两名,作为正式出使的国信正使与副使。周必大《奏馆伴武臣姓名》云："臣等处盱眙申:金国第三次使人初一日已过界,合差馆伴。昨来御笔点定文臣两名,除张涛见充接伴外,其点定郭应麟今欲差充馆伴使。所有武臣虽蒙御笔点差,关良臣缘本人已往鄂州,今再具到两名:郭瑞已是郭钧之子,见充环卫官;霍汉臣,见在阁门供职。二人皆可充副使。伏乞御笔点差一名,谨具缴进,伏听处分。"④此处虽为馆伴使、副之选择,但国信使副之选择应与此大致相仿。

---

① 《宋史》卷三八六《李彦颖传》,第 11865 页。

② 对此事,《宋史全文》卷二六上记载较详:"初汤邦彦敢为大言,虞允文深器之。允文出为四川宣抚也,辟邦彦以行。允文没,邦彦还朝,为右司谏,奉诏充申议使,使敌求陵寝地。邦彦至燕,敌人拒不纳,既旬余,乃命引见,夹道皆控弦露刃之士,邦彦大怖,不能措一词而出。上大怒,诏流新州。上谕辅臣:敌既不受本朝礼物,邦彦乃受敌中所赐,辞受之际,理亦易晓,乃不顾名节,辱命如此。邦彦既一斥不复。自是河南之议始息,不复遣泛使矣。"

③ 聂崇岐《宋辽交聘考》,第 288 页。

④ 见周必大《文忠集》卷一五二《奏馆伴武臣姓名》。又据周必大《文忠集》卷一一四《御笔掌记跋》:"玉音云:'此是去年臣僚荐可为奉使、接送伴副使者,卿选择谁可?'"可知国信使、接送伴使人选最后由皇帝定夺。

南宋使副之选择,由时局不同,情况亦不同。建炎、绍兴初,金宋交战,时局混乱,道路艰险;南宋派出的使节不断被金人羁留,因此,尽管使节待遇优厚,极少人愿意冒此危险,由此朝廷出重金,招募人员出使,出现了布衣出使的情况。绍兴和议后,情况则不同。金国优待使人①,沿途又比较安全,出使金国遂为美差。

自绍兴十二年后,南宋逐渐建立起一套完备的外交制度。使节的选拔有了固定的程式:一般正使为高级文官,为某部侍郎借某部尚书或翰林学士充。副使为武官,为某州观察使或某州刺史、知阁门事借某军节度使充。偶尔也会有例外。在所有使节中,报哀使、遗留使及泛使的官位要高一些。例如,周麟之,绍兴二十九年(1159)以翰林学士充韦太后哀谢使②。贺允中,绍兴二十九年以参知政事充皇太后遗留国信使③。王纶,绍兴二十六年(1156)六月以同知枢密院事充大金奉表称谢使(泛使)④。陈诚之,绍兴二十六年以翰林学士兼侍读充大金贺尊号使(泛使)⑤。

南宋派遣的国信使节官衔要稍高于北宋。聂崇歧说:"宋之大使,多为郎中、员外郎或少卿监等五六品官,低者至派校书郎、太常博士等七八品京职;若三四品之尚书、侍郎及清贵著称之翰林学士,虽偶亦奉使,但前后仅二十余次,至两府执政则未闻有入国者。其副使多为诸司使副兼阁门祗候或通事舍人之类。"⑥此为北宋遣使之特点。而南宋遣使则多数为四品以上官员,翰林学士充使节也不少见,甚至副相也有出使之例。例如绍兴十二年,万俟卨以参知政事任大金报谢使。同年,王次翁亦以参知政事出使金国⑦。贺充中、王纶分别以参知政事、同知枢密院事出使金国,此前文已述。

---

① 《建炎以来系年要录》卷一五七"绍兴十八年五月"条载:"工部尚书詹大方言,近充大金生辰使,自入境,待遇使人甚厚,及至大金阙廷,供张饮馔,一一精腆。"詹大方,绍兴十七年贺生辰使。

② 参见《建炎以来系年要录》卷一八三"绍兴二十九年十月"条,第3533页。

③ 参见《建炎以来系年要录》卷一八三"绍兴二十九年十一月"条,第3537页。

④ 参见《建炎以来系年要录》卷一八二"绍兴二十九年六月"条,第3498页。

⑤ 参见《建炎以来系年要录》卷一七二"绍兴二十六年四月"条,第3290页。

⑥ 聂崇歧:《宋辽交聘考》,载《宋史丛考》,第289—290页。

⑦ 参见本书《附录一》。

　　使节出使有关国体,因此其官衔不能过高,也不能过低,折衷的办法就是借官,也称假官,即职位较低的人借一个稍高的官衔出使。出使借官制度,王曾瑜先生有所注意,认为"因出使者官位较低,或须借官,以显示使节之重要"①,但他没有进一步研究。南宋使节中,正、副使都可借官,但若自身已是翰林学士或参知政事一类的高官,则不须借官。由于宋金两方记载有差,宋使节的官职非常混乱,但我们从这条材料可大致推测出南宋遣使的规律。《建炎以来系年要录》卷一六一记载:"丁丑,阁门请自今北使在廷,非侍从而尝借官出使,免起居。如见充接伴,即依所借官叙位。从之。"②从这条材料我们可以知道:南宋遣使,正使最低规格应为侍从,即四品以上③。而低于此规格的人,如中书舍人、起居郎、起居舍人之类必定要假官。《建炎以来系年要录》一八六载:"丁未,起居舍人虞允文为贺大金正旦使。"④"起居舍人"为其本官,此条史料亦没有提到虞允文借官之事。但由以上出使借官之规则,他必定要借一个侍从以上的官。《宋史》卷三八三《虞允文传》提供了明证:"(绍兴三十年)十月借工部尚书充贺正使,与馆伴宾射,一发破的,众惊异之。"⑤以此知虞允文原官起居舍人,借工部尚书的名衔出使。

　　出使借官,宋金都有之,可谓彼此心照不宣,但当金使入朝时,南宋还要掩人耳目。例如绍兴十四年十二月下诏云:"自今北使在庭,尝借官奉使者并权立借官班。"⑥并且自此成为惯例。可知宋人借官出使,因此在金使到朝之时,"权立借官班"。到绍兴二十年时,又规定:朝见之日,不是侍从而曾借官出使者,若金使在场,免于朝见⑦。

　　宋之官制,有散官、职事官、勋、爵之别,遣使借官,亦皆有之。宋金材

---

　　① 王曾瑜:《岳飞和南宋前期政治与军事研究》,河南大学出版社2002年,第464页小注1。

　　② 《建炎以来系年要录》卷一六一"绍兴二十年二月"条,第3042页。

　　③ 侍从,即侍从官,为四品以上清要官,在宰执官以下,庶官之上。翰林学士、给事中、六部尚书、侍郎为内侍从官;带诸阁学士、直学士、待制者为在外侍从官。

　　④ 《建炎以来年要录》卷一八六"绍兴三十年十月"条,第3611页。

　　⑤ 《宋史》卷三八三《虞允文传》,第11791页。

　　⑥ 《建炎以来系年要录》卷一五二"绍兴十四年十二月"条,第2884页。

　　⑦ 《建炎以来系年要录》卷一六一"绍兴二十年二月"条载:"丁丑,阁门请,自今北使在廷,非侍从而尝借官出使,免起居。如见充接伴,即依所借官叙位。从之。"第3042页。

料中,有关交聘的记载,以《系年要录》、《宋会要辑稿》、《金史·交聘表》最为丰富。然亦有缺点:对出使人员职官记载混乱或不完整。而保存在宋人别集中的国书则为我们提供了完整的借官形式。例如《文忠集》卷一一六《淳熙四年十一月遣使贺来年正旦》云:"……今差翰林学士、朝请大夫、知制诰、兼侍读、普宁郡开国侯食邑一千户实封一百户、赐金紫鱼袋钱良臣,严州观察使、知阁门事、兼客省四方馆事、永丰县开国伯食邑七百户延玺充贺正旦国信使副。"①而钱良臣出使前官职为给事中,国书中名衔为"翰林学士、朝请大夫、知制诰、兼侍读、普宁郡开国侯食邑一千户实封一百户、赐金紫鱼袋",此为借官,而官衔中职事官、散官、爵位均备,盖为外交之礼仪。

(二) 三节人从的选拔

三节人从又分上、中、下三节,是使团中的成员。上节成员由都辖、指使、书表司、礼物官引接、医侯等组成②。都辖非掌管礼物之官,而是三节人从的长官,一般由武臣充。宣和六年路充迪出使高丽,都辖即以武翼大夫、忠州刺史兼阁门宣赞舍人吴德休充③。指使又称译语指使,负责翻译。书表司掌文字。礼物官掌国信礼物。引接又称引接仪范,掌外交礼仪。医侯是使团中的随团医生。中节成员有职员、亲属亲随、执旗报信者。职员即正、副使之幕僚。亲属亲随,掌使副私人物品。执旗报信负责信息往来。下节成员中,有御厨、工匠、针线匠等杂使人员及负责安全工作的兵将。

那么,出使金国的使节团规模有多大呢? 综合来看,不同的时期,人数亦不同。绍兴三年(1133)派遣的使团上节十四人,中节十五人,下节七十二人,而下节中,士兵占了大多数,有六十人④,整个使团大约百人左右。三节人从在不同的时期,人数亦有不同,大致规律是和平之时的人数要少于战时遣使人数。例如,绍兴三年人数为九十九人,绍兴十二年宋金和议后,人数

---

① 周必大:《文忠集》卷一一六《淳熙四年十一月遣使贺来年正旦》,文渊阁《四库全书》本。
② 《宋会要辑稿》职官五一之一一,第3541页。
③ 徐兢:《宣和奉使高丽图经》卷二四,文渊阁《四库全书》本。
④ 《宋会要辑稿》职官五一之一一,第3541页。

定为五十人左右①。究其原因，战争时期，局势动乱，故需较多的军兵作为安全保障。例如，绍兴三年的使团，仅军士就有六十人，占整个使团的三分之二；绍兴和议后，下节人数三十，其中包括杂使人员，因此军士人数大为减少。到南宋后期，使团人数又有所增加，大致在六十至七十人之间②。虽然使团人数会有变动，但三节种类一般不会变化。因路途遥远，医官、御厨、工匠等人员配备十分必要。

有关三节人从的选拔，亦有详细规定。《宋会要辑稿》职官三六之五七载："（乾道七年）十一月二十七日诏：今来奉使所差三节人内，都辖、礼物官、引接、仪范、指使、执旗、报信、医官、小底共十二员，令枢密院将国信所见管并曾出疆及三省、枢密院等处惯熟仪范人置籍，从上铨择取旨差。书状官、书表司、亲属亲随、指使职员共十员，令正、副使选差。下节四十人令枢密院于三衙并城皇司等处选择差。"③又《宋会要辑稿》职官三六之六〇记载："（淳熙七年）十二月二十四日，诏：'每岁奉使金国上、中节内，除都辖、引接并国信所指定外，更留二员听候御前降下。自今使、副许辟差亲属二人，书状官一员，掌管私觌职员一名，其余人数令吏部于见在部籍定名次、经任无过犯大小使臣内差。仍委长贰公共选择貌魁伟、年六十以下、无残疾人充。诸军班换授人免行差拨。在部人不足，申枢密院，令三衙轮差入队准备将、训练官凑数。已曾经入国人不得再去。差定姓名申枢密院讫，发赴使、副收管，依旧赴国信所审量。'"④据以上记载，三节人从选拔来自五方面：一是上节、中节有两名额由皇帝来确定人选。二是由正使、副使差辟亲属亲随、书状官、私觌职员等。三是由吏部在大小使内差拔。四是从国信所官吏

---

① 李心传《建炎以来朝野杂记》甲集卷三载："自绍兴以来，朝廷每遣使往北境贺生辰、正旦，使、副及三节人从往还皆迁一官资。上、中节各十人，下节三十人，并不许白身。"徐规点校本，中华书局2000年版。

② 《宋会要辑稿》职官五一之四一载："（宁宗庆元）三年十月二十八日，知临安府赵师𥟖奏：本府年例合造奉使金国三节官属紫罗衫共计七十二领。"五一之四二又载："（宁宗庆元）五年二月十日臣僚言：窃闻国家遣使，其间三节官属合六十人。内，下节一十六人，系于三重衙轮差官兵，余悉听使副踏逐指差。"可知宁宗时期三节人从大致在六十人至七十人之间。

③ 《宋会要辑稿》职官三六之五七，第3100页。

④ 《宋会要辑稿》职官三六之六〇，第3101页。

中选择。五由枢密院选择军士充下节。选拔三节人从的基本条件为"貌魁伟、年六十以下、无残疾"。

奉使出疆,照例可以升官,而使、副又有辟属官之权,故这些职位实际就是使、副手中的升官券,为使、副徇私舞弊提供方便。

1. 徇私之例。汪大猷乾道五年出使,即辟自己的外甥楼钥为书状官①。又如《建炎以来系年要录》卷一八四载:"(绍兴三十年二月)诏:右迪功郎沈直清送大理寺究治。先是直清求为叶义问奉使礼物官,而义问已辟宝应县主簿赵碏老偕行,因拒其请,直清怒,扬言诋义问,义问劾之,故有是命。"又《宋会要辑稿》职官五一之四〇载,(庆元元年二月)十一日诏:"奉使金国并不许辟差见任知县、县令,令充上中节人数……近来诸县知县、县令汇缘于请,辟差充奉使。所差遣,自被差至回程动经数月,妨废职事,故有是命。"以上两条材料都提到一个事实:充当正副使的属官已成为知县们的一条升迁捷径。他们必然会四处请托,千方百计寻找出使的机会。

2. 舞弊之例。亦有正使、副使相勾结,将三节人从名额标价出售之情况。周麟之是绍兴二十九年的奉表哀谢使,归来后,殿中侍御史杜莘老弹劾他:"朝廷议遣麟之出使,麟之奏请自择副使,遂举苏晔,与之交结,各卖三节人员,皆有定价,估金入己,喜见颜间。"②杜莘老所劾之事,其实是公开的秘密。据《宋会要辑稿》职官三六之五七、五八载:"……以臣僚言:切见入国使副循习旧例,尽将三节人从窠阙公相众易,皆有定价,多出权贵,转相荐送,分金入己。所费已多,且正使、副不敢拣择,合行约束,故有是命。"王珉、徐嚞更是以"每员金四十五两,以为定例"公然标价③。使、副这种估价出售三节阙位的做法,已形同卖官。由"使副循习旧例"可见这种卖官之习由来已久,而"尽将三节人从窠阙公相众易"又可见其猖狂。

外交官员,事关大体,任由转卖,就会产生一系列后果。首先管理不善。用重金购买出使资格的人,"多出权贵"。对这些人,在管理、约束上就会有

---

① 楼钥:《攻媿集》卷一一一《北行日录上》。
② 《建炎以来系年要录》卷一九一"绍兴三十一年七月"条,第3709页。
③ 《建炎以来系年要录》卷一七一"绍兴二十六年正月"条,第3254页。

困难，"正使、副不敢拣择，合行约束"。其次以金钱买得出使资格之人，必不能胜任出使任务。出使金国，责任重大。不择优录人，而是选"唯金多者"，势必造成不称职之现象。因此有士人进言："古之遣使，揆度人才，能称其任。比年以来，为奉使者，不问贤否，惟金多者。备员而往，多是市廛豪富巨商之子，果能不辱君命乎？"①更有甚者，还有雇人出使、坐享转官之事。例如，汤邦彦弹劾董德元，其中一条罪状就是："且如近遣王珉出疆，（董）德元遂令其子克正充上节礼物官。今端坐于家，公然循资，殊不知耻。"②又《宋会要辑稿》职官五一之一九载："（绍兴二十八年）十一月二日臣寮（僚）言：'比年以来，奉使辟差，官属多不亲行，募人充代。市井狡猾之徒，何所爱惜？欲望申严宪令应三节人从，如或假名代行，重赏许告，奉使失于觉察，亦与其罚。'诏，依，仍自来年为始。"而事实上，这种事情屡禁不止。

对于正、副使的舞弊行为，朝廷上下亦有所查，也多次下诏，限制他们的权力。绍兴二十六年二月丙子下诏："自今奉使所辟三节人，先具名申三省枢密院，次第审量，仍令国信所觉察。"③乾道七年十一月又下诏，书状官、书表司、亲属亲随、指使、职员共十员可以由使、副选差，其它三节人从，由枢密院将有出使资格者的姓名造册，轮差④。这样既限制了使、副的用人权，又便于对三节人从的管理。

综上所述，南宋外交毫无成就，与不能组织一支干练且训练有素的外交使团有关。

三、使节之优待

由于路途遥远，旅程艰辛，朝廷都会给使金人员特定待遇。这些优待有迁官、赐银、绢等。另外，奉使回朝，大使和副使还可以得到皇帝抚问及赏赐⑤。

---

① 《建炎以来系年要录》卷一七一"绍兴二十六年二月"条，第3268页。
② 《建炎以来系年要录》卷一七○"绍兴二十五年十一月"条，第3240页。
③ 《建炎以来系年要录》卷一七一"绍兴二十六年二月"条，第3268页。
④ 《宋会要辑稿》职官三六之五七，第3100页。
⑤ 宋人文集中有许多这样的抚问诏书，例如《文忠集》卷一一二《抚问贺金国正旦使副钱良臣等到阙并赐银合茶药》，又《樗溪居士集》卷七《抚问使大金使陈诚之副使苏晔到阙赐银合茶药口宣》。

不同时期出使人员的待遇亦不同。

（一）绍兴八年前使节的待遇

这一时期,金国对南宋派来的使人多留而不遣,命丧金国,能平安返回,实为侥幸。因此朝廷对出使之人待遇极厚。对于使、副本人,出使前即迁官。例如,傅雱(建炎元年出使),从事郎特迁宣义郎,升七级,由选人而入京官。王伦(建炎元年出使),修职郎特迁朝奉郎,升十四级,由选人直入朝官①。除本人迁官外,还可官子孙若干人。何蘚(绍兴五年出使),官其家属二人②。韩肖胄(绍兴三年出使),官其子孙七人;副使胡松年,官其子孙五人③。此外还有其它"恩数",例如赐装钱、私觌费等。何蘚出使,赐装钱千缗④;韩肖胄出使,赐钱万缗,黄金三百两,绫二百五十匹⑤。对于三节人从的待遇,史籍亦记载详细。以韩肖胄出使时三节人从的待遇为例:"上、中节二十九人皆迁官四等,白身人予初品官,下节七十人各迁四资。三节人共赐装钱二千三百七十缗,银三百八十两,帛千五百一十匹,探请俸两月,又别给赡家及滚钱。"⑥以上材料可以看出,绍兴八年以前,使金人员风险很大,故朝廷给他们的待遇特别优厚。

（二）绍兴和议后使节的待遇。

建炎、绍兴初年之所以给使人优厚待遇,是因为这一时期使人"将命不测"。至绍兴八年(1138),金人有议和之意。《建炎以来系年要录》卷一一九"绍兴八年五月条"载:"先是徽猷阁直学士王伦既见鲁国王昌,昌遣使偕伦至北地。伦见金主亶,首谢废豫,然后致上旨,金主始密与群臣定议许和。至是遣伦还,且命太原少尹乌凌阿思谋、太常少卿石庆克来议事。思谋乃金人始与徽宗通好海上所遣之人,今再遣来,示有许和意。"金人深知短期内不

---

① 《建炎以来系年要录》卷五"建炎元年五月"条,第143页。
② 《建炎以来系年要录》卷八九"绍兴五年五月"条,第1715页。
③ 《建炎以来系年要录》卷六五"绍兴三年五月"条,第1278页。
④ 同上书,第1715页。另,所谓私觌就是以大使私人名义送给金国接待人员的礼物。
⑤ 同上书,第1278页。
⑥ 同上。

可能灭亡南宋，其国内因长年用兵，亦矛盾重重，因此也想与宋议和息兵。于是派乌凌阿思谋向南宋传达了某种议和之意。使金人员的境遇得到了改善，就有人要求将使人待遇降低。例如，绍兴八年十二月，御使中丞勾龙如渊言："和议既定，遣使岁必再三，欲望特诏有司检照近年体例，参酌中制将支赐之物并三节人数及所得恩例，凡使者在馆及至界首，比旧减三分之二；至汴京或至燕中，减半；直至金国全破。庶几久而可行，以革泛滥之弊。"①其建议是将出使人员待遇以行程远近来区分，酌情减少支赐之物及其它待遇。又绍兴九年正月二十六日右谏议大夫李谊言："……绍兴八年以前，使人将命，实犯不测，故三节人从悉假以优恩。今既通和，岂可复援前例，欲乞量与镌减。"②因此绍兴十二年五月重新拟定奉使恩例及支赐为：正使支赐银绢各二百匹两，钱一千贯。副使支赐银绢各二百匹两，钱八百贯。三节人从，各迁两官资。上节支赐银绢各十五匹两，中节支赐绢十五匹，银十两，下节支绢十匹，银五两。另外，医官可支合药钱一百贯。并且下诏，依此拟定，立为永法③。

　　绍兴十二年重新制定的奉使恩例未及使、副转官的问题。绍兴十八年五月十八日诏："今后差贺生辰、正旦使副所给起发银绢钱并各减半，其三节人各与转一官资内，使副仍各与转一官。"④可知，自绍兴十八年后，使、副可转一官。此又可从以下记载得到确证："自绍兴以来，朝廷每遣使往北境贺生辰、正旦，使、副及三节人从往还皆迁一官资。上、中节各十人，下节三十人，并不许白身。使赐装钱千缗，副赐八百缗，银帛各二百两匹。上节银帛共三十，中节二十五，下节一十五。三节人俸外，日给五百钱，探请俸二月。

----

① 《宋会要辑稿》职官五一之一三，第 3542 页。

② 同上。

③ 此据《宋会要辑稿》职官五一之一五："正使起发，支赐银绢各二百匹两，钱一千贯；副使起发，支赐银绢各二百匹两，钱八百贯；三节人从共破五十人，不许差白身人。上节一十人。下节三十人，内准备差使四员，余差军兵。上、中节先转一官资，内选人比类施行，候回日更转一官资。添差合入差遣一次。内医官更支合药钱一百贯。下节准备差使先转一官资，候回日更转一官资。内军兵先转一资，候回日更转一资。起发上节支银绢各一十五匹（两），中节支绢一十五匹，银一十两，下节支绢一十四匹，银五两。请给三节人从日支食钱五十文……诏，依似定，立为永法。"

④ 《宋会要辑稿》职官五一之一七，第 3544 页。

十八年,诏钱赏各减半。若非泛遣使,则如旧。"①综上所述,绍兴十八年以后,使金人员"钱赏"减半,使副及三节人从均可升一官。此后基本上再没有大的变化。从宋人文集所载《制词》中,可以看出转官的规定是得到贯彻的。例如《葛立方奉使回转一官》《梁份奉使回转一官》《李琳奉使回转一官》②。葛立方、梁份,绍兴二十六年生辰使、副;李琳,绍兴二十二年生辰使。除使副外,三节人从升迁的制词也可以看到,例如《奉使亲属一员淮东安抚司干办公事谯令宪准备差遣一员新监明州赡军酒库黄仁裕书状官一员新明州昌国县主簿杨正臣指使将仕郎叶时中将仕郎郑如等回程各转一官》,谯令宪等人即是跟随谯令雍奉使的三节人从③。由上篇制词,我们知道谯令宪、黄仁裕、杨正臣等人是任三节人从跟随出使,而各转一官的。

通过以上的论述可知,使金人员的待遇是相当优厚的。这一点与使辽人员的待遇对比就可知。据《宋会要辑稿》职官五一之一四载《奉使大辽生辰推恩人体例》:"奉使指使,满二次,转进武校尉。译语、亲事官奉使、接送、伴送及两次,转一资。亲从、差随奉使及接、送伴两次,无遗阙,候投名满二十年转一资。奉使书表司入国三次,满足,转一资。奉使随行医官,及三次,换章服,已衣紫,许回授,有服亲或指射差遣医学以下,转一资或换章服。奉使礼物殿侍,满二次,转三班差使。奉使引接殿侍,满四次,转三班差使。"使辽人员至少要两次出使,才可迁一资。相比之下,使金人员的转官就容易得多。由此亦可看出南宋是极其重视与金国保持和好关系的。

除以上的优待,在特殊情况下,还可以荫封亲属。例如,韩肖胄之母文氏,即是因其子使金而得到特封的④。综上所述,出使金国的使节得到了朝

---

① 李心传:《建炎以来朝野杂记》甲集卷三"奉使出疆赏赉"条。按李心传所说"绍兴以来"应指绍兴十二年以后。《建炎以来系年要录》卷一四五有类似的记载:"例自休兵以来,朝廷每遣常使,使副及三节人从往回各迁一官资。上中节各十人,下节三十人,并须有官者,使赐装钱千缗,副赐八百缗,银帛各二百匹两。上节银、绢共三十,中节二十五,下节十五。三节人俸外,日给五百钱,探请俸二月。""休兵"即指绍兴和议。

② 周麟之:《海陵集》卷一八,海陵丛刻本。

③ 陈傅良:《止斋集》卷一一,四部丛刊初编本。

④ 张纲:《华阳集》卷二《韩肖胄母文氏特封国号》,四部丛刊三编本。

廷的诸多优待,成为官吏升迁的一条重要通道。

第三节　国信使节的走私问题

宋金绍兴议和,以淮河为界,宋金双方在淮河两岸及其以西各地各自设立了相互贸易的市场——権场。日人加藤繁氏对于宋金间権场贸易已论述得相当详尽,可供参考①。南宋确定了某些物品为违禁商品,例如粮食、马、牛、金属货币、书籍,以及可用于造兵器的物资如鱼皮、牛角、鱼胶之类,这类物品是不能在権场上贸易的,因此如果能将违禁物品运至金国,所获利润定为可观。此外还有一些物品可以在権场贸易,但権场贸易须按照买卖货物的价格,交纳22%左右的税钱。如果私贩,则不经过権场,与金人私自贸易,将获得更高的利润。对于宋金间的走私贸易,全汉昇《宋金间的走私贸易》及乔幼梅《宋金贸易中争夺铜币的斗争》均有论及。《宋金间的走私贸易》对宋金间各种物品的走私,例如饮食品的走私,军需品的走私,金银铜钱的走私情况作了综合论述。而《宋金贸易中争夺铜币的斗争》则着重于对铜钱走私的分析②。但是二文关注对象都是商人,对两国使团人员的走私并未给予应有注意。使节参与走私的现象非常之多,作为宋金走私贸易的补充,不可不留意。

一、使节走私之普遍

在宋金对峙的一百多年间,除建炎四年、绍兴元年以及金末(1218—1234)宋金因战争停止互派使团外,宋金之间都有使节往来。战时,有通问使、祈请使;和议后又有正旦使和生辰使,互贺元旦及皇帝生日。南宋在正

---

① 参见[日]加藤繁《宋代和金国的贸易》、《宋金贸易中的茶、钱和绢》,载《中国经济史考证》,华世出版社1981年。

② 全汉昇:《宋金间的走私贸易》,《历史语言所辑刊》第十一辑。乔幼梅:《宋辽夏金经济史研究》,齐鲁书社1995年,第118—143页。

常年份中,每年两次派使团出使金国,一次是贺正旦,一次贺生辰。这些使团人数众多,少则五十,多则上百人。如果使团从上至下都夹带私货出境或入境,其走私数量当然不容忽视。

那么,使团人员涉及走私的现象是否存在呢?从大量史料中,可以发现,使团走私不仅存在,而且相当严重。史料中有正、副使私贩货物之例:吴臬是绍兴二十三年(1153)贺生辰使,"衔命出疆,公肆哀掠,并与北货厚载而归",为人所弹劾①。又如宋贶,"为奉使,则兴贩北货",为范成大所劾②。使团中的下属官员走私更为严重。《宋会要辑稿》职官五一之一六载:"右承议郎监潭州南岳庙万俟允中奉使金国礼物官日,私以违禁之物,附载入国博易,厚利游贷。"另外,三节人从夹带铜钱,也相当普遍。据庆元二年(1196)六月二十九日臣僚言:"每岁使人出疆,一行随从颇众,谁不将带铜钱而往?"③由此可见,使节走私在南宋已是一个普遍现象,应引起我们足够的重视。

二、以"私觌"为方式的使节走私

"觌",《说文解字》第八下云:"觌,见也,从见卖声。"④因此,"私觌"最初之意是私下会面。《周礼》中有"凡国之使者,共其币马"之句,唐人贾公彦疏曰:"言'国之',谓王使之下聘问诸侯。王行礼后,乃更以此币马,私与主君相见,谓之私觌。"⑤以此知"私觌"即私下会面的意思。因私下会面时常常携带礼物,故"私觌"又引申出见面所赠礼物之义。例如《旧唐书》卷一一二《李暠传》记载:"开元二十一年正月制曰:'继好之义,虽属边鄙;受命以出,必在亲贤。事欲重于当时,礼故崇于殊俗,选从之举,无出宗英。工部尚书李暠,体含柔嘉,识致明允,为公族之领袖,是朝廷之羽仪。金城公主既

① 李心传:《建炎以来系年要录》卷一六六"绍兴二十四年六月"条,第3158页。
② 杨士奇:《历代名臣奏议》卷一八三《范成大奏议》,文渊阁《四库全书》本。
③ 《宋会要辑稿》职官五一之四〇,第3556页。
④ 许慎撰,徐铉校定《说文解字》,中华书局2013年,第176页。
⑤ 郑玄注,贾公彦疏《周礼注疏》卷三八,彭林整理本,上海古籍出版社2011年,第1258页。

在蕃中,汉庭公卿非无专对,有怀于远,夫岂能忘。宜持节充入吐蕃使。准式发遣。'以国信物一万匹,私觌物二千匹,皆杂以五彩遣之。"①"国信物"是指以国家名义送吐蕃的礼物,"私觌物"当指私人礼物。另外,"私觌"之义,复由"私人礼物"引申为公家给的差旅费。唐代有这样一项制度,出使外国的使人,照例可以得到十个官额,卖了之后以充差旅费,称"私觌官"。《新唐书》卷一九七《韦丹传》记载:"新罗国君死,诏拜司封郎中往吊。故事,使外国,赐州县十官,卖以取官,号'私觌官'。(韦)丹曰:'使外国不足于资,宜上请,安有贸官受钱?'即具疏所宜费,帝命有司与之,因著令。未行,而新罗立君死,还为容州刺史。"②此事在《旧唐书》里亦有记载:"(元和二年七月)癸丑,入蕃使不得与私觌正员官,量别支给,以充私觌。旧使绝域者,许卖正员官十余员,取货以备私觌,虽优假远使,殊非典法,故革之。"③由此而知,这项制度在元和二年(807)被取消。但"私觌"这一概念一直沿用到两宋。

在宋金交聘中,"私觌"是南宋正使、副使以私人名义送给金国接伴官、馆伴官的礼物。绍兴议和之前,"私觌"用来贿赂金国重臣,以达到议和之目的。使节所带私觌由朝廷出资购买。绍兴三年(1133)韩肖胄出使,"加赐肖胄钱万缗,黄金三百两,绫二百五十匹为私觌费"④。而绍兴四年章谊出使,私觌费比韩肖胄出使时增十分之二⑤。绍兴议和之后,"私觌"逐渐演变成一种与金国接伴官、馆伴使副的私人贸易。因此,南宋人谓"私觌"曰:"俗谓之打博,盖三节人从各以物货互易也。"⑥而这种私下贸易是非法的,尽管朝廷三令五申,但使节们的走私贸易还是屡禁不止。绍兴十六年(1146)闰八月三十日诏:今后奉使生辰、正旦下三节人过界,并不许与北人博买,如违,从徒二年科罪,使副不觉察,同罪⑦。

---

① 《旧唐书》卷一一二《李晟传》,中华书局1975年,第3336页。
② 《新唐书》卷一九七《韦丹传》,中华书局1975年,第5629页。
③ 《旧唐书》卷一五《宪宗本纪》,第441页。
④ 《建炎以来系年要录》卷六五"绍兴三年五月丁卯"条,第1278页。
⑤ 《建炎以来系年要录》卷七二"绍兴四年正月乙卯"条,第1383页。
⑥ 赵昇:《朝野类要》卷一,文渊阁《四库全书》本。
⑦ 《宋会要辑稿》职官五一之一七,第3544页。

三、走私之物品

那么,宋使节贩往金国的货物有哪些? 史籍中亦有记载。宋使节所带私觌物多为一些日常生活用品。陈学霖说,金朝大多数日用商品和原料都要依靠南方供应①。从宋使节的私觌物来看,的确是事实。书籍、茶叶、药物、绢、布以至漆器、纸笔都是金人需要的货物②。

傅雳出使金国,其私觌为花缬五百匹,及生姜、腊茶、漆器、纸笔等③。绍兴四年章谊出使,以《资治通鉴》、木棉、虔布、龙凤茶送耶律绍文、高庆裔④。此"私觌"虽为宋使送金人的礼物,但以此推知,使人私贩到金国的物品大致如此,如丝织品,茶叶、生姜、漆器、纸笔、书籍等南方特产之类。史料中亦可找到书籍经出使人员之手流入金界之证。元人许有壬曰:"宇宙破裂,南北不通,中原学者不知有所谓《四书》也。宋行人有箧至燕者,时有馆伴使得之。"⑤此条材料明确指出,宋使夹带书籍过界,并为金馆伴使所得。《四书》,朱熹(1130—1200)所订,故金人不知有所谓《四书》,赖以行人,才得一见。书籍是违禁物品,禁止携带出境,因此无论使人是否因此获利,都是走私行为。

铜钱则是夹带的主要物品。铜钱,作为一种特殊的商品,在宋金贸易过程中,成为双方竞逐的目标。宋金均采取措施,或是把对方的铜钱吸引过来,或是制止自己的铜钱流到对方。金国想尽办法套购南宋铜钱,而南宋则严禁铜钱外流,但是巨额利润吸引人们铤而走险。乔幼梅《宋金贸易中争夺铜币的斗争》一文对商人、边吏、边境军官走私铜钱加以论述,但对出使金国

---

① 陈学霖:《金宋茶叶贸易考略》,《金宋史论丛》,香港中文大学出版社 2003 年,第 86 页。
② 《三朝北盟会编》卷一一〇《炎兴下帙十》:"私觌礼物于东京旋行收买、打造,花缬共作五百匹段,并生姜、腊茶、漆器、纸笔等,连朝廷礼物并作三十抬桌。"《建炎以来系年要录》卷七二:"金左副元帅宗维所亲耶律绍文、高庆裔,且以《资治通鉴》、木棉、虔布、龙凤茶遗之。"周密:《齐东野语》卷一二载:"及私觌:香茶、药物、果子、币帛杂物等。"
③ 《三朝北盟会编》卷一一〇《炎兴下帙十》,第 804 页。按花缬,一种扎染的丝织品。腊(腊)茶是福建产制的一种片茶,用蜂蜡包装定型,价格昂贵。
④ 《建炎以来系年要录》卷七二"绍兴四年正月乙卯"条,第 1383 页。
⑤ 许有壬:《圭塘小稿》卷六《雪斋书院记》,文渊阁《四库全书》本。

的外交使团走私铜钱之事未加留意。《宋会要辑稿》中记载了大量使人走私铜钱之事。例如《宋会要辑稿》职官三六之六六载："……且铜禁累降指挥，非不严切，其三节人使及座船兵梢等，或作礼物笼箧，或作随身衣装，所至公然差拨人夫，瞻擎般运，夹带过北界者，正以掌仪等与之通同作弊，皆有所恃，略无畏惮……"据此可知，使节夹带铜钱，已是一件相当普遍的事情。参与者，除三节人从，还有驾船的兵梢。他们将铜钱藏于送金人的礼物及行李中，为躲避搜捡，上下串通，"略无畏惮"。正如当时臣僚所言："每岁使人出疆，一行随从颇众，谁不将带铜钱而往？"①南宋每年两次遣使，使团人员大约在五十至八十人之间。每人都夹带一定数量的铜钱，其走私总数不容忽略。

使节为何要冒风险，夹带铜钱？这与金国实行的以短陌吸引宋钱的钱币政策有关。金大定十年（1170）以 70 为一陌，到大定二十年官定 80 为一陌。金与南宋贸易中，短陌短到惊人的程度，甚至"以一二十数当百"②。因此，1 贯宋钱（770 文）到了金统治地区，至少可抵二三贯使用。使人夹带铜钱至金境，购买货物，运回南宋，当可获取高额利润。

四、使节走私之惩戒

使人走私，既违国法，又损形象，故朝廷多次下诏，禁止使人私贩北货。例如，绍兴十六年（1146）闰八月三十日诏：今后奉使生辰、正旦下三节人过界，并不许与北人博买，如违，从徒二年科罪，使副不觉察，同罪③。绍兴二十八年（1158）十月十九日诏：接送、伴官属等已有约束，不许私贩。其奉使三节人从，可令有司参照立法禁止④。绍兴三十二年（1162）四月七日诏：奉使金国使副下三节人，私行博易，即仰觉察以闻，重寘典宪，如使副博易，回日令台谏弹劾⑤。除禁止贩卖北货，对夹带铜钱过界的事盘查亦甚严。据

① 《宋会要辑稿》职官五一之四〇，第 3556 页。
② 《宋会要辑稿》食货二八之七，第 5285 页。
③ 《宋会要辑稿》职官五一之一七，第 3554 页。
④ 《宋会要辑稿》职官五一之一九，第 3545 页。
⑤ 《宋会要辑稿》职官五一之二十、五一之二一，第 3546 页。

《宋会要辑稿》职官五一之四〇至四一载:"(宁宗庆元二年)六月二十九日臣僚言:铜钱透漏,法禁不行……欲乞自今承遣使重立罪赏,互相觉察,委使、副纠举,不得容情隐疵,如有犯者,不问是何名色人,必行无赦。……今后使副到盱眙军,临期,责令排军将三节官属人从随行衣笼逐一搜检,有无将带铜钱,具申使副;其排军衣笼却令都辖检察,如有违戾,依法施行。"据以上材料,南宋对使人走私的惩戒可谓严矣。南宋皇帝对此事亦十分清楚。《宋会要辑稿》职官三六之五九记载:"(淳熙六年)四月一日,知常州李结言:'国信使副回程,因河道水浅,乞将礼物权寄留镇江府,使副等人出陆先归,候水通日行船。'上(宋孝宗)曰:'使副回程只有国书一封,并无礼物。闻三节人多有私货,岂可劳扰人夫。可依所乞。'"从以上材料我们可以知道,宋孝宗对使节夹带私货之事早已洞知,只是由于利益所趋,走私之事屡禁不止。

综上所述,宋金在百余年的交往中,南宋曾派出二百二十七次使节团出使金朝①。使团中不仅三节人从,甚至正使、副使均有携带私货与金人贸易之例。这些私货以书籍、茶叶、药物、绢、布以至漆器、纸笔等为主,以"私觌物"的方式夹带出去,私下与金人贸易,从而获得利润。还有一种情况是夹带铜钱出界,购买北方产品,回到南宋私下售卖,以取得利润。无论哪种情况,使节的私贩都是违法行为,朝廷也曾三令五申下诏禁止,但从多次下诏的情况来看,收效并不大。

第四节　使金礼物

一、国信礼物

宋人使金,必媵礼物,称"国信礼物"、"国信"或"礼物"。使名不同,礼

---

① 此据本书《附录一:南宋国信使表》统计。

物等级亦不同。现将南宋使节所携礼物情况进行论述。

（一）生辰、正旦使礼物

据聂崇岐研究,北宋贺辽正旦礼物不及生辰之半数①。而南宋与之不同。据《齐东野语》记载:"正旦、生辰遣使,每次礼物金器一千两、银器一万两、彩段一千匹。又有脑子、香茶等物,及私觌:香茶、药物、果子、币帛、杂物等,复不与焉。"②据此材料知,生辰、正旦礼物相同:金器一千两,银器一万两,其他杂物若干。

（二）告哀使礼物

南宋共遣告哀使八次。淳熙十四年(1187)高宗去世,遣韦璞告哀,所赍礼物经过大臣反复讨论。据周必大记载:"告哀使止用正旦体例,而遗留却依泛使。"③因此告哀使礼物与正旦、生辰礼物同。但因高宗皇后不满,"大哭",最终定为"告哀使既增物如泛使所有"④。此条材料可知,告哀使礼物正常情况应与正旦、生辰礼物同,而高宗之例,因高宗皇后力争,故告哀使礼物与泛使同,即金器二千两、银器二万两。

（三）遗留物

遗留物,即继位之君以大行帝后所用衣饰什物,馈赠邻邦帝后,是为遗留物。宋辽帝后均互致遗留物,而宋金仅帝王致遗留物,仅有高宗之母为一特例。据周煇记载:"显仁上仙,遣使告哀北虏,并致遗留礼物:金器二千两,银器二万两,银丝合十面,各实以玻璃、玉器、香药,青红拈金锦二百匹,玉笛二管,玉觱篥二管,玉箫一攒,象牙拍板一串,象牙笙一攒,缕金琵琶一副,缕金龟筒嵇琴一副,象牙二十株。"⑤显仁即高宗之母韦氏,可知其死后,致金

---

① 参见聂崇岐《宋辽交聘考》,《宋史论丛》,第299—301页。

② 周密:《齐东野语》卷一二"淳绍岁币"条,黄益元校点本,《宋元笔记小说大观》第五册,上海古籍出版社2001年。

③ 周必大:《文忠集》卷一七二《思陵录上》。

④ 周必大:《文忠集》卷一七二《思陵录上》载:"继闻宫中大哭,必是上慰皇太后也。刘庆祖等又来传旨,云:今次告哀使既增物如泛使所有,遗留物亦如旧数,更与金二千两,银二万两,其它皇太后已安排了,但以螺钿代银丝,以玉器、玻璃代,仍不用锦、绫,无素馨、沉速,易以他可也。"

⑤ 周煇:《清波杂志》卷六"遗留物"条。

遗留物中,金银器皿与泛使同,另外还有一些古玩玉器,可知总价值要大于泛使礼物。至于高宗遗留物,史亦有所载。据周必大记载:"刘庆祖等又来传旨,云:'今次告哀使既增物如泛使所有,遗留物亦如旧数,更与金二千两,银二万两,其它皇太后已安排了,但以螺钿代银丝,无乐器,以玉器、玻璃代,仍不用锦、绫,无素馨、沉速,易以他可也。'"①由此可知,高宗遗留物与韦后遗留物亦相差无几。

考察南宋的遣使情况,所有皇太后中,只有韦后去世遣派遗留使。为何韦后身份较为特殊?在《文忠集》中保留了这样一份文件:"或恐彼界引绍兴二十九年例,即须再三说谕,以向来显仁皇后元自上国还本朝,兼当时国书等礼数并各不同,所以称哀谢使,盖不止告哀,兼是致谢。"②从这份文件中,我们就可以解释上面的疑问:一是高宗之母韦氏放回南宋是"绍兴议和"的一个重要条件,因此所遣使名亦不同,是"哀谢使",告哀并致谢。二是当时宋向金称臣,国体不同,故在韦后告哀之事上,不惜金帛。

除此两例之外,孝宗及以后的光宗等皇帝、皇太后,其报哀使礼物、遗留使礼物史阙无证,不能详知,但可大致推知,其规格大致应与正旦、生辰礼物相当。

(四) 吊祭使礼物

淳熙十六年(1189)金世宗去世,宋遣使吊祭。据《文忠集》卷一七二《思陵录上》记载,吊祭礼物是"金七百余两,银万八千余两,匹帛不与焉"③。与正旦礼物基本相当。

(五) 泛使礼物

泛使礼物比之正旦、生辰又有增加。周密云:"若外遣泛使则其礼物等又皆倍之。"④而周必大亦曰:"闻泛使礼物,例用金器二千两,银器二万两,合十具,匹物二千。"⑤与生辰、正旦礼物相比,多了一倍。

---

① 周必大:《文忠集》卷一七二《思陵录上》。
② 周必大:《文忠集》卷一五〇《分付告哀使事目》。
③ 周必大:《文忠集》卷一七二《思陵录上》。
④ 周密:《齐东野语》卷一二"淳绍岁币"条。
⑤ 周必大:《文忠集》卷一六三。

南宋还有一种特殊的礼物：韦后从金国归来，作为答谢，每年要送金国皇后大量礼物。《建炎以来系年要录》卷一四六载："皇太后岁遗金主之后礼物亦以钜万计。"同书卷一六一亦载："初东昏王亶之世，皇太后岁遗费摩申后礼物巨万。及亮代立，遂削此礼。"费摩申后即是熙宗悼平皇后裴满氏。由上条材料可知直至完颜亮弑君自立，此项礼物才取消。

南宋送给金人的礼物费用由何处支出？《宋会要辑稿》职官三六之五三载："（绍兴三十年）三月二日，知临安府钱端礼言：本府排办国信，多缘阙乏钱物……"是知礼物由临安府置办。

二、私觌

除国信礼物外，使人所携带的还有私觌，又称土物①。朱熹曰："私觌，则聘使亦有私礼物，与所聘之国君及其大臣。"②以南宋的实际情况来看，"国信"是以国家名义送的礼物，而"私觌"是出使人员以私人名义所送之礼物。

绍兴议和之前所遣通问使、祈请使等所带"私觌"，实际是用来上下打点金人的贿赂，并不用来与金人贸易。例如，绍兴四年（1134）正月章谊出使大金前，以"《资治通鉴》、木棉、虔布、龙凤茶"送给金国左副元帅宗维身边之人耶律绍文和高庆裔③。金人受了馈赠，也没有答礼，以至使节抱怨说："金人受私觌物又非昔比，更无回答，虽贪食者众，不敢少忤其意，恐生事造语，有害和议。"④金国正处草创时期，物质基础还很薄弱，因此对宋丰富的物产还是非常贪慕的，因此"贪食者众"，故用礼物贿赂金人，以便议和顺利进行。

宋使节所带私觌物多为一些日常生活用品。陈学霖说，金朝大多数日用商品和原料，都要依靠南方供应⑤。因此私觌物一般是北方所不产的生

---

① 《三朝北盟会编》卷六三引李若水《奉使录》中即作"土物"。
② 黎靖德编：《朱子语类》卷三八，中华书局1986年。
③ 《建炎以来系年要录》卷七二"绍兴四年正月乙卯"条，第1383页。
④ 《三朝北盟会编》卷一二〇《炎兴下帙二十》，第877页。
⑤ 陈学霖：《金宋茶叶贸易考略》，载《金宋史论丛》，香港中文大学出版社2003年，第86页。

活用品。据《三朝北盟会编》卷一一〇记载:"私觌礼物于东京旋行收买、打造,花缬共作五百匹段,并生姜、腊茶、漆器、纸笔等,连朝廷礼物并作三十抬桌。"又《建炎以来系年要录》卷七二记载:"金左副元帅宗维所亲耶律绍文、高庆裔,且以《资治通鉴》、木棉、虔布、龙凤茶遗之。"又《齐东野语》卷一二载:"及私觌:香茶、药物、果子、币帛杂物等。"综上所述,私觌物有书籍、药品、茶叶、丝绸布匹、漆器、纸笔等南宋特产。

南宋使节所带私觌由朝廷出资购买。绍兴三年(1133)韩肖胄出使,"加赐肖胄钱万缗,黄金三百两,绫二百五十匹为私觌费"①。而绍兴四年章谊出使,私觌费又比韩肖胄出使时增十分之二②。这与北宋不同。使辽使要自备私觌。例如《续资治通鉴长编》卷六五载:"(邵)晔初奉使,假官钱八十万,市私觌物,及改命安抚已偿其半,余者诏除之。"从此条材料,我们可以看出,使辽使的私觌实际是一种贸易行为,主要用于与辽人交易。而南宋情况正相反,是以私觌进行贿赂,而不是平等交易,所以是由政府出资购办。

三、小结

从以上论述可知南宋送金的礼物与私觌价值不菲。因此胡铨在隆兴二年八月《上孝宗封事》中批评宋的金币外交:"养兵之外又增岁币,且少以十年计之,其费亡虑数千亿,而岁币之外,又有私觌之费,私觌之外,又有贺正、生辰之使,贺正、生辰之外,又有泛使。一使未去,一使复来,生民疲于奔命,帑廪涸于将迎,瘠中国以肥敌……"③但是据学者研究,"输金求和"并不致于造成朝廷与民生经济的困顿,"输金"对南宋人的影响不在经济上,而在心理上④。辛弃疾在乾道六年(1170)上《美芹十论》曰:"顾今有大者二,陛下知之而未果行,大臣难之而不敢发者。一曰绝岁币,二曰都金陵。臣闻今之

---

① 《建炎以来系年要录》卷六五"绍兴三年五月丁卯"条,第1278页。
② 《建炎以来系年要录》卷七二"绍兴四年正月乙卯"条,第1387页。
③ 胡铨:《澹庵文集》卷二,文渊阁《四库全书》本。
④ 参考梁庚尧《南宋对金的岁币外交》,载《历史月刊》第56期。

所以待敌以缗计者二百余万,以天下之大,而为生灵社稷计,曾何二百余万之足云? 臣不为二百余万缗惜也……盖古之英雄,拨乱之君,必先内有以作三军之气,外有以破敌人之心。"①由以上材料可知,隆兴议和后,每年送给金国二百余万缗,其中包括岁币,正旦、生辰礼物,私觌,馈赠金使礼物及移交岁币时应付金官吏等花费②。而宋高宗末年,南宋中央政府仅从东南诸路取得的钱币收入就达到六千余万缗,米谷、绢帛、丝帛等实物收入尚未计算在内③。二百万缗只约占南宋财政收入的百分之三。此比例对南宋的财政虽不能说是全无影响,但是应该不致于成为很重的负担。因此,辛弃疾说"臣不为二百余万缗惜也",而是要振奋精神,维护国家之体面。

综上所述,我们可以得出以下结论:宋馈赠金人的礼物,实际是一种"金币外交",以礼物贿赂皇帝,私觌贿赂近臣。因此,宋金之往来,与宋辽之平等对待不同④。

第五节　对金使的接待

宋人在一些外交术语的使用上是非常讲究的。他们将高丽、西夏国等一些小国的使节称"蕃使入贡",而称辽、金等与之抗衡的大国使节为"国信使"。与此相适应的一套接待制度也不一样。迎、送高丽、夏国使节的人称"引伴使",在京陪伴高丽、夏国使节的人称"押伴使"。例如,《宋史》卷二八八《范雍传》载:"坦,字伯履,以父任为开封府推官,金部员外郎,大理少卿,改左司员外郎,押伴夏国使……"又如《宋史》卷三四五《刘安世传》载:"(刘安世)押伴夏使,使者多所要请,执礼不逊。"此为北宋之例。《建炎以来系

---

① 杨士奇:《历代名臣奏议》卷九四。
② 有关移交岁币时金官吏需索的材料,《金史》卷一二一《石抹元毅传》载:"复委受宋岁币,故事有私遗物,元毅一无所受。"宋方记载见《齐东野语》卷一二《淳绍岁币》:"初交绢,十退其九,以金人秤尺无法,又胥吏需索难之故。数月后,所需如欲,方始通融,然亦十退其四五。"
③ 梁庚尧:《南宋对金的岁币外交》,载《历史月刊》第56期。
④ 宋辽之间互赠礼物是大致相当的,参见聂崇岐《宋辽交聘考》,第299—302页。

年要录》卷一八载:"高丽国王楷遣其臣尹彦颐等入见,且奉表谢罪,诏中书舍人张澄押伴。"又卷一七三载:"(绍兴二十六年六月)甲辰,诏:三佛齐国遣使入贡,可差睿思殿祗侯黄大求充押伴官。"此为南宋之例。最明显的例证是,政和年间,为牵制辽人,曾将高丽使升为"国信使","引伴押伴官"亦相应地改称"接送馆伴"①。对于金使,南宋人自不敢怠慢,皆有详细的接待制度。金使入境,有接伴使;到临安,有馆伴使;回程,有送伴使。接、送伴使及馆伴使皆遣可靠之人担当。接伴使副同时亦负责送伴,而馆伴主要负责金使在临安的接待事务。

一、送伴使及馆伴使之选派

(一) 接送伴使

金人遣使,南宋例遣人来接、送,称为接送伴使。由于资料缺载,接、送伴使势难一一考察,今检材料,得数十条,列表如下,以见一斑。

表一:南宋接送伴使表

时间	接、送伴使副姓名及官职	资料来源
绍兴三年十一月	正使:刑部员外郎潘致尧 副使:浙西兵马都监高公绘	《建炎以来系年要录》卷七○
绍兴八年五月	正使:吏部员外郎范同假太常少卿 副使:武功大夫高州剌史、带御器械刘光远假吉州团练使	《建炎以来系年要录》卷一一九,又见《宋史》卷三八○《范同传》
绍兴十一年十一月	正使:左朝散大夫尚书吏部侍郎魏良臣假左正议大夫 副使:福州观察使、知阁门事兼客省四方馆事王公亮假宝信军承宣使	《宋会要辑稿》职官五一之一四》
绍兴十二年八月	正使:权工部尚书莫将 副使:知阁门事曹勋	《建炎以来系年要录》卷一四六

---

① 《宋史》卷四八七《高丽传》载:"政和中,升其使为国信,礼在夏国上,与辽人皆隶枢密院;改引伴、押伴官为接送馆伴。"

（续 表）

时间	接、送伴使副姓名及官职	资料来源
绍兴十三年十月	正使:给事中杨愿假礼部尚书 副使:容州观察使、知阁门事、兼权枢密副使承旨曹勋	《建炎以来系年要录》卷一五〇
绍兴十四年四月	正使:权吏部侍郎陈康伯 副使:容州观察使、知阁门事曹勋	《建炎以来系年要录》卷一五一
绍兴十五年五月	接伴正使:吏部侍郎陈康伯 接伴副使:和州防御使、知阁门事钱恺	《建炎以来系年要录》卷一五三
绍兴十五年五月	送伴正使:权礼部侍郎宋之才 送伴副使:宣州观察使知阁门事康益	《建炎以来系年要录》卷一五三
绍兴三十年五月	正使:权工部侍郎黄中	《建炎以来系年要录》卷一八五
绍兴三十一年正月	正使:吏部侍郎陈康伯	《三朝北盟会编》卷二二五
乾道元年九月	正使:国子司业汪涓假工部尚书 副使:权知阁门事康湑假保信军承宣使	《宋会要辑稿》职官五一之二二
乾道元年十一月	正使:吏部侍郎陈天麟假礼部尚书 副使:干办皇城司宋直温假保康军承宣使	《宋会要辑稿》职官五一之二三
嘉定四年	正使:右司郎官袁韶	《宋史》卷四一五《袁韶传》
绍熙元年	正使:实录院检讨官杨万里借焕章阁学士	《宋史》卷四三三《杨万里传》

史籍中没有明确记载接伴使、副的任命条件,但我们可以从以上材料中,大致推测出南宋任命接伴使副的规律来:第一,正使为文臣,一般由某部侍郎假某部尚书充任,偶有给事中等稍低一些的官员假某部尚书充。副使为武官,一般由知阁门事(右武大夫以上的武官)假某军承宣使充。第二,若非特殊情况,接伴使副即为送伴使副。亦有例外:绍兴十五年(1145)五月,吏部侍郎陈康伯,和州防御使、知阁门事钱恺接伴金贺生辰使。陈康伯得罪金使,为金使所告,而朝廷惧生事,罢免二人,改宋之才、康

益充送伴使副①。此例外可说明,按一般惯例,接伴使副即为送伴使副。第三,多数接伴使副有出使金国的经历。在以上列出的二十一位接伴使副中(重复之人不计入),有出使经历的十四位,比例高达64%。举例如下:陈康伯,绍兴十四年报谢使。潘致尧,绍兴二年通问使。高公绘,绍兴二年通问副使。魏良臣,绍兴四年通问使。莫将,绍兴十年迎护梓宫使。曹勋,绍兴十一年报谢副使。陈康伯,绍兴十四年报谢使。钱恺,绍兴十四年报谢副使。宋之才,绍兴十四年贺生辰使。康益,绍兴十三年生辰副使。黄中,绍兴二十八年贺生辰使。康湑,隆兴元年通问副使。宋直温,乾道四年贺生辰副使。杨愿,绍兴十二年贺正旦使。综上所述,南宋在选择接送伴使时较为慎重,必以有与金国交往经验之人来充当。

迎送金使的使团中,除正、副使外,还有若干下属官员组成。绍兴十二年,宋金议和达成,南宋的对金外交制度逐步建立和完善,对接送金使的属官编制亦有了明确的规定:编栏官二员,引接仪范二员,职员二员,小底二人,亲随二人,医官一员,主管文字二人,书表司二人,准备差使四员②。至绍兴十六年,尚书省言,接送伴所差官属员数太冗,予以精简。精简后的编制为:都辖一员,编栏官二员,引接仪范二员,职员二员,医官一员,书表司二人③。需要指出的是,使团并非一个常设机构。它只是在金使到来之前,临时组建,金使回国,它的使命完成,也就随之解散。所以,在选择接送伴属官时,一般以国信所指使、译语、亲事官及皇城司亲从充当,差借时间为一个月④。

---

① 见《建炎以来系年要录》卷一五三"绍兴十五年五月庚午"条,第2899页;又《宋会要辑稿》职官五一之一六载:"(绍兴十五年五月)十九日诏:接伴金国贺生辰副使钱恺降一官,送伴别差人。以接伴不职故也。"

② 《宋会要辑稿》职官五一之一五载:"(绍兴十二年)六月八日,吏部侍郎充金国接伴使魏良臣等言:'欲乞依旧例,差编栏官二员,引接仪范二员,职员二员,小底二人,亲随二人,医官一员,主管文字二人,书表司二人。外,更乞差准备差使十员,许依例指差借请两月。'诏:准备差使许差四人,官属人吏等并借请一月。"

③ 《宋会要辑稿》职官五一之一七载:"(绍兴)十六年三月十日,尚书省言:接送伴所差官属员数太冗,欲裁减小底二人,亲随二人,主管文字二人,准备差使四员。止差都辖一员,编栏官二员,引接仪范二员,职员二员,医官一员,书表司二人。从之。"

④ 《宋会要辑稿》职官五一之一五、五一之一六。

（二）馆伴使

接伴使迎金使至临安后，陪同工作就移交给馆伴使。馆伴使负责安排金使起居，与之沟通，传达朝廷旨意。馆伴使并不能随意与金使接触。《水心集》卷一四《忠翊郎武学博士蔡君墓志铭》记载："故事，馆伴非上旨不过金使位。"即为明证。这恐怕是防止馆伴使将机密泄露出去。

馆伴使副职责虽不若衔命出疆者之重，但言谈举止，亦系国体，故选择仍不得不慎。一般由宰相提出候选者，由皇帝钦点①。南宋馆伴使资料非常少，仅有以下数例：

（绍兴八年四月）辛亥，改命徽猷阁直学士王伦充馆伴使②。

（绍兴十一年十二月）壬子，金国审议使行台户部兼工部侍郎萧毅、翰林待制同知制诰邢具瞻等入见。毅等至馆，上命工部侍郎莫将馆伴③。

（乾道元年九月）二十九日诏：权尚书吏部侍郎魏杞假吏部尚书，枢密都承旨张说假昭庆军承宣使，差充馆伴金国贺生辰使、副。自后馆伴同此④。

（乾道元年）十二月九日诏：权吏部侍郎陈之茂假工部尚书，知阁门事曾觌假宁国军承宣使，充馆伴金国贺正旦使、副。自后馆伴同此⑤。

（淳熙九年）八月权刑部尚书萧燧，充馆伴金国贺正旦使⑥。

从以上材料大致可知，馆伴亦有正使、副使之别。北宋用尚书、学士馆伴辽使。《石林燕语》卷七载："国朝馆伴契丹，例用尚书、学士。"⑦是为明证。南宋与此相当，一般择学士、尚书担任馆伴使，亦有六部侍郎借六部尚书充当者；副使由知阁门事假某军承宣使充当。南宋为显示自己的文化发

---

①　参见周必大《文忠集》卷一五二《奏馆伴武臣姓名》："臣等据盱眙申，金国第三次使人初一日已过界，合差馆伴。昨来御笔点定文臣两名，除张涛见充接伴外，其点定郭应麟，今欲差充馆伴使。所有武臣，虽蒙御笔点差，缘良臣本人已往鄂州，今再具到两名：郭瑞已是郭钧之子，见充环卫官；霍汉臣见在阁门供职。二人皆可充副使。伏乞御笔点差一名，谨具缴进，伏听处分。"

②　《建炎以来系年要录》卷一一九"绍兴八年四月丁未"条，第2224页。

③　《建炎以来系年要录》卷一四二"绍兴十一年十二月壬子"条，第2684页。

④　《宋会要辑稿》职官五一之二二，第3547页。

⑤　《宋会要辑稿》职官五一之二三，第3547页。

⑥　周必大：《文忠集》卷六七《资政殿学士宣奉大夫参知政事萧正肃公燧神道碑》。

⑦　叶梦得：《石林燕语》卷七，《宋元笔记小说大观》第三册，上海古籍出版社2001年。

达,一般选择文学造诣深厚的人来担任馆伴正使。例如,淳熙十四年,金使田彦皋来贺生辰。在选择馆伴使时,周必大曰:"其文采议论大段过人,且知向慕中国,昨日侍从多来说,馆伴使副中须择得一知书者,准备应酬,虽赵不流亦如此说,不敢不奏。"①

(三) 接送伴使、馆伴使之待遇

对接送伴、馆伴使的优待,史料中只有零星的记载。首先接送伴、馆伴使所着衣饰由官府置办,亦有相应的赐物。据《宋会要辑稿》礼六二之六四记载,绍兴十三年十二月,金国贺正旦使到临安,馆伴使获赐银碗一双,副使衣五件②。此外据《赐接伴使副春幡胜口宣》、《赐接伴使副端午令节扇帕头巾口宣》、《初九日赤岸御筵赐馆伴使副春幡胜》③等材料,可知遇正旦、端午等令节,皇帝会特别赐给接伴使副及馆伴使副春幡、春胜及扇子、巾帕一类节令礼物,以示恩宠。

二、金使之接送

金使入境后,由南宋派专使接送,称接送伴使。接送伴使负责金使入境后至临安的往返迎送。金使至临安后,接待工作移交馆伴使。接送伴使均有严格的日程安排,不能超期,亦不能延期。

南宋与金以淮河中流为界,淮河北岸是金泗州,南岸是宋盱眙军。金使从泗州渡淮,到达盱眙。接伴使要先期一天迎至泗州,与金使相见,然后返回盱眙。次日,双方使团乘舟相遇于淮河中流,一同到达盱眙军④。

从盱眙至临安,使节均走水路,这是为防止金人探得南宋地形。绍兴三

---

① 周必大:《文忠集》卷一五二《回奏》。

② 《宋会要辑稿》礼六二之六四,第 1727 页。

③ 刘才邵:《檆溪居士集》卷七;周必大:《文忠集》卷一一三。

④ 关于这一过程,《宋会要辑稿》职官五一之二七中有一段记载:"(乾道二年)三月八日,起居舍人俞烈言:窃见迎接北畔(伴)使人,例是南北之舟至淮河中流,展剌对屹,然后并舟南向。而南北兵梢各欲争先到岸。盱眙兵梢惯于操舟,率先上岸,北人耻于不胜,乃于后舟钩镝南使舟尾,以幸一先,主有用篙仗相打者……乞行下盱眙军及淮南转运司,戒约兵梢,令彼此之舟取齐到岸。"

十一年(1161)金使高景山来贺生辰,以"乘船辄病"为借口,要求骑马沿陆路而行,企图为金海陵帝南侵打探道路。这一无理要求,被接伴使拒绝①。金使入临安,具体的路线并不清楚。不过,魏了翁在《被召除礼部尚书内引奏事第四劄》中曰:"且南渡通和,使人往来必自盱、楚、仪、真、黄天荡至镇江,历松江,望大湖,入小河、里河,以至北关。"②可知金使是沿运河南下。而南宋人出使,从临安出发,至盱眙军这一段亦是沿运河。乾道五年(1169)楼钥以书状官随汪大猷出使,其行程完整地保留在其《北使日录》中:临安——赤岸——长河——永乐——秀州(嘉兴)——平望——吴江——平江——无锡——奔牛——吕城——丹阳——新丰——丹徒镇——镇江——瓜州——扬州——高邮——界首——范水——宝应——黄浦——平河桥——楚州——磨盘——淮阴——闻家峰——洪泽——淖头——欧家渡——龟山——盱眙③。从盱眙至临安一般需十五至十六天。接送伴使迎往金使,与楼钥使金所行线路是一致的。其行程路线见图一:《接送伴使行程线路图》。

三、金使之待遇

为维系和好关系,南宋非常重视对金使的接待。金使从入境直至离境,享有优厚的待遇。

(一) 沿途之待遇

金使入境,沿途有传宣、抚问、赐御宴、赐酒果等优待。在金使入境至盱眙军时,遣使传宣抚问,今举其口宣一例:"有敕:卿等远将聘礼,来贺岁元,既加壹劳之勤,首示肆筵之渥,其祗眷意,益谨宾仪。"④即体现慰问之意。

宋廷在盱眙军、镇江府、平江府三个地方赐御宴,例由内侍宣"口宣"。如《桤溪居士集》卷七载有《赐大金人使贺正旦盱眙军赐御筵口宣》、《赐大金人使贺正旦镇江府御筵口宣》、《大金人使贺正旦平江府御筵口宣》⑤可以

---

① 参见《建炎以来系年要录》卷一九〇"绍兴三十一年五月丙子"条,第3675页。
② 魏了翁:《鹤山先生文集》卷一九,四部丛刊初编本。
③ 参见楼钥《攻媿集》卷一一一《北行日录上》。
④ 《攻媿集》卷四七《金国贺正旦使人赴阙口宣盱眙军传宣抚问赐御筵》。
⑤ 类似的记载又见于《攻媿集》卷四七、《崔舍人玉堂类稿》卷一三、一四。

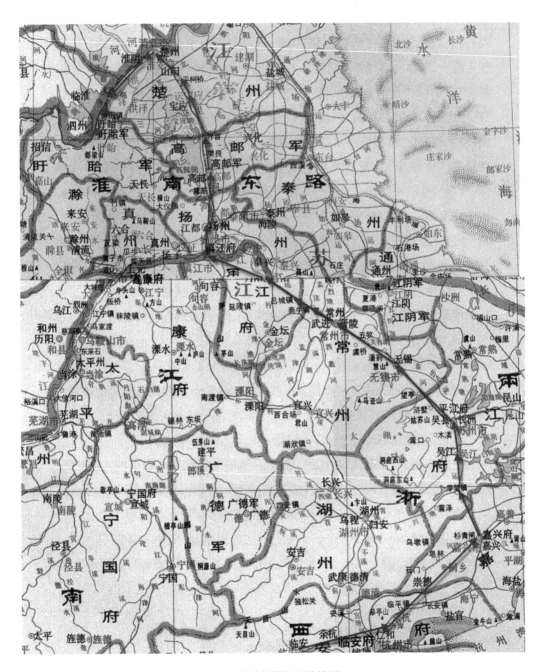

图一:接送伴使行程路线图

为证。又《宋会要辑稿》职官三六之四四载："(绍兴)十三年十一月二十四日……诏:内侍省差使臣三员,沿路赐御筵。一员于平江府排办,一员于镇江府排办,一员于盱眙军排办。"可知由内侍出面招待金使,并有银盒茶药之赐物①。银盒茶药亦遣内侍宣赐。

　　回程与之相同,亦在平江府、镇江府、盱眙军三处赐宴,镇江府赐银盒茶药。此见《赐大金人使贺天申节镇江府赐茶药口宣》、《赐大金人使贺正旦回程镇江府赐御筵口宣》、《赐大金人使贺正旦回程盱眙军赐御筵口宣》、《赐大金人使贺天申节平江府赐御筵口宣》②等材料。

　　沿途接待金使,南宋所费甚多。《云麓漫钞》卷六有详细记载:"金国每年贺正旦、生辰遣使,所过州县日有顿,盱眙、镇江、平江、赤岸有宴。平江排办司数……每程用带毛角羊二千斤,四程计八千斤。北果钱五百贯。御筵果桌十行,行十二楪。食十三盏并双下。顿食,使副每分:羊五斤,猪五斤,面四斤,粳米五升,鸡一只,鸭一只,鲤四斤,油半斤,柴三十斤,炭二秤,四两烛一对,酒一斗,果三十楪,密煎十楪,油盐酱菜料物各有数。点心:栗一升,羊一斤半,猪腰子一对,面一斤半。上中下节各有降杀,若折钱,使副折银三两三钱,都管九钱一分,上中节七钱六分,下节四钱五分半。御筵不坐折金七钱。姑苏馆批支一千五十六贯八百十五文。公使库一千六百三十九贯四百五十八文。军资库八千七百六十七贯一百五十九文。凡贺正生辰来回程,御筵、顿食等每次用二万贯,共四万贯,他州亦不减此。"③另据《齐东野语》卷一二载:"赐御筵,每处费钱一万八千五百余贯。"与以上记载基本相合。《云麓漫钞》记载的是平江府一处一次的招待费,此钱不但包括赐御宴所费,还包括路过平江府每日所需"伙食费"。以此来计算,两者应相差无几,更可验证《云麓漫钞》所列招待金使清单之真实性。

　　据以上资料可知,平江府接待金使的费用由姑苏馆、公使库、军资库共

---

① 周必大:《文忠集》卷一一三《镇江府赐银合茶药》。
② 刘才邵:《樵溪居士集》卷七。
③ 赵彦卫:《云麓漫钞》卷六,辽宁教育出版社1998年版,第60—61页。按标点有改动。

同负担。《吴郡志》卷七载:"姑苏馆在盘门里河西城下。绍兴十四年郡守王晬建。体势宏丽,为浙西客馆之最。中分为二,曰南馆、北馆。绍兴间始与金通和,使者岁再往来,此馆专以奉国信贵客。"①可知姑苏馆是平江府专为宋金使者往来而设置的客馆。公使库,《建炎以来朝野杂记》甲集卷一七载:"公使库者,诸道监帅司及边县州军与戎帅皆有之。"公使钱,宋朝许各路监司、郡守自筹经费以助公用,称公使钱②。因此,公使库即为掌公使钱的地方金库。而军资库,《建炎以来朝野杂记》甲集卷一七载:"诸州军资库者,岁用省计也。旧制每有计度,转运使岁终则会诸郡邑之出入,盈者取之,亏者补之,故郡邑无不足之患。"因此,州、府、军、监均置军资库,为一州、一府、一军、一监税赋民财出纳之所。综上所知,无论是姑苏馆、公使库还是军资库都是地方上的财政部门,由此可知金使沿途之招待都是由地方来负担③。

平江府接待金使往返一次,即费钱四万贯。沿途三地赐宴,"他州亦不减此",即有十二万贯。正常情况,一年正旦、生辰两次遣使,沿途所费即有二十四万贯之巨,再加上交通费用及额外赏赐,所费实在不菲。

(二) 入京后之待遇

金使入京后,由馆伴使负责引接。以正旦使为例:《建炎以来朝野杂记》、《齐东野语》、《宋史·礼志二十二》有较为详细的记载④。今以上述史料为主,证以《宋会要辑稿》、宋人文集等对金使在临安的活动进行考察(以贺正旦使为例)。

十二月二十四日,金使至班荆馆,赐御宴,酒七行⑤。内侍传宣抚问,赐

---

① 范成大:《吴郡志》卷七,《宋元方志丛刊》第一册,中华书局 1990 年。
② 参见龚延明《宋代官制辞典》"公使钱"条,第 661 页。
③ 陈学霖对此段材料有另一番理解:"预计地方批支一千五百余贯文,公使库一千六百余贯文,而军资库出支高达八千七百余贯文,可见军库支付不少为迎送使节之用。"他将公使库、军资库理解为中央财政,这是与事实不相符的,而且"军资库"亦非"军库","军资库"掌地方上的财政收支,并不专用于军需。见陈学霖《赵彦卫〈云麓漫钞〉之宋金史料》。
④ 李心传:《建炎以来朝野杂记》甲集卷三;周密《武林旧事》卷八《人使到阙》有相似记载。周密:《武林旧事》,据清武林掌故丛编本影印,广陵书社 2003 年。
⑤ 汪应辰:《文定集》卷八《大金贺正旦使到阙赤岸赐御筵口宣》,文渊阁《四库全书》本。

龙茶一斤,银合三十两①。此处赐宴,以大臣押宴。周必大曾于淳熙三年正月丙辰借兵部尚书永宁侯押伴金国贺正旦人使御筵②,是为例证。

十二月二十五日,登舟,至北郭税亭。茶酒毕,上马入余杭门,至都亭驿。中使传宣赐龙茶、银合如前,又赐被褥钞锣③。

十二月二十六日,临安府书送酒食,阁门官说朝见仪,投朝见榜子。

十二月二十七日,入见于紫宸殿。见毕,赴客省茶酒,遂赐宴于紫宸殿。酒五行,从官以上与坐。从官指侍从官,宴会中,一般由他们来作诗应景。例如《金国贺正旦使人到阙紫宸殿宴致语口号勾合曲词》,又《金国贺正旦使人到阙紫宸殿宴致语》、《口号》、《勾合曲》等④。是日赐茶酒名果,又赐使副衣各七事,幞头牙笏二十两,金带一条,并金鱼袋,靴一双,马一匹,鞍辔一副,共折银五十两,银钞锣五十两,各色绫绢一百五十匹。三节人从并赐衣带银帛有差。

十二月二十八日,赐牲饩,折博生罗十匹、绫十匹、绢布各二匹⑤,并赐春幡、春胜。赐春幡、春胜之事,《文忠集》卷一一三《十二月二十八日赐使副春幡胜》记载详细:"每人浑金大春幡一副,五事件背罗大春幡胜一副,敛头纸帖落。春盘每人肉七觔,生鸡鸭子各十五个,软饼五十个,菜四觔,法酒四瓶,软饼三十个。"又一行小字"内侍李琪",是指遣李琪传皇帝口宣及赏赐。此赏赐不特与使副,三节人从亦有"春幡、春胜"之赐⑥。春幡,指春旗,旧俗于立春日或挂春幡于树梢,或剪缯绢成小幡,连缀于簪子之上,以示迎春之意。春胜,旧俗于立春日剪彩成方胜为戏,或为妇女的首饰,称为春胜。宋朝有在立春节赐给百官金银幡胜的故事⑦。春幡、春胜可用金、银、绢等

---

① 《南宋杂事诗》卷七载:"内使龙茶宣赐回,班荆馆为使臣开。湖山景物家乡地,几度迎风唤笔来。"以此诗来看,班荆馆除赐宴外,还赐银合茶药。沈嘉辙等:《南宋杂事诗》,《宋史资料萃编》第三辑,文海出版社1981年。

② 参见周必大《文忠集》卷首《年谱》。

③ 参见汪应辰《文定集》卷八《金使赴阙赐被褥钞锣口宣》,文渊阁《四库全书》本。

④ 真德秀:《西山文集》卷二三《金国贺正旦使人到阙紫宸殿宴致语口号勾合曲词》,四部丛刊初编本。又见刘爚《云庄集》卷一六《金国贺正旦使人到阙紫宸殿宴致语》、《口号》、《勾合曲》。

⑤ 周必大:《文忠集》卷一一三《十二月二十八日赐生饩》。

⑥ 周必大:《文忠集》卷一一三《赐三节人从春幡胜》。

⑦ 参见朱瑞熙等《辽宋西夏金社会生活史》,中国社会科学出版社1998年,第444页。

材料制作,南宋赐给金使节的幡胜即用金银制成。据《宋会要辑稿》职官五一之三九载:"使副二人各纯金幡胜一副,各重一两五分,各折金二两。上节一十一人,并接伴使副二人,各浑金镀银幡胜一副,各重六钱,镀金五分,各折银一两半。中节一十四人,下节三十九人,各间金镀银幡胜一副,各重五钱八分,镀金三分,各折银一两。"可知使副、三节人从赐予的幡胜以含金量不同以示区别,因此有时也可折成金银赐予。

十二月二十九日,往天竺寺烧香。赐沉香三十两,并斋筵、乳糖、酒果。次至冷泉亭、呼猿洞游赏。

十二月三十日(除夕),赐内中酒果、风药、花饧,赴守岁夜筵,酒五行,用傀儡①。

正月一日,朝贺礼毕,遣大臣赴都亭驿赐御筵,内侍传宣,劝酒九行。《文忠集》卷一一三载《正月一日入贺毕归驿赐御筵》及《入贺毕归驿赐酒果口宣》可为证。宴席由学士坐陪。例如,淳熙五年(1178)金使贺正旦,周必大入驿押宴,此时,周官职为礼部尚书兼翰林学士②。

正月二日,无载。

正月三日,客省签赐酒食,内中赐酒果,并赴浙江亭观潮,酒七行。

正月四日,赴玉津园射宴。射宴由来已久,宋人叶时曰:"然古人享诸侯,必以射宴群臣。必以射,盖射可以观德也。"③可知射宴是古礼的体现。北宋时,即以射宴待辽使。《事物纪原》卷一载:"景德元年十二月四日,命石保吉赐契丹使宴射于玉津园。自后凡其使至,皆赐宴射,此其始也。"④射宴,例命善射者假官伴之。伴射与金正使射弓,馆伴与金副使射弩,酒五行。伴射官先是在三司轮差⑤,后因"见存者往往年迈,筋力向衰,拖疆习射,已非所宜",故于淳熙十五年起,于诸军将及训练官中挑选"人物魁伟,正当壮

---

① 崔敦诗:《崔舍人玉堂类稿》卷一三《十二月三十日赐内中酒果口宣》,《续修四库全书》本。
② 参见周必大《文忠集》卷首《年谱》。
③ 叶时:《礼经会元》卷四下,文渊阁《四库全书》本。
④ 高承:《事物纪原》卷一"射宴"条,中华书局1989年,第45页。
⑤ 三司即宋中央禁军最高指挥机构殿前司、侍卫亲军马军司、侍卫亲军步军司的合称。见龚延明《宋代官制辞典》,第397页。

岁,可习武艺者"借官充当①。射宴上,照例要赐给金使副"射弓弓箭例物"及酒果。所谓"射弓弓箭例物"大约就是射弓所用的弓、弩、箭及一些射中后赏赐的物品②。

正月五日,大宴紫宸殿,尚书郎、监察御史以上皆与,学士撰致语。例如《文忠集》卷一一九《金国贺正旦使副到阙紫宸殿宴致语口号勾合曲词》(乾道七年贺正旦)、《金国贺正旦使副到阙紫宸殿宴致语口号勾合曲词》(乾道八年)。又《云庄集》卷一六《金国贺正旦使人到阙紫宸殿宴致语》,《西山集》卷二三《金国贺正旦使人到阙紫宸殿宴致语口号勾合曲词》等。亦有在集英殿宴请金使,例如《西山文集》卷二三《金国报登位使人到阙集英殿宴致语口号勾合曲词》。

正月六日,朝辞。赐使副衣、金带三十两,银沙锣五十两、红锦二色绫二匹、小绫十色绢三十匹、杂色绢一百匹。三节人从各有所赐。临安府书送赠仪。晚上复宴请金使,由执政坐陪。

正月七日,赐龙凤茶、镀金合,乘马出北关门登舟,宿赤岸。

正月八日,遣近臣在赤岸押赐御筵。

以上是《建炎以来朝野杂记》等材料记载绍兴议和后南宋接待金使的情况。《宋会要辑稿》及宋人文集尚记载部分接待金使的材料,今归纳如下:第一,观象。《宋会要辑稿》职官三六之四六载:"(绍兴十四年)十二月十二日,国信所言:'旧例,北使到阙,玉津园射弓毕,观看驯象。其年去贺正旦使人即不曾观象。所有近贺天申节使人到阙,准驰坊申宣,押象赴驿观看了当。切虑今来贺正旦使人到阙,亦要观象,临期备办迟误,欲令驰坊常切依例祗备施行。'从之。"从以上材料可知,押象至都亭驿,让金使人观看,已成为一项招待内容。象是一种热带动物,来自安南、真腊等国③,就当时来说,

---

① 参见《宋会要辑稿》职官五一之三一,第3551页。

② 参见汪应辰《文定集》卷八《正月四日赐金国贺正旦人使玉津园射弓弓箭例物口宣》、《金国贺正旦人使玉津园射弓御筵口宣》、《金国贺正旦人使玉津园射弓酒果口宣》。

③ 《玉海》卷一五四载:"绍兴十六年六月二十九日,安南献象、牛。二十五年十一月二十九日,真腊、罗斛贡象。二三十一年正月六日,安南贡象。三十一年正月六日,安南贡象。"以此知,象由真腊、安南等国进贡。

应是一种珍稀动物,北方恐难见到,故金人会要求观象。第二,观看杂剧。《宋会要辑稿》职官三六之四六载:"(绍兴十八年正月)十五日诏,今后使人到阙,杂剧并令钧容直并化成殿亲事官,前一月赴教坊,依旧例,互相分付。仍令教坊将已分付所排定杂剧名色、语言,报国信所,阙馆伴使副阅视。"据李修生先生研究,北宋时的杂剧有两种含义:一是广义的"杂戏"、"百戏";一是狭义的戏剧演出,包括滑稽戏、歌舞戏,乃至傀儡戏、哑杂剧①。据前引《武林旧事》等材料,招待金使的除夕夜宴用傀儡,可知,此处"杂剧"是狭义,包括滑稽戏、歌舞戏、傀儡戏、哑杂剧。《崔舍人玉堂类稿》卷一八载《金国使人到阙紫辰殿宴参军色致语口号勾合曲词》。参军色即参军戏,亦称滑稽戏②。因此金使观看的不仅仅有傀儡戏,亦应有滑稽戏、歌舞戏、哑杂剧等艺术表演。金使观看南宋的戏曲演出,或许也是宋金戏剧交流的一个渠道。第三,密赐银器。金使回程,南宋皇帝特赐银器,称为密赐。一般正使一千两,副使五百两③。

据《建炎以来朝野杂记》记载,金使一行到阙、朝见、燕射、朝辞、密赐,正使共得银千四百两,副使八百八十两,衣各三套,金带各三条;都管上节皆银四十两,中下节皆三十两,衣一套,涂金带一条④。

以上为贺正旦使的招待,其它使节,诸如贺生辰使、泛使之类亦大同小异。节令不同,而所赐之物不同,例如生辰使及泛使如遇端午、冬至、重阳、元旦等节日,则另有所赐。例如,孝宗生日是十月二十二日,金使回程必遇冬至,因此诏:"特赐使副绢各五十匹,上节各八匹,中节各五匹,下节各三匹。"⑤以为冬至节礼。另《文忠集》亦记载,金使回程,遇冬至节,正、副使各赐绢五十匹,上节绢各八匹,其中都管二人各十二匹,中节各五匹,下节各三匹⑥。可与上条

---

① 李修生:《元杂剧史》,江苏古籍出版社 2002 年,第 85 页。
② 参见李修生《元杂剧史》,第 84 页。
③ 周必大:《文忠集》卷一一三《密赐使副大银器》(正使一千两,副使五百两);又《樵溪居士集》卷七《赐大金人使贺正旦密赐大银器口宣》。
④ 李心传:《建炎以来朝野杂记》甲集卷三。
⑤ 《宋会要辑稿》职官五一之二三,第 3547 页。
⑥ 周必大:《文忠集》卷一一三《回程赐使副冬至节绢》,赐正副使绢各五十匹,上节绢各八匹,其中都管二人各十二匹,中节各五匹,下节各三匹,由内侍朱思宣赐。

材料相印证。

第六节　国书与交聘礼仪

宋金往来,使者要携带国书。从国书之称谓,亦可看出双方之关系。另外,金使朝见有朝见之仪,辞别有朝辞之仪。甚至接送伴、馆伴皆有其仪。交聘礼仪虽不构成宋金往来的主要内容,但它可以体现出宋金之间微妙的关系。因此有必要对宋金聘使往来的礼仪进行专门论述。

一、国书

聘使往来均要携带本国国书。国书分誓书与普通聘问国书。誓书即两国初次盟好所定之条约。普通之聘问国书即生辰、正旦等使节所携国书。

（一）国书之称谓

南宋与金之关系前后不同。绍兴和议为君臣之国,隆兴和议为叔侄之国,嘉定和议为伯侄之国。因此国书中两国君主之称谓前后亦不同。

绍兴议和,南宋沦为金国的属国,其国书不称书,而称表,金国之国书称为诏。南宋向金国称臣,朝廷上下视为奇耻大辱,有关之事,讳莫如深。但《金史》卷七七《完颜宗弼传》记载了南宋绍兴议和之誓书:"宋主遣端明殿学士何铸等进誓表,其表曰:'臣构言,今来画疆,合以淮水中流为界,西有唐、邓州割属上国。自邓州西四十里并南四十里为界,属邓州。其四十里外并西南尽属光化军,为敝邑沿边州城。既蒙恩造,许备藩方,世世子孙,谨守臣节。每年皇帝生辰并正旦,遣使称贺不绝。岁贡银、绢二十五万两、匹,自壬戌年为首,每春季差人般送至泗州交纳。有渝此盟,神明是殛,坠命亡氏,踣其国家。臣今既进誓表,伏望上国早降誓诏,庶使敝邑永有凭焉。'"此誓书中,南宋国书不称"国书",而称"表",赵构自称"臣构",岁币称"岁贡"。可知南宋已是金之属国。

隆兴议和后,改君臣之国为叔侄之国,此即为南宋人所谓的"正国体",

易称臣为称侄，易表为书。国书仍书名再拜，不称"大"字。其称谓曰："侄宋皇帝昚，谨再拜致书于叔大金圣明仁孝皇帝阙下。"①

南宋之所以可以在此时"正国体"，除南宋的军事力量增强，还有一个重要的原因：金世宗是非法即位。金世宗乘海陵南侵之机，于正隆六年十月（绍兴三十一年）在东京（辽阳）即位②，十一月即遣高忠建、张景仁以罢兵、归正隆所侵地，报谕南宋③。从金副元帅纥石烈志宁致张浚的回信中也可看出。《文忠集》卷一六四载："北界副元帅赫舍哩志宁（纥石烈志宁）回书来上，其式云：志宁白宣抚执事。书词大略谓，向者新主初立，即舍淮南地，先遣信使，而宋乃袭我归师……"可知金世宗在海陵被弑之前，他的地位是非常不稳的，迫切需要得到宋国的承认，然后处理内部之事，因此先遣使节，以示和好之意。

嘉定议和，改叔侄之国为伯侄之国。《金史》卷九八《完颜匡传》载："（王）柟以宋主、侂胄情实为请，依靖康二年正月请和故事，世为伯侄国，增岁币为三十万两、匹，犒军钱三百万贯，苏师旦等俟和议定当函首以献。"其后，战争赔款改为三百万两，其它如故。《金史》所载"靖康二年"实为"靖康元年"之误。靖康元年正月，宋钦宗遣沈晦、王仲通持誓书至金国，割太原、中山、河间三镇，增岁币，两国以伯侄相通，此为"靖康请和"。据《大金吊伐录》所载《宋少主新立誓书》云："靖康元年正月十五日，侄大宋皇帝桓谨致书于伯大金皇帝阙下……"④可知其称谓。嘉定议和后之宋国书如何称谓，史书不详。然考察"靖康故事"，其称谓或为"侄大宋皇帝某谨致书于伯大金皇帝阙下"，与隆兴议和国书称谓相比，不书"再拜"，而称"大"字，从称谓上来看是提高了国家地位。

皇帝之间冠以亲属称谓，并不始于宋金。宋辽君主之间已确立了亲属关系的称谓。澶渊之盟，辽圣宗以兄礼事宋帝真宗，并不是辽自认地位不如

---

① 《金史》卷八七《仆散忠义传》，第 1939 页。
② 参见《金史》卷六《世宗纪上》，第 123 页。
③ 参见《金史·交聘表中》，第 1417 页。
④ 佚名：《大金吊伐录》，金少英校补本，中华书局 2001 年，第 146 页。

宋,而是真宗年齿略长于辽圣宗。因此宋辽帝王之间的称谓,是以帝王年齿、辈分为标准,而非以国家地位为标准。例如辽兴宗于宋仁宗为弟,故致仁宗书冠辞为"弟大契丹皇帝谨致书于兄大宋皇帝阙下"。宋仁宗于辽道宗为伯父,故致道宗书冠辞为"伯大宋皇帝致书于姪大契丹圣文神武睿孝皇帝阙下"。宋英宗于辽道宗为兄,故致道宗书冠辞为"兄大宋皇帝致书于弟大契丹圣文神武睿孝皇帝阙下"。宋神宗于辽道宗为姪,故致道宗书冠辞为"姪大宋皇帝谨致书于叔大辽圣文神武全功大略聪仁睿孝天祐皇帝阙下"。宋哲宗于辽道宗为姪孙,故致道宗书冠辞为"姪孙大宋皇帝谨致书于叔祖"①。由此可知,宋帝有称兄、称伯、称姪、称姪孙之时,而辽帝亦有称弟、称姪、称叔、称叔祖之时。故宋辽帝王之间的称谓与国体无关,双方并不因为称伯或称姪而有损国体,因此两国之间的关系是平等的。而宋金则不同。隆兴议和、嘉定议和规定"世为叔姪"及"世为伯姪"。世为"叔姪"或"伯姪",这种亲属关系不以帝王辈分为标准,而以国家地位为标准,即不论即位方式如何变化,宋帝永为姪,金帝永为叔或伯。举例来说,宋孝宗于金世宗为姪,如照辈分讲,宋高宗于金世宗应为兄弟行,但宋高宗死后,金世宗致祭文则云:"叔大金皇帝致祭于姪宋太上皇帝。"②金世宗死后,其孙章宗继大统,若非孝宗禅位,恐怕亦要称年少自己近四十岁的章宗为叔。可知宋金之间亲属称谓以国为标准,显示出不平等的一面,与宋辽亲属称谓全然不同。

(二) 国书体例

国书有致书、回书之别。致书,即己方遣使所致邻邦之书。回书,即对方来使携回呈其君主之书也。使节名目不一,国书措辞自异,唯格式大致相同:首段为互相称谓,中段叙事,末段为使副名衔。

今以致书、回书各举一例以明之。

致书:《淳熙五年正月遣使贺生辰国书》

某月日,大宋皇帝谨奉书于大金尊号皇帝阙下:月纪季春,属光风之转

---

① 以上论述参考聂崇岐《宋辽交聘考》,第293—296页。
② 周必大:《文忠集》卷一七二《思陵录上》。

（按此处疑有缺字）；蕙日临初，吉应飞电之绕。枢祇使旜，具陈庆币，永冀万年之算，常通两国之欢。颂咏惟勤，指陈莫喻。今差朝散大夫试礼部尚书信安郡开国侯食邑一千户食实封一百户赐紫金鱼袋赵思、某州观察使知阁门事兼客省四方馆事某县开国伯食邑七百户郑槐充贺生辰国信使副。有少礼物，具诸别幅。谨专奉书，不宣。

回书：《淳熙四年正月答贺正旦》

正月日，大宋皇帝谨奉书于大金应天兴祚钦文广武仁德圣孝皇帝阙下：新元肇纪，庆万物之发生。旧好益坚，嘉群黎之康阜。远劳信使，宠贶华缄，既备及于春祺，复旅陈于礼币。钦纫勤渠之意，良深感怿之情。今正旦使副回，谨专奉书陈谢，不宣。

以上两通国书均载于周必大《文忠集》卷一一六。从称谓上来看，恐非定本。乾道、淳熙之时国书称谓应是"侄宋皇帝睿，谨再拜致书于叔大金圣明仁孝皇帝阙下"。此皆文人为国讳。

二、金使入见之礼仪

金使朝见、朝辞、宴享、上寿、告哀、吊祭自有常仪。在外交中，礼仪是一项重要内容。北宋时，苏颂编过《华戎鲁卫录》一书。此书今佚，仅存《华戎鲁卫信录总序》一篇①。从序中，大致知此书为一部宋辽交聘往来的文件汇编，包括宋辽之往来国书、岁币、礼物、接伴驿程、南北国信使名衔年表等一系列相关文件，共二百卷。苏颂编汇此书的目的亦是让出使及相关人员了解如何与辽交往。南宋对宋金交聘礼仪非常重视，亦编过类似的书。据《宋会要辑稿》职官五一之四十载，宁宗庆元元年，宰相赵汝愚乞编辑隆兴以后聘使仪礼，其疏曰："窃惟行人之官，责任甚重，欲求称职，必在择人，人固须才，事当有据……今两国通好，姑务息民，凡所遣之使人皆是临时选择，事非素习，初匪世官，礼或有疑，责成吏手，安危所系，事体非轻，乞特命儒士，自隆兴以后聘使往来之礼，吉凶庆吊之仪，编类成篇，以为准式，使已用之文，

---

① 参见苏颂《苏魏公文集》卷六六《华戎鲁卫信录总序》，文渊阁《四库全书》本。

粲然可观,后来之事,酌之而行,可以息争端,可以定疑虑。今后遇遣国信使副及接送馆伴,各授一编,使之检用,诚非小补。"其后,诏令枢密院承旨、编修司共同编类。由此材料可知,南宋亦编有宋金交聘文件汇编之书,供与金交涉人员参考备用,以明礼仪。惜此类之书,宋代书目未见,故不能知其大概。幸《建炎以来系年要录》及《宋会要辑稿》中对宋金交聘礼仪偶有涉及,参照《金史》相关材料,亦能对宋人待金使之礼仪得知大概。

(一) 受书之仪

受书仪,即宋廷接受金使递交国书之礼仪。国书之递交在外交关系中十分重要,因此,其递交方式亦最能看出宋金双方地位之高低。

南宋与金国之关系以隆兴议和为分界。隆兴议和之前,为君臣关系。南宋向金称臣,持续近二十年(1142—1160),其受书之仪,多讳而不书。绍兴八年(1138)宋金第一次和谈,金遣张通古为诏谕江南使。《金史·张通古传》载:"(张通古)为诏谕江南使,宋主欲南面,使通古北面。通古曰:'大国之卿当小国之君。天子以河南、陕西赐之宋,宋约奉表称臣,使者不可以北面。若欲贬损使者,使者不敢传诏。'遂索马欲北归。宋主遽命设东西位,使者东面,宋主西面,受诏拜起皆如仪。"①从《金史》记载的材料来看:第一,金国国书称诏,南宋国书称表。第二,高宗"受诏拜起皆如仪"。又据《中兴小纪》卷二五引《勾龙如渊退朝录》云:"时金国遣二使携书来。书中盖以河南之地尽归于我者。唯是使人入界索礼过当,号其书曰诏书,指吾国曰江南,见吾伴使必欲居堂中而坐,使人于一隅,所历州县必欲使官吏具礼迎其书,如吾中国迎天子诏书之礼,且言敌书到行在,必欲上再拜亲受之。"结合以上两条材料来看,"受诏拜起"的确为绍兴议和之后宋金交聘之礼仪。虽然高宗宣称"若使百姓免于兵革之苦,得安其生,朕亦何爱一己之屈"②,但是让他跪拜接金诏书,恐怕亦非史实。细查《建炎以来系年要录》,果然另有原委。原来,秦桧以"高宗谅阴三年不言"之典,赴都亭驿,代高宗行礼。接

① 《金史》卷八三《张通古传》,第 2307 页。
② 《建炎以来系年要录》卷一二三"绍兴八年十一月戊申"条,第 2307 页。

诏书,宋高宗并未出面①。张通古要求"玉辂迎诏书,百官导从",秦桧即命三省吏"服绯"、"服紫",扮百官,赴驿迎接金使②。这些在今人看来,无疑是一场自欺欺人的闹剧,但宋人自认为保存了帝王体面,为此甚为得意,"敌使始知朝廷有人"③。综合宋金双方的材料来看,知金方记载为夸耀之辞,未可全信。但宋人奉表称臣则为事实,只不过宋人利用了外交技巧,保留了一点点体面而已。

绍兴十二年,宋金和谈,是否对受书礼有所议定,史籍记载不详。唯《系年要录》载:绍兴十四年金首次遣贺正旦使入朝,"故事,北使跪进书于殿下。自通好后,金使每入见,捧书升殿,跪进。上起立受书,以授内侍,金使道其主语问上起居,上复问其主,毕乃坐"。可知自此受书礼仪已定。又史料中称"故事,北使跪进书于殿下"。故事,当指宋辽交聘之礼仪。据《宋史》卷一一九《礼志二十二》所载契丹国使人入聘见辞仪:"舍人引契丹使副自外捧书匣入,当殿前立……舍人揖使跪进书匣,阁门侧身搢笏、跪接,舍人受之。契丹使立,阁门执笏捧书匣升殿,当御前呈讫,授内侍都知,都知拆书以授宰臣……至国信大使传国主问圣体,通事传译……皇帝宣阁门回问国主,北使跪奏。"因宋辽为平等之国,其礼仪亦为平等对待。宋人如何接辽国书,辽亦如何接宋国书。宋辽之间并无礼仪之差异。但宋金则不同。南宋皇帝亲起立接书,并亲问金帝圣躬。这对南宋来说是一件有损体面的事情。但高宗对此甚为满意,起立接书比跪接诏书毕竟体面许多,因此对秦桧说:"今汝使人来,大体皆正,其它小节,不足较。"④按照北宋待辽使的礼节,辽使朝

---

① 《建炎以来系年要录》卷一二四"绍兴八年十二月庚辰"条载:"或曰:时欲行此礼,(秦)桧未有以处,因问给事中直学士院楼炤。炤举《书》'高宗谅阴三年不言'之句以对,桧悟。于是上不出,而桧摄冢宰,受书。""高宗谅阴三年不言",《尚书》中之句。据宋人钱时《融堂四书管见》卷七云:"高宗,商王武丁也,谅,信也,阴,默也,谓居丧信默而不言也。"楼炤之意让宋高宗以居丧为借口,由宰相代接诏书。

② 参见《三朝北盟会编》卷一八九《炎兴下帙八十九》:"秦桧主其事,坐于待漏院中,置辂于殿门之外,命三省吏服绯绿、腰金,枢密院吏服紫、腰金,尽赴馆,候使人出则导从。使人以为百官也。"

③ 参见《建炎以来系年要录》卷一二四"绍兴八年十二月庚辰"条,第2348页。

④ 《建炎以来系年要录》卷一五〇"绍兴十三年十二月己酉"条,第2841页。

见，百官都应到场。但南宋情况迥然不同。据《宋会要辑稿》职官三六之四四载："(绍兴十二年)八月十八日诏，引人使朝见并朝辞，并不作常朝。"这样做的目的非常明显：南宋对金称臣，其外交礼仪不能以敌国之礼相见，有失国体，所以要遮遮掩掩，故不需要众人皆知。

孝宗即位，于隆兴二年(1164)与金讲和，更"君臣之国"为"叔侄之国"，南宋皇帝在金人面前始称皇帝①。然受书之仪并未更定，仍依绍兴旧仪。据史籍所载，宋孝宗是在高宗的逼迫之下，才起立受国书。《宋史》卷四七〇《王抃传》载："嗣岁，金使至，帝以德寿宫之命，为离席受国书，寻悔之。"又《桯史》卷四亦载："金主渝平，孝皇以奉亲之故，与雍(金世宗)继定和好，虽易称叔侄，为与国，而此仪尚因循未改，上常悔之。"②因此孝宗对此屈辱的外交礼仪并不甘心，先后遣范成大、姚宪、汤邦彦使金，与金交涉，结果一无所获③。孝宗朝接受金国书之仪，并非每次都起立接书，亦采取过较强硬的外交手段。乾道九年，金遣完颜璋贺正旦。宋要求由太子接书，遭璋拒绝，即遣人就馆夺书，并用重金贿赂璋④。但是，迫于金国的军事压力，南宋外交技巧的使用，并不能改变南宋的地位。尽管南宋在受书礼上费尽心思，并没有一点起色，这种不平等的受书仪式一直持续至宋金断绝往来。

(二) 接送伴、馆伴礼仪

南宋接送伴、馆伴金使的礼仪是在绍兴议和后确立的，与受书礼仪相似，我们还不能确切知道礼仪的议定过程，但有一点是可以确定的，即宋金双方的礼仪并不平等。绍兴十三年十二月，金首次遣使贺正旦，"初诏户部尚书张澄馆伴北使。是礼久不讲，澄知旧制……惟敌使朝谒称谓乃与伴使

---

① 宇文懋昭：《大金国志》卷一六载，直至乾道元年四月，完颜仲使宋，"始谓江南为宋皇帝"，崔文印校证本，中华书局 1986 年。

② 岳柯：《桯史》卷四，黄益元点校，载《宋元笔记小说大观》第四册，上海古籍出版社 2001 年。

③ 有关南宋为改变受书仪所做的努力，参见赵永春《宋金关于受书礼的斗争》，载《金宋关系史研究》，吉林教育出版社 1996 年，第 208—221 页。另外，南宋在金使回程及本国遣使时，亦以"口陈"的方式，请求金改受书礼。此见《文忠集》卷六一《资政殿大学士赠银青光禄大夫范公成大神道碑》载："公随奏曰，两朝既为叔侄，而受书之礼未称，昨尝附完颜仲、李若川等口陈，久未得报……"

④ 参见《金史》卷六五《完颜璋传》，第 1552 页。

往来,视京都旧仪则有不同焉"①。京都旧仪是指北宋与辽、金交聘礼仪。由于史料缺乏,不能确切知道旧仪中接送伴、馆伴之礼,但有一点可以肯定,礼仪是平等的,并不存在高下之分。据李心传所见《日历》,绍兴和议后,接送伴金使的礼仪是:第一,于淮河中流处迎接金使。第二,接伴使副先一日发远迎状,金使不答。第三,只传宋帝名,而金帝传庙讳、御名。第四,接伴使问大金皇帝圣躬万福,金使只问宋帝清躬万福。第五,相见之初,对立已定,接伴出班,就金使立位叙致。第六,金上中节公参时,接伴公服出笏,迎于幕外,与之揖。第七,在称呼上,接伴使称金国为上国,称本国为下国。第八,金使称南宋为"宋国"。第九,接伴使称本国皇帝为"主上"。第十,北引接(即金使节中的礼仪官)初传衔时,赂以金十两、银二十两。第十一,赐御筵,中使(即内侍,南宋皇帝的特使)读口宣,低称有旨。第十二,中使与金使相揖,北引接请中使稍前。第十三,御筵劝酒,传语称"帝恩隆厚"。第十四,送私觌,接伴用衔位、姓名、申状,人使回状,押字不书名②。从以上的材料中可看到金人处处占上风,南宋陪臣地位昭然可视。

接送伴金使的礼仪,又于绍兴三十二年更定。金世宗乘海陵王南侵,发动兵变,其即位并不合法,因此迫切需要得到南宋的认可。而南宋亦认为这是一个可以与金讨价还价的时机③。于是,乘此时机,"先正名分,名分正,

① 《建炎以来系年要录》卷一五〇"绍兴十三年十二月己酉"条,第2841页。
② 《建炎以来系年要录》卷一九八"绍兴三十二年三月壬寅"条小注云:"《日历》:洪迈等奏接伴更变旧例事件,今开具如后:一、旧于淮河中流取接;今于虹县北虞姬墓首。一、旧接伴使副先一日发远近(迎)状,人使不答;今来不与。一、旧只传帝名而北方传庙讳、御名;今彼此不传。一、旧接伴使问大金皇帝圣躬万福,北使只问宋帝清躬万福;今彼此不问。一、旧相见之初,对立已定,接伴出班,就北使立位叙致;今彼此稍前。一、旧上中节公参时,接伴公服出笏,迎于幕外,与之揖;今只著紫衫,而彼冠服如仪。上节先作一番参,接伴稍起不还揖。中节来,则坐受其礼。一、旧北引接初传衔时,赂以金十两、银二十两;今不与。一、旧与北使语,称上国、下国;今称贵朝、本朝。一、旧北使口称本朝为宋国;今改为圣朝。一、旧对使人称皇帝为主上;今称本朝皇帝。一、旧赐御筵,中使读口宣,低称有旨;今抗声言有敕。一、旧中使与北使相揖,北引接请中使稍前;今只依平揖。一、旧御筵劝酒传语称'帝恩隆厚';今称'圣恩隆厚'。一、旧送私觌,接伴用衔位、姓名、申状,人使回状,押字,不书名;今彼此用目子。"第3896页。
③ 《建炎以来系年要录》卷一九八"绍兴三十二年闰二月癸巳"条:"今其立者,素非人望,以屠庸之故,得自全于正隆之朝。完颜一宗,诛屠略尽,见在近属,惟有葛王,僭盗之谋,起于群下,非有受命之符。"第3891页。

则国威张,而岁币亦可损矣"①。绍兴三十二年三月,金遣报登位使高忠建至临安,洪迈、张伦为接伴使、副。洪迈提出更定接伴礼仪,得到朝廷支持,即在绍兴三十二年三月壬寅"更定金使入境接伴、馆伴旧仪"②。更定后的礼仪是:第一,于虹县北虞姬墓处接引金使,并不远迎。第二,不发远迎状。第三,彼此不传帝名、庙讳、御名。第四,彼此不问"圣躬"。第五,接伴使与北使礼节平等。第六,接伴使受金三节人从参拜,上节参拜,接伴使起立,不还揖。中节参拜,则坐受其礼。第七,原称"上国"、"下国",今称"贵朝"、"本朝"。第八,金使称宋国为圣朝。第九,改称"主上"为"本朝皇帝"。第十,取消贿赂北引接之银两。第十一,赐御宴,中使抗声言有敕。第十二,中使与金使平等对揖。第十三,御宴劝酒传语称"圣恩隆厚"。第十四,送金使私觌,彼此用事目。从更定后的礼仪来看,南宋力图从臣属的关系中摆脱出来,与金真正形成"对等之敌国"关系。

　　那么,更定后的接伴礼仪,只是一纸空文,还是确有实行? 据《宋会要辑稿》职官三六之五五载:"乾道元年正月二十四日,洪迈、张伦言:'接伴金国人使已到扬州,于泗州虹县北境虞姬墓界首取接,不发远迎状,两朝庙讳、御名彼此不传,两朝皇帝圣躬万福彼此免问,相见叙志彼此稍前。三节文(人)公参,尽冠服。接伴只著紫衫。上节先参,稍起,不还揖。中下节则坐受其礼。旧礼只曾与赐御筵,中使口宣人有敕。中使、北使相揖,各只依位。御筵劝酒、传语,称:圣恩隆厚。送私觌,彼此用日(目)子。上(接)伴事理元系逐一往复议定,欲降付三省枢密院札下主管往来国信所照会。如已差馆伴及日后接伴并赐御筵中使等并令通知,庶免异同。'诏令李若川、张说照应,参酌施行。"需要说明的是:其一,以上《会要》所记变更接伴礼仪与《系年要录》所引《日历》大致相同,均为洪迈所草。其二,由"上(接)伴事理元系逐一往复议定,欲降付三省枢密院札下主管往来国信所照会"可知,以上

---

　　①　《建炎以来系年要录》卷一九八"绍兴三十二年三月丁未"条,权兵部侍郎陈俊卿所言,第3898页。
　　②　参见《宋史》卷三二。

所更定的接伴礼仪已经反复讨论,并由三省枢密院下剳到国信所,以后接伴金使照此实行。其三,李若川、张说为乾道元年金国报问使的接伴使副①,可知,更改后的礼仪自乾道元年开始实施。此外,乾道五年楼钥随汪大猷使金,与金国接伴使的礼仪是"三节人互参使副,使副互展起居状"②,此亦可证明,更定后的接伴礼仪是实行的。

馆伴金使礼仪同接伴礼仪相仿,亦是绍兴议和后确定,在绍兴三十二年三月,由当年馆伴使徐嚞上奏更改。其更改内容详见表二。

表二:馆伴礼仪变更表③

绍兴议和之馆伴礼仪	徐嚞上奏更改之礼仪
馆伴传衔以纸四张单阶,先通于北使副,北使副以纸一张双衔回答。	今改彼此只用一张双衔。
馆伴先于亭子内等候北使副上轿,先立轿于班荆馆门外,待候北使副上轿,同入。	今改只各就船同上轿,摆定入馆门,归幕次中。
掌仪以下先于北使副船外岸上立定,趋参其北使,上中节止就幕次内参馆伴。	今改本所掌仪以下与北上中节各不公参。
在驿每遇过位,馆伴使副于位次便门立定,相迎,同至厅。	改更,不相迎。
遇使人内,使副于宫门内,隔门里,上下马。	今改宫门内,隔门外,上下马。
使人在驿,遇天使赐到物,以两次赐物并作一番,受赐,拜表,谢恩。	今更改逐次拜表,谢恩。
使人观涛(潮),天竺之游。	今更不往。
临安知府书送酒食并书仪,与北使副并用状子,系衔书名。北使副回状,系衔押字。	今改不用状。
夜筵解换馆伴,请都管以下就筵劝酒,馆伴起身与都管以下相揖,其北使副不起身。	今改北使副皆起身。
馆伴自执注子,斟劝都管以下。	今改作只令通事斟劝。

---

① 参见《宋会要辑稿》职官五一之二二,第3547页。
② 参见楼钥《攻媿集》卷一一〇《北行日录》上。
③ 参照《建炎以来系年要录》卷一九八"绍兴三十二年三月"条小注所引《日历》,又见《宋会要辑稿》职官三六之五六。

　　另据《宋会要辑稿》职官三六之五六载："（乾道元年三月）二十四日,国信所言,检准绍兴三十二年三月二十五日尚书省劄子:馆伴使徐嚞、副使孟思恭奏:今来馆伴金国报金（按金疑为登字）宝位使人高忠建等。自接见至出驿有更改到事一十三件……伏望降下有司,令今后馆伴参照施行。诏并依,内观潮、天竺烧香依旦正（按正旦）体例施行。"可知,除观潮、天竺寺烧香依旧施行外,其余改更礼仪都令"今后馆伴参照施行"。对照更改前后的馆伴礼仪即可发现,绍兴议和所定的礼仪中,宋金同级别的人在礼仪中是不对等的,宋人总要低金人一等,这正是两国地位的差别在礼仪中的鲜明反映。而更改后的礼仪,大致对等。

　　通过以上对宋金外交礼仪的论述,我们知道,礼仪并不是"虚文",它涉及的不仅仅是帝王的颜面。正如前文所引权兵部侍郎陈俊卿所言:"先正名分,名分正,则国威张。"①而"正名分"需要军事为后盾。南宋能在隆兴议和中取得"正国体"、"减岁币"等重大外交进展,部分地更定交聘礼仪,正是宋金双方力量对比已发生变化的结果。

---

　　① 《建炎以来系年要录》卷一九八"绍兴三十二年三月丁未"条,第3898页。

第三章 南宋国信使群体研究

对南宋国信使副的任用情况进行考察,可以了解不同时期宋金交聘之特点。一般来说,担任国信正使、副使之人应具有相当资历,但是建炎年间及绍兴初年使副多由布衣小臣担任,这有悖于国信使副由有出身、有才望之人担当的常规。此现象与当时的宋金关系的大背景密不可分。此外,高宗一朝所遣使节与秦桧多有关联,或为僚属,或为同乡,或为同党,或为亲戚。秦桧利用他们控制了外交,稳固了自己在朝廷中的地位。恰当地制定对金政策需要掌握金国情况,如果宰执有出使金国的经历,则对处理金国事务会有很大帮助。本章通过梳理,发现南宋宰执有出使经历的亦占了相当比例。从绍兴元年(1131)至嘉熙元年(1237)近百年间先后有150多人进入宰执班子,而曾任国信使副的就有55人。虽然出使金国并不一定是担任宰执的必要条件,但有出使经历的宰执在处理对金事务上会得心应手,此为常理。

第一节 布 衣 出 使

一般而言,国信使副由出身好、有才望的优秀人才担任。北宋庆历七年(1047)时曾下诏:"自今使契丹勿得用二府臣僚亲戚……其文臣,择有出身才望学问人；武臣须达时务更职任者充。"①南宋亦如此，对担任正使的官员要求尤为严格，至少应是四、五品官。但考察建炎年间及绍兴初年的国信使副，多由所谓"小臣"或"布衣"充任。因此李心传云："自宇文虚中（建炎二年五月出使）之后，率募小臣或布衣，借官以行。"②以"布衣"、"小臣"为国信使副，此种现象为南宋所特有，而北宋所未见。

一、布衣出使举例

建炎及绍兴初年以布衣出使者甚众，现举数例。

傅雱，建炎元年六月出使。据《建炎以来系年要录》卷五载，傅雱因"赃罪不得改官，故求出使"。傅雱在出使前只是从事郎（从八品），其官阶属"选人"。选人的升迁有两种情况：一种是在七阶之内官阶的升迁，称为"循资"；另一种是升为京朝官，即所谓"改官"。从仕途前程来说，选人只有改为京朝官以后，才能以较快的速度升迁，使自己的仕途变得通畅起来③。傅雱因赃罪，断了"改官"之路，故冒险出使，以求升迁④。

刘海，原名刘廷，原本是流落江湖的读书人。史载："初，开封人刘廷者，尝从张怀素倡左道于真州。怀素败，廷即国门外亡去。至是更名海，上书自荐，愿应募使金国，召对，以为宣教郎。"⑤又王明清亦云："（海）颇知书，少年不捡，无家可归。"⑥建炎二年借户部尚书任军前通问使。

王伦，王旦弟之孙，史载"家贫无行，好椎牛沽酒，往来京洛间，以侠自任"⑦。在靖康间，因偶然机遇，护卫宋钦宗而有功⑧。出使前为修职郎（从

---

①　李焘：《续资治通鉴长编》卷一六一"庆历七年八月甲寅"条，中华书局 1985 年，第 3884 页。
②　《建炎以来系年要录》卷五七"绍兴二年八月癸卯"条，第 1156 页。
③　参看何忠礼、徐吉军等《南宋史稿》，第 509—514 页。
④　傅雱因出使，由从事郎特迁宣义郎，升七资，参见《建炎以来系年要录》卷五"建炎元年五月丁卯"条，第 127 页。
⑤　《建炎以来系年要录》卷一三"建炎二年二月丁丑"条，第 335 页。
⑥　王明清：《挥麈第三录》卷三。
⑦　《建炎以来系年要录》卷五"建炎元年五月戊戌"条，第 143 页。
⑧　《建炎以来系年要录》卷五记载详细："渊圣御宣德门，都人喧呼不止。伦乘势径造御前曰：'臣能弹压之。'帝即解所佩夏国宝剑赐伦。伦曰：'臣未有官，岂能弹压'遂自荐其才。帝亟取片纸书曰：'王伦可除尚书兵部侍郎。'伦下楼挟恶少数人，传旨抚定，都人乃息。"第 143 页。

八品）。建炎元年（1127）十一月借刑部侍郎任大金通问使。

朱弁，出使前是进士，无官，建炎元年以修武郎副王伦出使①。

魏行可，出使前为太学生，建炎二年十一月假朝奉大夫、尚书礼部侍郎充大金军前通问使②。

刘俊民，出使前为忠训郎（武阶，正九品），建炎三年二月以秉义郎、阁门祗侯出使③。

宋汝为，出使前是进士，无官，建炎三年八月授修武郎，假武功大夫开州刺史副杜时亮出使④。

崔纵，出使前为朝奉郎（正七品），建炎三年七月假工部尚书充奉使大金军前使⑤。

孙悟，出使前以通直郎致仕（正八品），建炎三年十一月落致仕为通直郎，假尚书兵部员外郎，充大金军前致书使⑥。

潘致尧，出使前为左迪功郎（从九品），绍兴二年（1132）九月迁左承议郎，假吏部侍郎，为大金奉表使兼军前通问⑦。

以上诸人出使前或为平民或为小官，朝廷令他们借官出使金国。

二、布衣出使原因探讨

从以上论述可知，建炎至绍兴初年，南宋所遣使臣多为布衣或小臣。这种奇怪的现象与当时的宋金关系的大背景密不可分。

（一）高官惮行

高宗即位后，一面抵御金军入侵，一面不断向金遣使，请求归还二帝，以

---

① 《建炎以来系年要录》卷五"建炎元年五月戊戌"条，第143页。
② 《建炎以来系年要录》卷一八"建炎二年十一月乙未"条载："初太学生建安魏行可应诏使绝域，补右奉议郎，假朝奉大夫、尚书礼部侍郎，充大金军前通问使。"第428页。
③ 《建炎以来系年要录》卷二〇"建炎二年二月戊午"条，第462页。
④ 《建炎以来系年要录》卷二六"建炎三年八月丁卯"条，第608页。
⑤ 《建炎以来系年要录》卷二五"建炎三年七月丁酉"条，第595页。
⑥ 《建炎以来系年要录》卷二九"建炎三年十一月戊午"条，第671页。
⑦ 《建炎以来系年要录》卷五八"绍兴二年九月壬戌"条，第1166页。

此摆明希望讲和的态度①。但是金国一心想灭宋，对高宗穷追不舍，南宋派遣至金国求和的国信使大部分被羁留。再加上宋金交战，路途艰险，位重资深的高官多惮行，即使因此罢官亦在所不惜。例如建炎元年六月，下诏令"徽猷阁直学士、提举江州太平观徐秉哲，假资政殿学士、领开封尹充大金通问使"②。但徐秉哲拒绝出使，因而"责受昭兴军节度使，梅州安置"③。因拒绝出使而被贬黜的还有尚书左丞卢益、尚书户部侍郎邵溥④。还有一些大臣寻找借口，躲避出使。绍兴三年十二月，派参知政事席益使金，席益以母老为借口推辞⑤。在这种情况下，南宋遣大臣使金就变得很困难。于是采取优厚待遇，募人出使。建炎元年十一月，诏："以二圣母后未归，有忠信宏博可使绝域及智谋勇毅能将万众者，诣检鼓院自陈。"⑥正是在这样的背景下，出现"布衣"或"小臣"假以高官出使的现象。

（二）重赏之下必有勇夫

使金途中种种险恶，高官避之唯恐不及，因此朝廷多次重赏，提高出使待遇，一些小臣、布衣也因此改变命运。前文所述之傅雱，出使前是从事郎，应募出使，特迁宣义郎，官升七级。王伦出使前仅是修职郎，出使时特迁朝奉郎，升十四级，由选人直入朝官。除本人迁官外，家族子孙都可蒙荫。除此之外尚有其它"恩数"，例如赐装钱、私觌费等。虽然出使金国前途未卜，但对于那些"行至水穷处"之人，不失为一个冒险的机会。

---

① ［日］外山军治：《金朝史研究》，李东源译，黑龙江朝鲜民族出版社 1988 年，第 229—230 页。又张峻荣亦认为："至于在宋金交战之际，赵构仍不时遣使敌方，名为遣问，实求议和，以达划地自保。"见张峻荣《南宋高宗偏安江左原因之探讨》，台北文史哲出版社 1986 年，第 3 页。

② 《建炎以来系年要录》卷六"建炎元年六月己未"条，第 162 页。

③ 《建炎以来系年要录》卷六载："（建炎元年六月）资政殿学士领开封府尹徐秉哲责受昭兴军节度使，梅州安置，坐使金辞行也。"第 166 页。

④ 《建炎以来系年要录》卷五："傅雱使金军祈请二帝，未行。朝论欲更遣重臣，以取信，会尚书户部侍郎邵溥乞赴行在，潜善等因白用溥，溥辞，乃黜溥知单州，而更命望。"又同书卷二一载："壬寅，尚书左丞卢益罢为资政殿学士，提举西京嵩山崇福宫。初议遣益出使，朱胜非谕使，力辞，遂有是命。"

⑤ 《建炎以来系年要录》卷七一"绍兴三年十二月己酉"条载："时议遣大臣使金，而参知政事席益以母老辞。"第 1380 页。

⑥ 《建炎以来系年要录》卷一○"建炎元年十一月庚寅"条，第 272—273 页。

(三) 仕途坎坷铤而走险

建炎至绍兴初这一段时期亦有部分高官出使,以他们当时的境遇来看,是不得已而为之。例如宇文虚中,靖康时官至签书枢密院事。建炎元年五月遭大臣弹劾,责授安远军节度副使韶州安置①。建炎二年高宗招募使金大臣,故应诏,官复资政殿大学士、提举万寿观,充大金通问使出使绝域。李邺,靖康时官至转运判官。建炎元年五月,因靖康间使金割地,遭大臣弹劾,责授果州团使,贺州安置②。建炎三年正月应诏,复原官出使。又如洪皓,建炎三年五月出使,出使前为朝散郎。而此次出使,据日本学者外山军治研究亦认为洪皓使金亦有苦衷③。洪皓自金返回后,遭宰相秦桧嫉恨,秦桧党羽李文会弹劾:"皓顷事朱勔之婿,汇缘改官,以该讨论,乃求奉使。"④据李会文之意,洪皓为升官而结交国贼朱勔的女婿,此事被揭露后,不得已,才请求出使,以免受处罚。

三、小结

古人云,乱世出英雄。高官惮行,就给出身卑微的小人物一个展露才华的机会。前文所提到的刘海,原本是一个亡命江湖的读书人,应募出使,归来后即添差两浙转运副使,建炎三年七月,除直显谟阁知楚州⑤。王伦,原本是一个浪迹江湖之人。自建炎十一月出使,数次往返于宋金之间,成为那一时期引人注目的外交家,官至签书枢密院事。但这一时期出使金国的确是比较危险的事情,只有少数幸运者可以平安回来,多数使人为金所拘,处境艰难。被羁留金国的使人命运亦不相同。有客死异乡之人,如前文所提魏行可、崔纵等人,"皆执于北荒,殁于王事"⑥。有被迫仕金之人,例如宇文

---

① 《建炎以来系年要录》卷五"建炎元年五月庚子"条,第145页。

② 《建炎以来系年要录》卷五"建炎元年五月庚子"条载:"庚子诏:以靖康大臣主和误国……李邺贺州并安置,邦彦敏靖康初共政,棁、虚中、望之、邺皆使金请割地者,故责之。"第145页。

③ 参见外山军治《金朝史研究》,李东源译,黑龙江朝鲜民族出版社,1965年,第442—443页。

④ 《建炎以来系年要录》卷一五〇"绍兴十三年九月甲子"条,第2829页。

⑤ 《建炎以来系年要录》卷二五"建炎三年七月丁酉"条,第595页。

⑥ 据《建炎以来系年要录》卷一四九"绍兴十三年八月庚戌"条载,从金国放回的使人张邵所言,崔纵中风三年而死,魏行可之死亦其所亲见。

虚中,建炎二年(1128)奉使金国,被留不遣,后仕金为翰林学士承旨。金熙宗皇统六年(1146),虚中下狱被杀①。有拒绝仕金而被流放之人。洪皓拒绝了金人的劝诱之后,金人将其流放至冷山(今黑龙江五常市),该地距金上京二百余里,自然条件恶劣。洪皓从建炎三年(1129)出使,到绍兴十四年(1144)宋金和议达成,遇赦南归,在异乡整整度过了十五年。与洪皓同年出使的张邵也遭遇流放的厄运。从建炎三年出使,到绍兴十三年(1142)获释遣返,张邵被拘在金达十三年之久。

综上所述,建炎、绍兴初年所遣使节,大部分为小臣或布衣。也有一些职位较高的官员,因政治前途无望,为改变自己的处境而出使。

第二节　南宋初使金使与秦桧之关系

秦桧作为一代权奸,其恶行在历史上早有定论,不再赘叙。他力主和议,首献和议之策,得到宋高宗的赏识,二度任相,权势熏天。在任相期间,控制台谏,打击政敌;连姻贵戚,交结内臣,以刺探宫中动息②,此为其控制内政之权术。在外交方面,他又是如何控制宋金外交呢？关于这一点,学者多不言及。本节从考察使节与秦桧关系入手,讨论绍兴年间宋金外交特点。

宋金之间经常有使节往来。因担负的任务不同,使节的名称也不同。战时有祈请使、通问使;和时有报谢、生辰、正旦等使节。祈请使、通问使,其任务就是借问候被掳到金国的徽、钦二帝之名,行求和之实;报谢使,其任务是向金朝表达致谢之意;生辰使,其任务是祝贺金朝皇帝的生日;正旦使,其任务是祝贺新年。这些使节担负着沟通和传达朝廷旨意的任务,作用甚大,故朝廷在使节之遣派方面,必然谨慎。经笔者考察,自秦桧第二次任相(绍

---

　　①　有关宇文虚中之死参见刘浦江《金代的一桩文字狱:宇文虚中案发覆》,载刘浦江《辽金史论》,辽宁大学出版社 1999 年,第 23—34 页。

　　②　秦桧将一孙女嫁给吴后(高宗之后)的弟弟,又同高宗身边的御医王继先、宦官张去为关系密切,互为声援。参见韩酉山《秦桧传》,上海古籍出版社 1999 年,第 149—203 页。

兴八年,1138),南宋所遣使节多与秦桧有关联,或为亲戚师友,或为僚属,或为同乡,或为同党。秦桧正是利用这些人控制了对金外交,维持和议局面,巩固相位。

一、亲戚、师友

在使金使中,王曮与秦桧的关系最为密切。王曮于绍兴二十年(1150)以贺金国生辰使之名出使金国①。曮,《宋史》无传。据《南宋馆阁录》卷八:"字日严,广陵人,博学宏词科进士出身。"②此人与秦桧有何种关系? 据《建炎以来系年要录》卷一五三载:"曮,晚从弟。"秦桧之妻王氏的祖父王珪,是北宋有名的宰相。王珪有二子王仲山与王仲嶷。王仲山即秦桧的岳父。而王晚是王仲山之子。史籍说王曮是王晚的从弟,可知王曮是王仲嶷之子,亦是秦桧妻王氏的从兄或从弟③。曮为秦桧亲戚,史籍中亦屡次提到。例如王曮知衢州之时,贪污赈灾粮款,饥民"啸聚为盗",为人所劾。高宗对秦桧说:"曮是卿之亲戚,今罢之,胜罢其它十数人也。"④此为王曮是秦桧亲党之明证。王曮发迹于绍兴十五年(1145)四月,以博学宏词科任秘书省正字。绍兴十六年正月为礼部员外郎。绍兴十七年七月,被人弹劾,主管台州崇道观。以秦桧庇护,绍兴十八年十一月官复原职。绍兴二十年三月守起居舍人权直学士院,四月兼玉牒所检校官。绍兴二十年八月,以起居舍人权直学士院充贺金国生辰使。绍兴二十一年(1151)四月以"奉使还"迁权尚书礼部侍郎⑤。绍兴二十五年九月秦桧病死,绍兴二十六年二月即以王曮为秦

---

① 《建炎以来系年要录》卷一六一"绍兴二十年八月辛酉"条,第3056页。

② 陈骙:《南宋馆阁录》卷八,张富祥点校,中华书局1998年。

③ 有关秦桧的妻党,可参阅刘子健《秦桧的亲友》一文,但该文并没有提到王曮。王曮依靠秦桧,官做到尚书礼部侍郎,应该是一个值得注意的人。刘子健:《秦桧的亲友》,载《两宋史研究汇编》,联经出版事业公司1987年,第143—169页。

④ 熊克:《中兴小纪》卷三六,顾吉辰点校,福建人民出版社1985年。

⑤ 参见《建炎以来系年要录》卷一五三"绍兴十五年四月辛丑"条;卷一五五"绍兴十六年正月丙申"条;卷一五六"绍兴十七年七月庚辰"条;卷一五八"绍兴十八年十一月庚子"条;卷一六一"绍兴二十年三月乙酉"条;卷一六一"绍兴二十年八月辛酉"条;卷一六二"绍兴二十一年四月甲辰"条。

桧亲党,贬建昌军居住①。王曦以秘书省正字的从八品小官经过短短的六年即升至礼部侍郎(从三品),如果不是秦桧在起作用,无论如何也不会升得那么快。

二、同乡

秦桧是江宁人,他利用同乡这层关系,笼络、援引朝廷官员,同时一些官员也会利用同乡达到结交秦桧的目的。绍兴年间的使金使中,魏良臣、张士襄、钱周材、巫伋等人与秦桧是同乡。

魏良臣,《宋史》无传。据《建炎以来系年要录》卷五二载,他是江宁人,可知魏良臣与秦桧确为同乡。魏良臣与秦桧存在着这层关系,其往来自比常人密切。绍兴二年三月,魏良臣以左从政郎充枢密编修。据《建炎以来系年要录》卷五二绍兴二年三月己未条记载:"左从政郎魏良臣充枢密院编修官。良臣,江宁人,秦桧引之也。"②知魏良臣由秦桧所荐。故王明清亦云:"魏道弼良臣与秦桧之有乡曲共学之旧,秦既得志,引登禁路。"③

魏良臣曾两次出使。先于绍兴四年八月充大金国军前通问使④。魏良臣此次出使带回一个信息:金人对秦桧较为信任与欣赏。据《中兴小纪》卷一七载:"初秦桧自京城随金人北去,为彼大帅达兰(达赖)任用。至是达兰统兵侵淮甸。朝廷遣魏良臣、王绘奉使至其军,数问桧,且称其贤。逮桧再相,力荐良臣为都司,继除从官,欲弥其言耳。"无论达赖是否真的"称其贤",总之,魏良臣是将此情报汇报给高宗,而高宗一直在寻找求和机会,因此魏良臣带回的消息正是为秦桧的复出制造声势。可见魏良臣在秦桧复出这件事上出力不小。绍兴五年正月,魏良臣以应对失词,罢吏部员外郎,主管台州崇道观。绍兴八年十一月官复原职,而秦桧亦于此年复出。故朱胜非之言应为可靠。正由于秦桧与魏良臣有旧,故绍兴十一年十月又一次荐

---

① 《建炎以来系年要录》卷一七一"绍兴二十六年二月庚子"条,第3277页。
② 《建炎以来系年要录》卷五二"绍兴二年三月己未"条,第1081页。
③ 王明清:《挥麈后录》卷一一,上海书店2001年。
④ 《建炎以来系年要录》卷七九"绍兴四年八月乙未"条,第1494页。

魏良臣出使。

张士襄,绍兴二十四年贺金国生辰使①。《宋史》无传。《三朝北盟会编》卷二二九载:"张士襄,字赞可,建康人。"②《系年要录》、《中兴小纪》均记作江宁人③,而《江南通志》记为溧阳人④。江宁府,在高宗建炎三年五月以后称建康府,辖江宁、上元、句容、溧水、溧阳诸县。据以上材料,张士襄应为溧阳人,笼统地称之为江宁人或建康人都是对的,因此与秦桧是同乡。至于张士襄何时利用同乡关系与秦桧相识,史籍无载,但有一点可以肯定,张士襄为秦桧所用。例如,绍兴二十四年科举考试中,秦桧为使其孙秦埙及第,选定亲信任考官,而张士襄在殿试中任初考官,一定为秦桧所信任⑤。而且秦桧亦利用权势极力庇护张士襄。张士襄奉使回,入对,"奏事欺罔,上怒。秦桧与士襄里党,止以其不肃罢之"⑥。至绍兴二十五年十一月,秦桧病死。之后,宋高宗追究此事,曰:"张士襄去岁奉使回,当朕前奏事,欺罔不寔,宰臣止以奉使不肃罢之,续又处以宫祠,卿等可与远小监当,以为将来奉使之戒。"⑦秦桧是张士襄之靠山,秦桧一死,其罪即被追究。

钱周材,绍兴十五年(1145)正旦使⑧。钱周材,《宋史》无传,《南宋馆阁录》卷七曰:"字符英,江宁人,李易榜进士及第,治《诗》,十五年正月除,八月为起居舍人。"由此可知钱周材与秦桧也为同乡。钱周材何时以同乡关系与秦桧关联,史籍不载,唯绍兴二十六年六月,御史中丞汤鹏举弹劾钱周材曰:"权臣以乡里之私,置在侍从。"⑨可知,钱周材是以"乡里之私"而被秦

---

① 《建炎以来系年要录》卷一六七"绍兴二十四年十月戊子"条,第3172页。
② 徐梦莘:《三朝北盟会编》二二九炎兴下帙,上海古籍出版社1987年,第1577页。
③ 见《建炎以来系年要录》卷一六六"绍兴二十四年三月甲寅"条,第3151页;《中兴小纪》卷三六。
④ 赵宏恩编《江南通志》卷一二〇,文渊阁《四库全书》本。
⑤ 有关秦桧在科举考试中的舞弊问题,参阅韩酉山《秦桧传》,第227—238页。
⑥ 《建炎以来系年要录》卷一六八"绍兴二十五年三月己酉"条,第3187页。
⑦ 《中兴小纪》卷三六。
⑧ 《建炎以来系年要录》卷一五四"绍兴十五年九月辛酉"条,第2911页。
⑨ 《建炎以来系年要录》卷一七三"绍兴二十六年六月辛巳"条,第3306页。

桧"置在侍从"的。侍从官,为四品以上清要官,在宰执官之下,庶官之上。钱周材绍兴十五年九月权尚书兵部侍郎,绍兴十七年三月为中书舍人兼权直学士院,同月兼侍讲①。侍从官有机会接触皇帝,向皇帝进言。秦桧将同乡安置在此,又多一个眼线。

　　巫伋,绍兴二十一年祈请使②。巫伋,《宋史》无传。据《系年要录》,巫伋是句容人③。句容县在宋代属江宁府,从广义上来说,与秦桧亦是同乡。巫伋投靠秦桧,史籍有载。巫伋由御史台检法官守监察御史即由李文会所辟,而李文会又是秦桧同党④。是故,巫伋常找机会为秦桧歌功颂德。例如,他说:"秦桧忠义大节,天下所共知。然要当屡书,不一书,使后世奸臣贼子闻风悚惧。"⑤秦桧的"忠义大节"即指靖康年间推戴赵氏之事。有关此事,据学者研究,实际是秦桧对自己的美化,是秦桧的政治资本。巫伋在高宗面前重提旧事,且曰"当屡书,不一书",秦桧听了自然很高兴。又如,绍兴二十年十月,秦桧因病告假在家,巫伋奏请两府参政到秦桧府第议事⑥。巫伋阿事秦桧不遗余力,难怪洪适缴巫伋劄子曰:"如巫伋者,才学识见、政事操履,略无一长,徒以谄事秦桧,为之鹰犬,故能猎取大官。"⑦可谓一语中的。

三、同党

　　王次翁,字庆鲁,济南人,《宋史》卷三八○有传,是绍兴十二年报谢使⑧。绍兴七年五月,秦桧复出入朝,途经婺州。时王次翁正乞祠归寓于婺州,与秦桧交往并得其赏识。秦桧回朝后,年近六十的王次翁随即得到

---

①　《建炎以来系年要录》卷一五四"绍兴十五年九月辛酉"条及卷一五六"绍兴十七年三月己巳"条,第 2911、2954 页。

②　《建炎以来系年要录》卷一六二"绍兴二十一年二月壬戌"条,第 3066 页。

③　《建炎以来系年要录》卷一五○"绍兴十三年十二月丁酉"条,第 2840 页。

④　《建炎以来系年要录》卷一五二"绍兴十四年十一月癸丑"条,第 2879 页。

⑤　《建炎以来系年要录》卷一六一"绍兴二十年五月甲辰"条,第 3049 页。

⑥　《建炎以来系年要录》卷一六一"绍兴二十年十月庚午"条,第 3059 页。

⑦　洪适:《盘洲文集》卷四七《缴巫伋召命札子》,四部丛刊初编本。

⑧　《建炎以来系年要录》卷一四六"绍兴十二年九月戊申"条,第 2768 页。

重用①。绍兴八年三月为兵部员外郎,绍兴十年十月官至参知政事②。对于秦桧的提携与重用,王次翁自然感激涕零,对秦桧言听计从。史载:"赵鼎闻金人败盟用兵,乃上书言时政,秦桧忌鼎复用,乃令御史中丞王次翁诬以罪言之,遂责授焉。"③王次翁在秦桧的党羽中可谓忠心耿耿。绍兴十年,金人败盟用兵,第一次和议破裂,秦桧的地位有所动摇。此时御史中丞王次翁向宋高宗进言:"前日国是初无主议,事有小变则更用他相,盖后来者未必贤于前人。""上深然之。"④又如高宗之母韦氏从金国放回,王次翁充奉迎扈从礼仪使。韦后向护送的金使借黄金三百两,以犒赏护送之人,以防中途出意外。到边境后,韦后无钱还金,向王次翁求助,但王次翁惧怕秦桧误会有邀功之念,不敢借钱给韦后,以致韦后在金境滞留三天,几起变化。最后由随行人员中秦桧的妻兄王晚出面,借钱给韦后,才将事态平息。韦后归来,向高宗哭诉:"王次翁大臣,不顾国家利害,万一有变,则我子母不相见矣。"高宗大怒,要杀王次翁。幸得秦桧庇护,以报谢使出使金国,等高宗怒气平息,以资政殿学士奉祠退休,归居明州⑤。王次翁宁可得罪太后,也不敢开罪于秦桧,可知秦桧的势力之大,无怪乎《宋史》本传曰:"桧擅国十九年,凡居政府者,莫不以微忤出去,终始不二者,惟次翁尔。"

万俟卨,字符忠,开封阳武县人,绍兴十二年八月报谢使⑥,《宋史》卷四七四有传。万俟卨何时投靠秦桧,还不十分清楚。绍兴十一年,万俟卨在秦桧的策划下,开始陷害岳飞。绍兴十一年七月壬子,言岳飞"爵高禄厚,志满意得,平昔功名之念,日以颓坠",首先发难。绍兴十一年十一月,替代何铸试御史中丞,主审岳飞案。其本传曰:"命中丞何铸治飞狱,铸明其无辜,桧

① 《建炎以来系年要录》卷一一一"绍兴七年六月乙卯"条,第 2089 页。
② 《建炎以来系年要录》卷一一八"绍兴八年三月戊申"条及卷一三七"绍兴十年七月丙午"条,第 2209、2573 页。
③ 《三朝北盟会编》卷二〇四,第 1468 页。
④ 《中兴小纪》卷三六。
⑤ 此事原委并见《宋史》卷三八〇《王次翁传》及《建炎以来系年要录》卷一四六"绍兴十二年九月乙巳"条。
⑥ 《建炎以来系年要录》卷一四六"绍兴十二年八月甲戌"条,第 2754 页。

怒，以禼代治，遂诬飞与其子云致书张宪，令虚申警报，以动朝廷，及令宪措置使还飞军，狱不成，又诬以淮西逗遛之事，飞父子与宪俱死，天下冤之。"①除岳飞案，万俟禼在任言官之时也"所言多出桧意"，助秦桧打击政敌多人。

罗汝楫，字彦济，徽州歙县人，登政和二年进士第，绍兴十四年报谢使②，《宋史》卷三八〇有传。罗汝楫于绍兴十年二月入御史台，为秦桧所用。绍兴十一年八月，与何铸联手弹劾岳飞，至使岳飞罢官。罗汝楫还在秦桧的授意下，论罢朱芾、李若虚、何彦猷、李若朴、王庶、刘子羽诸人，故深得秦桧信任③。

詹大方，《宋史》无传。据《浙江通志》引《万历遂安县志》曰："詹大方，良臣子，累官端明殿大学士、工部尚书、枢密院使，封遂安县开国伯食邑八百户。"④绍兴十七年贺金国生辰使⑤。詹大方在任言官期间，为秦桧排挤打击政敌多人。例如，万俟禼得罪秦桧，詹大方"闻之，即奏禼黩货营私，窥摇国是"⑥。洪皓自金国归来，触怒秦桧，詹大方弹劾洪皓，致使洪皓罢官⑦。

余尧弼，《宋史》无传，绍兴二十年三月贺金国登位使⑧。其任殿中侍御史期间，积极配合秦桧排挤打击政敌。例如秦桧欲陷洪皓之罪，余尧弼即奏："皓造为不根之言，簧鼓众听，几以动摇国是。"⑨又如"参知政事段拂闻赵鼎死于海南，为之叹息。秦桧怒。殿中侍御史余尧弼将按拂罪，先奏（骆）庭芝密与执政私交，漏泄机事。遂罢之。自是拂不安于位"⑩。而余尧弼亦因此平步青云，官至参知政事。

沈虚中，《宋史》无传。沈虚中是绍兴二十四年正旦使。绍兴二十四年

① 《建炎以来系年要录》卷一四一"绍兴十一年七月壬子"条，第2652页。
② 《建炎以来系年要录》卷一五一"绍兴十四年正月戊午"条，第2854页。
③ 参见韩酉山《秦桧传》，第194—195页。
④ 《浙江通志》卷一一〇引《万历遂安县志》，商务印书馆影印光绪二十五年重刊本。
⑤ 《建炎以来系年要录》卷一五六"绍兴十七年八月乙巳"条，第2966页。
⑥ 《建炎以来系年要录》卷一五一"绍兴十四年二月丙午"条，第2849页。
⑦ 《建炎以来系年要录》卷一五一"绍兴十四年六月乙未"条，第2862页。
⑧ 《建炎以来系年要录》卷一六一"绍兴二十年三月丙戌"条，第3043页。
⑨ 《建炎以来系年要录》卷一五六"绍兴十七年三月己巳"条，第2954页。
⑩ 《建炎以来系年要录》卷一五七"绍兴十八年正月丁丑"条，第2979页。

秦桧之孙秦埙参加科举,秦桧欲埙科举第一,将自己的亲信用作考官,故以沈虚中为参详官。在众人的策划下,省试定秦埙为第一,"榜未揭,虚中遣吏踰墙而白秦熺"①。作为回报,同年十月,秦桧令沈虚中以国子司业出使金国,充贺正旦使②。而国子司业仅是六品小官,照例没有资格出使,只因秦桧的举荐,破格出使。出使归来的沈虚中很快升迁,先是兼权直学士院,随后又升为权尚书兵部侍郎③。

王珉,字中玉,大名人,政和五年上舍出身④,绍兴二十五年正旦使⑤。《宋史》无传。王珉阿附秦桧之情况,史书亦有记载,弹劾参知政事郑仲熊,使之罢官⑥。汤鹏举论王珉与徐嚞二人"皆以谄事秦桧,故骤为台谏,无一言弹击奸邪,无一事裨补时政,不修人臣之礼,不识事君之义,可谓甚矣"⑦。可知其因谄事秦桧而得高官,与秦桧关系非同寻常。

徐嚞,绍兴二十五年贺金生辰使⑧,《宋史》无传。徐嚞与秦桧关系密切。秦桧将病死,秦熺密谋让臣僚奏请高宗,除熺为宰相,徐嚞参与其事⑨。后来遭人揭发,因此而罢官。

四、僚属

王墨卿,《宋史》无传。据《南宋馆阁录》卷七:"王墨卿,字子墨,永嘉人,陈诚之榜同进士出身,治诗赋,十五年四月除,十八年七月为起居舍人。"王墨卿曾做过秦熺的老师。秦熺是秦桧妻兄王晥之子,秦桧无子,故过继秦桧为子。因这层关系,王墨卿在绍兴十五年三月由枢密院编修官升为秘书

---

① 《建炎以来系年要录》卷一六六"绍兴二十四年二月辛酉"条,第3150页。
② 《建炎以来系年要录》卷一六七"绍兴二十四年十月戊子"条:"国子司业沈虚中为贺金国正旦使。"
③ 《建炎以来系年要录》卷一六八"绍兴二十五年六月辛巳"条:"国子司业沈虚中兼权直学士院。"卷一六九"绍兴二十五年八月癸未"条:"国子司业兼权直学士院沈虚中权尚书兵部侍郎。"
④ 参见厉鹗《宋诗纪事》卷三九,上海古籍出版社1983年。
⑤ 《建炎以来系年要录》卷一六九"绍兴二十五年十月壬午"条,第3213页。
⑥ 《建炎以来系年要录》卷一六八"绍兴二十五年六月庚申"条,第3195页。
⑦ 《建炎以来系年要录》卷一七一"绍兴二十六年正月辛亥"条,第3254页。
⑧ 《建炎以来系年要录》卷一七〇"绍兴二十五年十月己未"条,第3226页。
⑨ 《建炎以来系年要录》卷一六九"绍兴二十五年十月壬辰"条,第3216页。

省著作佐郎兼恩平郡王府教授①。绍兴十八年七月守起居舍人,同年闰八月为贺金生辰使②。

　　杨愿,字原仲,绍兴十二年充首次贺金正旦使③。《宋史》卷三八〇有传。杨愿改官,由秦桧所荐。《宋史》本传曰:"杨愿,字原仲……秦桧荐之,召改枢密院编修官……"杨愿于绍兴元年六月自朝奉郎任枢密院编修官④。至绍兴十四年十二月辛丑,除签书枢密院事。在十四年中,官就做到签书枢密院事,正是秦桧一手扶持之结果。而杨愿为报答秦桧的"知遇"之恩,对秦桧言听计从,亦为秦桧做了许多事情。其一,在任修玉牒官之时,向高宗建议,将秦桧靖康末推戴赵氏之事写入史书,褒美秦桧。其二,在任御史中丞时,受秦桧指使,弹劾许多与秦桧意见相左之人。时人评价曰:"为之鹰犬,凡与桧之异论者,驱除殆尽。"⑤秦桧病死后,高宗清除其党羽,给事中黄祖舜等言:"愿于秦桧当国之日,踪迹诡秘,阴济其恶,中伤善类,至今士大夫无不切齿。"⑥其本传亦曰:"盖自桧再居相位,每荐执政,必选世无名誉、柔佞易制者。愿希桧意,迎合,附下罔上。"一语道破杨愿与秦桧之间的关系。

　　沈该,《宋史》无传,绍兴十七年贺金正旦使⑦。据记载,沈该以附会和议而得到秦桧赏识,由秦桧荐引,登至侍从⑧。绍兴二十二年八月因得罪秦桧,贬至夔州。其原因,据沈该对高宗所言:"臣误蒙陛下拔擢,初因秦桧,洎登从班,圣知益深,桧稍相猜。"⑨大约是遭到秦桧的猜忌。秦桧死后,高宗将沈该诏回,官至宰相。

　　郑朴,《宋史》无传,绍兴十三年贺正旦使⑩。绍兴二年九月,时任兵部

---

①　《建炎以来系年要录》卷一五三"绍兴十三年四月壬辰"条,第2895页。
②　《建炎以来系年要录》卷一五八"绍兴十八年闰八月壬申"条,第2998页。
③　《建炎以来系年要录》卷一四六"绍兴十二年九月甲寅"条,第2770页。
④　《建炎以来系年要录》卷四五"绍兴元年六月丁丑"条,第953页。
⑤　王明清:《挥麈后录》卷一一,上海书店2001年。
⑥　《建炎以来系年要录》卷一九〇"绍兴三十一年五月庚辰"条,第3676页。
⑦　《建炎以来系年要录》卷一五六"绍兴十七年八月乙巳"条,第2966页。
⑧　《建炎以来系年要录》卷一六三"绍兴二十二年八月庚申"条载:"该,初为秦桧荐引。"第3106页。
⑨　《中兴小纪》卷三六。
⑩　《建炎以来系年要录》卷一四九"绍兴十四年八月戊戌"条,第2823页。

员外郎的郑朴被罢官。其原因，据史载："左司员外郎兼修政局检讨官张觷、金部员外郎潘特竦、兵部员外郎郑朴、枢密院计议官陈渊并罢。……朴，西安人，与特竦皆秦桧所引，故（刘）棐并斥之……"①据以上材料我们知道郑朴是秦桧所荐，故秦桧罢官，郑朴亦随之被贬。绍兴八年，秦桧再次入相，郑朴也被起用，历官尚书考功员外郎、右司员外郎、起居郎②。绍兴十三年，郑朴因出使，自起居郎迁权兵部侍郎③。

孙仲鳌，《宋史》无传。据《南宋馆阁录》卷八："字道山，永嘉人，汪应辰榜同进士出身，治诗赋，十九年六月除，二十一年六月为司勋员外郎。"绍兴二十二年任贺金国正旦使④。孙仲鳌于绍兴十七年被秦熺辟为属官⑤，因此严格来说，是通过秦熺而与秦桧有关联的。但是他阿附秦桧，还是可以从史料中寻找到证据的。据《能改斋漫录》记载，宋高宗赐秦桧一御笔阁牌："一时缙绅献诗以贺，唯孙仲鳌一联为秦所赏。"⑥其党附秦桧，昭然可视。秦桧已赏识孙仲鳌，拉拢孙为己所用，让其出使就是一种笼络手段。

五、小结

北宋遣国信使，"例由中书枢密会同审择"⑦，南宋情况亦相差无几。从现有的材料来看，南宋国信使副的选择，是由宰执集体讨论，提出使副共四名候选人，然后上报皇帝，由皇帝钦点两名，作为正式出使的国信正使与副使⑧。

---

① 《建炎以来系年要录》卷五八"绍兴二年九月戊午朔"条，第1165页。
② 参见李之亮《宋代京朝官通考》，巴蜀书社2003年，第三册第215页、第二册第802、561页。
③ 《建炎以来系年要录》卷一四九"绍兴十三年八月戊戌"条，第2823页。
④ 《建炎以来系年要录》卷一六三"绍兴二十二年八月丙戌"条，第3106页。
⑤ 《建炎以来系年要录》卷一五六"绍兴十七年六月丁酉"条，第2961页
⑥ 吴曾：《能改斋漫录》卷一一《秦益公赏孙仲鳌诗》，上海古籍出版社1979年。
⑦ 聂崇岐：《宋辽交聘考》，第288页。
⑧ 据周必大《御笔掌记跋》："玉音云：'此是去年臣僚荐可为奉使、接送伴副使者，卿选择谁可？'"此为出使及接送伴使之选择。又《奏馆伴武臣姓名》："臣等处盱眙申：金国第三次使人初一日已过界，合差馆伴。昨来御笔点定文臣两名，除张涛见充接伴外，其点定郭应麟，今欲差充馆伴使。所有武臣虽蒙御笔点差，关良臣缘本人已往鄂州，今再具到两名：郭瑞已是郭钧之子，见充环卫官；霍汉臣，见在合门供职。二人皆可充副使。伏乞御笔点差一名，谨具缴进，伏听处分。"此处虽为馆伴使、副之选择，但国信使副之选择应与此大致相仿。周必大：《文忠集》卷一四《御笔掌记跋》，卷一五二《奏馆伴武臣姓名》。

而高宗朝秦桧独相近十九年,执政尽为亲旧,所谓集体讨论恐怕只是一个幌子。例如,绍兴二十三年四月,"秦桧奏以权吏部侍郎陈相接伴北使,阁门宣赞舍人张彦攸副之。上因曰:'今后奉使须选醇谨之人,至如武臣作副,亦当慎择。'"①秦桧干脆连另外的候选人都省略掉,直接由自己来确定。高宗对此亦非常不满,但也无可奈何。以上之例,虽是接伴使副之选择,但考虑国信使副的职责比馆伴使副更为重要,秦桧控制应更为严密。为何秦桧对使金使的人选控制如此之严?

其一,通过国信使之口,褒美自己,稳固地位。据说,宋金绍兴议和之时,"国书中有不得辄易大臣之语"。宋金绍兴议和誓书没有完整地保留下来,在可以见到的片断中,没有此条。但在宋孝宗时,人们都相信这是事实。朱熹所撰《张忠献公浚行状》中即曰:"方和议初定时,国书中有不得辄更易大臣之语,盖惮公复用也。"②熊克《中兴小纪》卷三六亦载:"初和议定时,国书中有不得辄易大臣之语,盖秦桧恐前宰臣张浚之复用也。"另杨万里所撰《张魏公传》,及岳柯《金佗粹编》亦有类似的说法③。无论国书中是否载有此语,从以上材料可以看出,南宋人的确相信秦桧久居相位亦是金人的意思。因此,秦桧就需要出使归来的国信使能在高宗耳边说一些金人褒美秦桧的话,以此巩固自己的地位。例如,万俟卨出使回来,"太师秦桧假金人誉己数十言嘱卨奏于上",万俟卨自以为羽翼渐丰,可以不听秦桧摆布,置之不理,结果被罢官④。而这种弄虚作假的事情,一定得由秦桧非常信任的人去做。这也是秦桧为何选亲近之人为国信使的原因之一。

其二,借国信使之口,向宋高宗传达宋金关系稳固之信息。我们知道秦桧以主议和起家,从而深受高宗赏识,大权独揽近二十年。与金国保持友好关系是秦桧的全部政治资本,而使节往来是沟通宋金的唯一公开渠道,故秦

① 《建炎以来系年要录》卷一六四"绍兴二十三年四月乙丑"条,第3123页。
② 杜大珪:《名臣碑传琬琰之集》卷五五《张忠献公浚行状》,文渊阁《四库全书》本。
③ 杨万里:《诚斋集》卷一一五《张魏公传》,四部丛刊初编本;岳柯:《金佗粹编》卷二○,中华书局1989年。
④ 《建炎以来系年要录》卷一五一"绍兴十四年二月丙午"条,第2849页。

桧需要完全听命于他的人充当使节,巩固两国关系。《系年要录》记载,詹大方奉使归来,向高宗汇报说:"近充贺大金生辰使,自入境,待遇使人甚厚。及至大金阙廷,供张饮馔一一精腆。臣已戒一行官吏,不得过有须索,窃虑后来三节人或有不识大体,责办供应,妄生语言,望严行戒饬,庶几邻好修睦,永久不替。"①而此类汇报正是秦桧所需要的。

其三,作为一种拉拢手段,给自己的亲旧提供升迁发财的机会。绍兴议和以后,出使金朝已无多少风险,不但可以得到经济上的实惠,奉使归来,还可照例升官,遂成为美差。例如,绍兴十二年五月重新拟定的奉使恩例为:正使支赐银绢各二百匹两,钱一千贯;副使支赐银绢各二百匹两,钱八百贯②。又如前文所提王曮,出使前只是一名礼部员外郎,因担任绍兴二十年贺金国生辰使,迁起居舍人权直学士院,出使归来后,又迁礼部侍郎。

聂崇岐说:"宋遣国信使副,例由中书枢密会同审择,进名请旨。惟间不遵彝典:或听臣下妄自陈乞,或由内廷徇私点派;致韩琦尝有断禁干求出使之请,张方平亦上遣使勿从内降之奏。但由后附四表观之,宋之大使,太半皆知名士,且多传于《宋史》,可知当时并非完全不加选择。"③据聂崇岐所述,我们大致知道北宋派遣国信使,特别是大使,还是比较正常的。而南宋,特别是宋高宗时期,秦桧专权近十九年,所遣大使尽其亲旧。观其间对金外交毫无起色,固然有许多其它因素,但外交遣使,不得其人,则是一个事实。以此来说,秦桧难辞其咎。

第三节　宰执的出使经历

处理宋金关系是南宋政治中的大事,只有了解金国基本情况,包括风土

---

① 《建炎以来系年要录》卷一五七"绍兴十八年五月壬申"条,第2986页。
② 参见《宋会要辑稿》职官五一之一五,第3544页。
③ 聂崇岐:《宋辽交聘考》,第288页。

人情,才能更好地制定对金政策,亲历金国之人处理涉金事务相对会得心应手。因此在南宋的宰执中,出使金国的经历就显得格外重要。

宋代宰执为宰相与执政总名,宰相系职官总名,非正式官名之单称。宋代不同时期,宰相官名亦不同。南宋高宗朝以尚书左仆射、同中书门下平章事为左相,尚书右仆射、同中书门下平章事为右相。孝宗乾道八年(1172)年二月,改左、右仆射、同中书门下平章事为左、右丞相。左、右丞相之称一直延续到南宋灭亡。执政官,为副宰相与枢密院长贰总称。南宋以参知政事为副宰相。枢密院长贰有枢密使、副使、知枢密院事、同知枢密院事、签书枢密院事①。宰执在国家政治决策中,居于举足轻重的地位。考察南宋宰执的任职情况,发现许多宰执有任国信正使或副使的经历。从绍兴元年(1131)至嘉熙元年(1237)百年间共150多人先后进入宰执班子,而曾任国信使、副的就有55人,其比例占到37%。这里面有两种情况:一是以执政身份出使,一是出使若干年后,升至宰执。以下做具体分析。

一、以执政身份出使之例

以宰执身份出使是交聘制度中较为特殊的事情。考察北宋使辽使,并没有执政出使的例子②。盖由执政位居要职,不适宜出使邻国。南宋情况则不同,以执政身份出使的不乏其人。

(一)出使前即为执政之人

绍兴十二年九月遣王次翁为大金报谢使,而此人绍兴十年七月任参知政事,出使之时亦在任③。

(二)因出使需要而升为执政之人

绍兴三年五月,遣韩肖胄使金,由尚书吏部侍郎迁端明殿学士、同签书枢密院事④。韩肖胄以端明殿学士、同签书枢密院事身份出使是真除,而不

① 参见龚延明《宋代官制辞典》,第14—15页。
② 聂崇岐说:"至两府执政则未闻有入国者。"参见聂崇岐《宋辽交聘考》,第289—290页,及该书所附《生辰国信使副表》等。
③ 《建炎以来系年要录》卷一四六"绍兴十二年九月戊申"条,第2768页。
④ 《建炎以来系年要录》卷六五"绍兴三年五月丁卯"条,第1278页。

是假官①。又如王伦原是龙图阁学士、提举醴泉观、赐同进士出身,绍兴九年正月出使,除端明殿学士、同签书枢密院事充迎奉梓宫奉还两宫交割地界使②。

经过考察发现,执政出使均发生在高宗朝前期,这与当时的宋金力量对比有关,也与高宗朝的对金政策有关。金国在这一时期基本掌握了宋金和战的主动权,在进行实质性的谈判时,一般要求南宋派出"大臣"来谈。例如,绍兴十一年九月,宋遣武官刘光远、曹勋至军前与宗弼谈判,为宗弼遣回,曰:"当遣尊官右职、名望夙著者持节而来。"③宋不得已,复遣同签枢密院事韩肖胄任通问使。因此考察以执政身份出使的情况时,就会发现多数大使的使命都是与金和谈或是递交誓书。南宋急于求和,故出现了执政官出使的不正常现象。

二、出使若干年后升至宰执之例

以执政官身份出使的使节毕竟是少数,多数情况是出使归来后,在几年内升为宰执。例如胡松年绍兴三年六月副韩肖胄使金,出使时为工部侍郎,归来后,绍兴四年七月即充端明殿学士、签书枢密院事④。杨愿,绍兴十二年九月以中书舍人假户部尚书贺金国正旦⑤,绍兴十四年十二月充端明殿学士、签书枢密院事⑥,出使回来不满两年便升为副相。詹大方,绍兴十七年贺生辰使,奉使回朝,于绍兴十八年八月除签书枢密院事兼权参知政事⑦。余尧弼是绍兴二十年贺金国登位使,奉使回朝,当年十月即任签书枢密院事⑧。亦有经历十多年后升至宰执的,例如陈康伯、虞允文等人。另外

① 按:《建炎以来系年要录》卷六六"绍兴三年六月丁亥"条记载:"丁亥,同签书枢密院事韩肖胄、工部侍郎胡松年入辞。"是知韩肖胄同签书枢密院事不是假官,而是真除。第1288页。
② 《建炎以来系年要录》卷一二五"绍兴九年正月丙戌"条,第2349页。
③ 参见《建炎以来系年要录》卷一四二"绍兴十一年十月乙亥"条,第2673页。
④ 《建炎以来系年要录》卷七八"绍兴四年七月戊申"条,第1469页。
⑤ 《建炎以来系年要录》卷一四六"绍兴十二年九月甲寅"条,第2770页。
⑥ 《建炎以来系年要录》卷一五二"绍兴十四年十二月庚子"条,第2884页。
⑦ 《建炎以来系年要录》卷一五八"绍兴十八年八月丁酉"条,第2995页。
⑧ 《建炎以来系年要录》卷一六一"绍兴二十年十月庚午"条,第3059页。

一个值得特别关注的问题是许多宰相亦有出使经历,例如沈该、陈康伯、虞允文、洪适、魏杞、梁克家、赵雄、留正、余端礼、谢深甫、韩侂胄等人①。缘何在南宋宰执中,有出使经历的人较多?

出使人员从进入金界到出界,一般要在金国境内度过两个月的时间②。在这两个月的时间内,他们可以通过各种渠道,获得各种信息,加深对金国的了解与认识。首先是对金国地形、交通的熟悉。南宋国信使渡过淮河即乘车沿陆路至金都,沿途地形尽收眼底。出使人员会详细记录路程道里,以备朝廷咨询。例如《使金录》即对黄河浮桥作了详细记录:"先过一小河,上有小桥。至黄河浮桥,名天汉桥,用九十六巨舟,一舟十碇,每六舟一铺,有人居守,设幕次于其侧。"③其二,对金国风土人情的认识。使金使在两个月的旅行中,观察、记录了金国的风俗习惯,这种感性认识是通过听闻、阅读等途径所达不到的。其三,对金国内政的了解。使节了解金国内政,一是通过沿途张贴的公文告示之类。《使金录》记载了金国下达的诏书:"爰自山西及于几甸,掠夺财畜,凭陵室庐,中都、西京路及沧州,今年税赋并行减免。"又记载了彰德府张贴的榜文:"交易三贯以上并用交钞,如违断,徒,追赏。"一是通过金人之口得知。金对宋使与本国人接触防范甚严。例如《北辕录》记载:"食毕,即锁门,内外不通。"又载:"御者不俟据鞍即散,盖防与之话言泄秽事也。"④以此来防止本国情报泄露。尽管金防范严密,但还是无法避免宋使与金人的接触,例如驾车的车夫,停车讨水喝之路人,宋使常常利用这样的机会,与他们攀谈,以更多地了解金国内政。乾道八年贺生辰使韩元吉自言:"故自渡淮,凡所以觇敌者,日夜不敢忘,虽驻车乞浆,下马盥手,遇小儿妇,率以言挑之。又使亲故之从行者,反复私焉,往往遂得其情。"⑤甚

① 参见本节附表《南宋宰执任国信使副一览表》。
② 此时间可以从使金人员的沿途所记日记中知道。如楼钥《北行日录》:十一月二十九日渡淮,明年一月二十八日返回。又程卓《使金录》:十一月二十九日渡淮进入金境,到明年二月初一日返回。
③ 程卓:《使金录》,《续修四库全书》本。
④ 周煇:《北辕录》,丛书集成新编本。
⑤ 韩元吉:《南涧甲乙稿》卷一六《书朔行日记后》,文渊阁《四库全书》本。

至一些重要的军事信息也可以得到,例如《使金录》所载:"自过淮,每传闻,金人为鞑靼攻掠,直抵城下,前此屡战,皆北兵多溃散。"而"鞑靼欲攘真定,已逾五台山,相去百二十里"则是从车夫那里得到的消息。

三、小结

从以上的论述中,我们可以知道,使金人员可以通过各种渠道,得到金国情况,甚至是军事情报。在充分了解金朝国情的基础上,加上实地考察的经历,使金人员回国后,常常可以提出实质性的建议,而这些建议一旦被采用,即可获得皇帝的赏识,获得升迁的机会就多。例如,虞允文是绍兴三十年贺正旦使,奉使归来后,"首言敌已授甲造舟,必为南渡之计。至是遂擢用之"[1]。由起居舍人试中书舍人,最终官至宰相。

如果将官员升至宰执之位完全归于出使经历,恐怕会失之偏颇。但是有出使经历,在南宋这一特殊的历史背景下,无疑为以后执政提供知识储备和实际经验。

表三:南宋宰执任国信使副一览表[2]:

人 名	职官	任职时间	出使时间	备注
韩肖胄	同签枢密院事	绍兴三年五月	绍兴三年五月	通问使
胡松年	签书枢密院事	绍兴四年七月	绍兴三年五月	通问副使
孙 近	参知政事	绍兴八年十一月	绍兴四年下正月	通问副使
王 伦	同签书枢密院事	绍兴九年正月	建炎元年十一月、绍兴七年四月、绍兴八年七月、绍兴九年正月四次出使	通问使
王次翁	参知政事	绍兴十年七月	绍兴十二年九月	报谢使
何 铸	签书枢密院事	绍兴十一年十一月	绍兴十一年十一月	报谢使

---

[1] 《建炎以来系年要录》卷一九〇"绍兴三十一年五月丙申"条,第3683页。

[2] 此表中宰执的任职时间参考诸葛忆兵《宋代宰辅制度研究》之附录《宰辅拜罢表》,中国社会科学出版社2000年,第287—340页。

（续 表）

人　名	职官	任职时间	出使时间	备注
万俟卨	参知政事	绍兴十二年八月	绍兴十二年八月	报谢使
杨　愿	签书枢密院事	绍兴十四年十二月	绍兴十二年九月	贺正旦使
詹大方	签书枢密院事兼权参知政事	绍兴十八年七月	绍兴十七年八月	贺生辰使
余尧弼	签书枢密院事兼权参知政事	绍兴十八年七月	绍兴二十年三月	贺登位使
巫　伋	签书枢密院事	绍兴二十年二月	绍兴二十一年二月	祈请使
施　钜	参知政事	绍兴二十四年十一月	绍兴二十三年十月	贺正旦使
魏良臣	参知政事	绍兴二十五年十一月	绍兴四年八月、绍兴十一年十一月	通问使
*沈　该	参知政事	绍兴二十五年十二月	绍兴十七年八月	贺正旦使
陈诚之	同知枢密院事	绍兴二十六年九月	绍兴十八年八月	贺生辰使
汤鹏举	参知政事	绍兴二十七年二月	绍兴十九年八月	贺生辰使
*陈康伯	参知政事	绍兴二十七年九月	绍兴十四年五月	报谢使
王　纶	同知枢密院事	绍兴二十八年二月	绍兴二十九年六月	报谢使
叶义问	同知枢密院事	绍兴三十年正月	绍兴三十年二月	报谢使
周麟之	同知枢密院事	绍兴三十年七月	绍兴二十九年九月	告哀使
王之望	参知政事	隆兴二年九月	绍兴三十二年十一月	通问使
*虞允文	同签书枢密院事	隆兴二年十一月	绍兴二十年十月	贺正旦使
*洪　适	签书枢密院	乾道元年四月	隆兴二年十二月	贺生辰使
*魏杞	同知兼权参政	乾道二年三月	隆兴元年八月	通问使
刘　珙	同知兼权参政	乾道二年十二月	绍兴三十二年七月	告即位使
*梁克家	签书枢密院事	乾道五年二月	乾道二年十二月	贺生辰使
张　说	签书枢密院事	乾道七年三月	绍兴二十四年十月	贺生辰副使
郑　闻	签书枢密院事	乾道九年正月	乾道四年十月	贺正旦使
姚　宪	签书枢密院事	乾道九年十二月	乾道八年二月	贺上尊号使

(续　表)

人　名	职官	任职时间	出使时间	备注
*赵　雄	签书枢密院事	淳熙二年闰九月	乾道六年十二月	贺生辰使
范成大	参知政事	淳熙五年四月	乾道六年闰五月	祈请使
钱良臣	签书枢密院事	淳熙五年六月	淳熙四年十月	贺正旦使
谢廓然	签书枢密院事	淳熙七年五月	淳熙二年十月	贺正旦使
施师点	签书枢密院事	淳熙十年正月	淳熙八年十月	贺正旦使
*留　正	签书枢密院事	淳熙十三年闰七月	乾道九年十月	贺正旦使
王　蔺	参知政事	淳熙十六年正月	淳熙九年十月	贺正旦使
胡晋臣	签书枢密院事	绍熙元年七月	淳熙十四年十一月	贺生辰使
*余端礼	同知枢密院事	绍熙四年七月	淳熙十年十月	贺正旦使
罗　点	签书枢密院事	绍熙五年七月	淳熙十六年二月	报登位使
*京　镗	签书枢密院事	绍熙五年九月	淳熙十五年二月	报谢使
郑　侨	知枢密院事	绍熙五年十二月	淳熙十五年十月	贺正旦使
*谢深甫	签书枢密院事	庆元元年四月	淳熙十六年七月	贺生辰使
何　澹	同知枢密院事	庆元二年正月	淳熙十五年十一月	贺生辰使
许及之	同知枢密院事	庆元四年八月	绍熙四年六月	贺生辰使
*韩侂胄	平章军国事	开禧元年七月	淳熙十六年二月	贺登位副使
李　璧	参知政事	开禧二年七月	开禧元年六月	贺生辰使
丘　崈	签书枢密院事	开禧二年十一月	绍熙元年六月	贺生辰使
卫　泾	签书枢密院事	开禧三年十一月	庆元三年六月	贺生辰使
曾从龙	签书枢密院事	嘉定八年七月	嘉定元年九月	吊祭使
俞应符	签书枢密院事	嘉定十四年八月	嘉定二年六月	贺生辰使
程　卓	同知枢密院事	嘉定十五年九月	嘉定四年九月	贺正旦使
真德秀	参知政事	端平二年三月	嘉定六年十月	贺登位使
余　嵘	同签书枢密院事	端平二年十二月	嘉定四年六月	贺生辰使
李　埴	同知枢密院事	嘉熙元年正月	嘉定六年十月	贺正旦使
邹应龙	签书兼参政	嘉熙元年二月	嘉定元年六月	贺生辰使

　　说明:1.上表所列官职、时间均指初次进入宰执班子的官职、时间,以后职位的变化因与所论关系不大,故略去。2.曾任宰相之人,用星号标出。3.出使时间均指诏令下达时间。

第四章　金国聘使制度①

金国制度多承辽宋。金太祖建国初,"始用辽南北面官僚制度"②。迨金太宗天会三年获辽主于应州,"始议礼制度,正官名,定服色,兴庠序,设选举,治历明时"③。此际金国的典章制度多因辽制。金国与宋交往的聘使制度亦仿辽制。许亢宗宣和七年贺金太宗即位,金国的接待制度,即仿辽制④。金熙宗时方制定外国使人入见礼仪,并将其制度化⑤。其间亦有一些修正,例如,大定二十三年四月更定奉使三国人从差遣格⑥。观其聘使制度,如使节名目、接待礼仪虽大体承辽宋旧制,但涉及一些具体问题,则可发现金的聘使制度与辽更为接近。

第一节　聘 使 统 计

聂崇岐将宋辽使节列出十二种,计正旦使、生辰使、告哀使、遗留使、告

---

① 与金国有长期外交往来的还有夏国和高丽,因本书仅涉及宋金关系,故这里的聘使制度仅特指对宋。

② 《金史》卷七八,第1779页。

③ 《金史》卷七六《宗幹传》,第1742页。

④ 钟邦直:《宣和乙巳奉使行程录》,陈乐素校补本,载陈乐素《求是集》第一集,第252—274页。

⑤ 《金史》卷三八《礼十一》载:"熙宗时,夏使人见改为大起居。定制以宋使列于三品班,高丽、夏列于五品班。"第868页。

⑥ 《金史》卷八《世宗本纪下》,第183页。

登位使、祭奠使、吊慰使、贺登位使、贺册礼使(即贺邻邦皇太后受册者)、回谢使、泛使(即普通聘问或有所报告要求于邻邦者,亦称国信使)、答谢国信使①。这十二种使节中,除贺册礼使,其它使名与任务,在金聘使任务中均可见。此外,江南诏谕使之使名为金国所独有。正旦使、生辰使、告哀使、遗留使、告登位使、祭奠使、吊慰使、贺登位使、贺册礼使、回谢使等使节任务与礼仪、礼节相关,因此统一称之为礼仪使。而泛使通常有具体而重要的任务,故以任务将金使分为两大类:礼仪使及泛使。

一、礼仪使

(一) 生辰使

宋金交往始自金天辅元年(1117),终于金正大七年(1230),双方交往达 113 年。其战争时间约 28 年,和平时间 85 年,在正常交往期间,宋金互派生辰使、正旦使。

宋辽交聘,并贺邻邦皇太后、皇帝、皇后生辰,称贺生辰国信使。而宋金之间,皇太后、皇后生辰并不互相聘问,仅遣生辰使贺邻邦皇帝生日。现将金国向宋派出的生辰使统计如下:1. 贺宋高宗天申节。自绍兴十四年遣使,至绍兴三十一年,每年一次,无间断,共十八次。2. 贺宋孝宗会庆节。自乾道元年(1165)至淳熙十五年(1188),除淳熙十二年(1185)不派生辰使,并无间断,共二十三次。3. 贺宋光宗重明节,史载五次。4. 贺宋宁宗瑞庆节。自明昌六年(1195)始,至贞祐四年(1216),史载十六次。其中承安五年,泰和六年、泰和七年这三年因宋金交恶而不遣使;嘉定四年、嘉定六年、七年因蒙古入侵金国,国中有难而不遣使。总计金国遣生辰使共六十三次。

(二) 正旦使

贺邻邦正旦者,称贺正旦国信使。自绍兴和议后,皇统三年(1143)金国始遣正旦使,至正隆五年(1160),遣使不断,共十八次。后因海陵王南侵,正旦使中断。隆兴议和后,自大定五年(1165)始,至贞祐四年(1216),共四十

---

① 参见聂崇岐《宋辽交聘考》,载《宋史丛考》,第286—287页。

七次。自祯佑四年后,金不再遣正旦使。总计金遣贺正旦使共六十七次。以此可知,至少有六七十年间,宋金是友好往来的。

（三） 告哀使

以本国皇太后或皇帝崩逝告邻邦者,曰告哀使。告哀使,宋、辽均只遣一名使者①,而金国为正使、副使。告哀使,金仅遣四次。三次告皇帝哀(太祖、世宗及章宗),一次告皇太后(章宗之母)哀。究其原委,金太宗驾崩时,宋金交恶,不必告哀,而熙宗、海陵、卫绍王都是非正常死亡,故未报哀。

（四） 遗留使

以本国皇太后或皇帝遗留物馈遗邻邦,称遗留礼信使或称遗留国信使,简称遗留使。遗留使,仅见二例:大定二十九年,致世宗遗留物;嘉定二年致章宗遗留物。

（五） 告登位使

以本国新皇帝即位告于邻邦,曰皇帝登宝位国信使,简称告登位使。告即位使,金共遣六次:太宗、海陵、世宗、章宗、卫绍王、宣宗即位,均遣使告登位。

（六） 吊祭使

祭奠、吊慰邻邦皇太后或皇帝。宋辽交聘,祭奠与吊慰是分两批遣使,而宋金交聘合二为一,称吊祭使。金共遣吊祭使五次。韦太后(高宗之母)、太上皇赵构、太上皇赵昚、皇太后(赵昚之后)、太上皇赵惇离世,金国遣使吊祭。南宋的高、孝、光宗都是禅位而做太上皇,因此金使通常吊祭的是太上皇,这与宋辽交聘亦有不同。遣使吊祭,使团中除正、副使之外,还有专门的读祭文官②。

（七） 登位使

贺邻邦新皇帝登位,曰贺登宝位国信使,简称贺登位使。金遣贺登位使共二次,一次贺宋光宗,一次贺宋宁宗,其他皇帝登位时宋金交恶,故不遣使

---

① 参见聂崇岐《宋辽交聘考》,第287页。
② 例如,绍兴三十年二月,高宗之母韦氏崩,金除派正、副使吊祭,还有专使读祭文。参见《建炎以来系年要录》卷一八四"绍兴三十年二月乙卯"条,第3555—3556页。

称贺。

二、泛使

泛使与常使相对,其使命为普通聘问或有所报告、要求于邻邦者,曰国信使,俗称泛使①。而傅乐焕说,宋辽通好期间遇有特殊事故,另遣专使,特名泛使以达意。故欲知百余年来两国常年礼聘外交涉之事,止求得其全部泛使即可晓②。因此泛使与礼仪使不同,承担了外事交涉的重要任务。金国派遣泛使有以下任务:通告本国重要的事务,表达谢意,遣使责问等。其遣泛使有以下原因:第一,以"报谢"等名目作幌子,实际派人刺探情报。这种情况在双方关系开始恶化之时往往出现。例如,天会三年六月,遣李用和、王永福使宋,以灭辽告庆于宋。同年七月又遣使,以议和成报谢宋国。接连遣使,亦引起宋人的注意,"使传继来,河朔至京供億疲敝,其实窥觇道路,使之不疑"③。上述材料,一语道出金人遣使目的有二,一是侦察、收集宋方情报,二是让宋国放松警惕。当宋人将几番使人送至境上,金人已做好南侵准备。第二,确有外交事件需要交涉。例如乾道九年(1173),金遣完颜璋为贺宋正旦使。在受书礼仪上双方发生争执,宋人在使馆胁迫完颜璋,抢取国书。金世宗得知后,大怒,随即遣梁肃为详问宋国使④。据笔者所考,金共遣泛使 14 次,其详见表四。

表四:金国泛使表

遣使时间	使、副姓名	任　　务	资料出处
天会三年 (1125)六月	李用和 王永福	以灭辽告庆于宋	《金史·交聘表》无副使姓名,以《三朝北盟会编》卷二四补
天会三年 (1125)七月	耶律固	报谢宋国使	《金史·交聘表》

---

① 参见聂崇岐《宋辽交聘考》,《宋史丛考》,第 287 页。
② 参见傅乐焕《宋辽聘使表稿》,《辽史丛考》,第 179—285 页。
③ 参见《大金国志》卷三,崔文印校证本。
④ 参见《金史》卷六五《完颜璋传》,第 1552 页。

（续　表）

遣使时间	使、副姓名	任　务	资料出处
绍兴四年（1134）正月	李永寿（文州团练使）王翊（职方郎中）	求还刘豫之俘及西北人在东南者又欲划江以送刘豫	《宋史》卷三七九、《建炎以来系年要录》卷七二、《中兴小纪》卷一五
绍兴八年（1138）六月	乌凌阿思谋（福州管内观察使、太原府少尹、河东北路制置、都总管）石庆克（中散大夫、太常少卿骑都尉）	议和	《建炎以来系年要录》卷一二〇
天眷元年（1138）八月	张通古（尚书右司侍郎）萧哲（明威将军签书宣徽院事）	江南诏谕使，以河南地赐宋	《金史·交聘表》、《建炎以来系年要录》卷一二四
绍兴十一年（1141）十一月	萧毅（行台户部侍郎）邢具瞻（翰林待制同知制诰）	审议使，许以淮水为界，岁币银帛各二十五万匹两，又欲割唐邓二州	《宋史》卷二九、《建炎以来系年要录》卷一四二
皇统二年（1142）三月	刘筈（银青光禄大夫中书侍郎）完颜宗贤（左副点检）刘祹（山东西路都转运使）高居安（少监）	江南封册使，册宋康王为宋帝。送天水郡王丧柩及宋帝母韦氏还江南	《金史》卷七九、《中兴小纪》卷三〇、《金史·交聘表》、《宋史》三十、《建炎以来系年要录》卷一四三
皇统二年（1142）五月	使副名缺	赐宋誓诏	《金史》卷四、《金史·交聘表》
乾道元年（1165）四月	完颜仲（殿前左副都点检）杨伯雄（太子詹事）	报问宋国	《宋史》卷三三、《金史·交聘表》
淳熙元年（1174）三月	梁肃（刑部尚书）蒲察讹里剌（赵王府长史）	详问宋夺书之事	《宋史》卷三四、《金史·交聘表》

（续　表）

遣使时间	使、副姓名	任　　务	资料出处
嘉定七年 （1214）三月	缺载	督二年岁币	《宋史》卷三九
嘉定七年 （1214）七月	缺载	告迁都南京	《宋史》卷三九
嘉定七年 （1214）八月	缺载	督岁币	《宋史》卷三九
兴定二年 （1218）十二月	吕子羽（开封府治中） 冯璧（南京路转运副使）	详问宋国使	《金史·交聘表下》载："行至淮中流，宋人拒止之，自此和好逐绝。"又见《金史》卷一四

第二节　国信使节的选用及待遇

金国建立之初，庶事草创，其外交制度亦是从无到有。起初使节团并无正、副使之分，属官亦不分等，到绍兴议和后，金国的聘使制度才逐渐完备。

一、使团之组成

绍兴议和之前，金国的外交制度并不完备。据《宋会要辑稿》职官三六之四三载："（绍兴）四年正月二日枢密院言：大金元帅府差到，奉使元不曾分使副，今来并作一等锡赐。其人从自入界，诸处并不曾到申分三节，并已依中节锡赐。"可知宋金交往之初，金的制度还不完善，使团中没有正、副使之分，亦无三节之分，更谈不上使节的选任了。绍兴议和后，宋金之间使节往来频繁，金的聘使制度才逐渐完备。

金国的使团亦由正使、副使及属官组成。在外交使团中，正使处于核心的地位。宋使节中，正使由文官担任，副使由武官担任，少有例外①。而辽

---

① 北宋自澶渊之盟后，制乃画一：正使皆用文，副使皆用武，惟报哀使率以武人应选，百余年间，相因不改。见《宋辽交聘考》，第289页。

使任选则不然，"大使少非武臣，副使乃多文吏"，且有正、副使均为武臣之现象①，则知辽以武臣为重。那么，金使的任用情况又是如何呢？以皇统三年（1143）至大定二年（1162）遣使情况来统计：在近四十次的遣使中，武官任正使有二十七例，文官任正使仅十三例，正、副使均为武官者九例②。由此可知在熙宗和海陵统治时期，在出使人选上确有重武轻文之倾向。因此对比后发现，辽金在使节的任用上更为接近。

有关三节人从的情况，《金史》记载较少，但以宋人的相关记载可补此憾。据《宋会要辑稿》职官五一之三五记载，淳熙十六年金国贺登位使团到达后，南宋赐给他们的礼物是："比拟折银：正使，杂色绫罗彩绢共折银三百两，马二匹折银一百两，鞍辔二副折银二百两；副使，杂色绫罗彩绢共折银二百八十两，马二匹折银一百两，鞍辔二副折银一百二十两；都管、书状官共四人，杂色彩绢共折银一百两，盖椀五副折银一百两；上节共七人，杂色彩绢共折银四十两，盖椀二副折银四十两；下节共三十九人，杂色绢彩共折银三十两，盖椀一副折银二十两。"③又同书职官五一之三九记载庆元元年金国贺生辰使团所赐冬至节之物："仍令押御筵官就赐使副二人，各生白绢五十匹；都管二人，各生白绢一十二匹；书状官二人，各生白绢一十二匹；上节七人，各生白绢八匹；中节一十四人，各生白绢五匹；下节三十九人，各生白绢三匹。"④以上材料，第一条是淳熙十六年（1189），金世宗与金章宗交替之时，使团有正使、副使各一名，都管、书状官共四人，上节七人，下节三十九人，漏记中节。第二条材料是庆元元年（1195），为金章宗统治时期，使团中正、副使各一名，都管二人，书状官二人，上节七人，中节十四人，下节三十九人。综合以上材料，我们大致可知金使团的规模：都管二人，书状官二人，上节七人，中节十四人，下节三十九人，加上正使、副使，使团人数应在七十人上下。

---

① 《宋辽交聘考》说："（辽）总四百余次之交聘，以卿、监、尚书、详稳、伊离毕充大使者仅十余人，以武职兼林牙充副使者，亦不过四十余人。"见第 289 页。

② 据本书附录二数据统计。

③ 《宋会要辑稿》职官五一之三五，第 3554 页。

④ 《宋会要辑稿》职官五一之三九，第 3555 页。

二、使、副的选拔

金国曾制定选择奉使人员的制度。据《金史》卷八载："（大定二十三年三月）更定奉使三国人从差遣格。"此三国是指南宋、夏国、高丽。惜此"差遣格"不传，我们无从知道具体的出使"三国"人员的选拔过程，但通过考察金国派往南宋的国信使副的情况，可以大致推测出其使副的任用特点。

第一，任宗室为使副之例。

南宋极少遣宗室出使，金则与之不同，宗室充任使节，屡见不鲜：完颜兖是海陵王完颜亮之弟，是皇统九年（1149）贺宋正旦使①。完颜卞，为皇统七年（1147）贺宋生辰使，是"金主兄弟行也"②。又如完颜宗藩，是皇统七年贺宋正旦使，其人是"金主亶从父行也"③。完颜兖、完颜卞、完颜宗藩均出身金国皇室，曾以正使之身份出使南宋。

第二，以外戚为正使之例。

《金史·世戚传》共列十八人，其中曾以正使或副使身份出使南宋有六人。举例如下：唐括德温，尚睿宗皇帝女楚国长公主，皇统九年任正旦使出使南宋；乌古论粘没曷，尚睿宗皇帝女冀国长公主，大定五年任正旦使出使南宋；驸马都尉蒲察阿虎迭，尚海陵王之姐辽国长公主，皇统五年任正旦使出使南宋；蒲察鼎寿，尚熙宗女郑国公主，大定十九年任生辰使出使南宋；乌古论元忠，尚世宗长女鲁国大长公主，大定六年任正旦使出使南宋；徒单公弼，尚世宗女息国公主，泰和二年任正旦使出使④。

第三，除皇亲贵戚外，皇帝宠信之人亦是使宋人选。例如胡砺，"海陵深器

① 《建炎以来系年要录》卷一六〇"绍兴十九年十二月"条载："丁丑，金国贺正旦使龙虎卫上将军、殿前右副都点检完颜兖，副使昭武大将军西上阁门使刘箴人见。兖，亮弟也，以病，故改用是日。"

② 《建炎以来系年要录》卷一五六"绍兴十七年五月"条载："辛巳，金主使龙虎卫上将军殿前右副都点检完颜卞，宁远大将军东上阁门使大珪来贺天申节。卞，金主兄弟行也。"

③ 《建炎以来系年要录》卷一五六"绍兴十七年十二月"条载："丙辰，金主使金吾卫上将军殿前左副都点检完颜宗藩，安远大将军充东上阁门使吴前范来贺来年正旦。宗藩，金主亶从父行也。"

④ 以上材料见《金史》卷一二〇《唐括德温传》、《乌古论粘没曷传》、《蒲察阿虎迭传》、《蒲察鼎寿传》、《乌古论元忠传》、《徒单公弼传》，第 2618、2619、2620、2621、2623、2627 页。

重之。天德初,再迁侍讲学士,同修国史,以母忧去官。起复为宋国岁元副使,刑部侍郎白彦恭为使,海陵谓砺曰:'彦恭官在卿下,以其旧劳,故使卿副之。'"①

为何金国遣使常以宗室、驸马等皇帝亲近之人为之? 此缘于南宋馈赠之礼物丰厚。据《金史》卷九六《路伯达传》记载:"(路伯达)尝使宋回,献所得金二百五十两、银一千两以助边,表乞致仕,未及上而卒。"②又《金史》卷八九《梁肃传》记载:"凡使宋还者,宋人致礼物,大使金二百两,银二千两,副使半之,币帛杂物称是。"③

《金史》卷四八《食货志》载:"(承安二年)十二月,尚书省议,谓时所给官兵俸及边戍军须,皆以银钞相兼,旧例银每铤五十两,其值百贯,民间或有截凿之者,其价亦随低昂,遂改铸银名'承安宝货',一两至十两分五等,每两折钱二贯,公私同见钱用,仍定销铸及接受稽留罪赏格。"据此段材料可知,此时金国的银价为每两二贯。又 1974 年在陕西临潼出土的金国盐税银铤,编号为临相 8、13、14 的三枚银铤上都有"每两钱贰贯"字样④。因此,金国银价每两二贯,大至不会有错。此外,据日本学者加藤繁考证,南宋绍兴四年(1134)临安金价为每两 30 贯⑤,与刘浦江利用《金史》中的材料推出金国"金每两约合 31 贯"大至相符⑥。以银每两二贯,金每两 30 贯计算,路伯达使宋所得折钱 9500 贯,梁肃所得一万贯左右。从以上论述可知,金人出使可获得近万贯的收入。那么,金代官吏俸禄是多少呢? 据《金史·百官志》载:"正一品:三师,钱粟三百贯石,麴米麦各五十称石,春衣罗五十匹,秋衣绫五十匹,春秋绢各二百匹,绵千两。"据宋人楼钥记载,金"麦每斤二百一十,粟谷每斗百二十,粟米倍之,陌以六十","好绢每匹二贯五百文,丝每两百五十文"⑦。以此计算,金人一品官的俸禄不过两千贯。一次使宋所得相当于金

---

① 《金史》卷一二五《胡砺传》,第 2722 页。
② 《金史》卷九六《路伯达传》,第 2139 页。
③ 《金史》卷八九《梁肃传》,第 1986 页。
④ 赵康民:《关于陕西临潼出土的金代税银的几个问题》,《文物》1975 年第 8 期。
⑤ [日]加藤繁:《唐宋时代之金银研究》第二卷第七章,台北新文丰出版公司 1974 年。
⑥ 参见刘浦江《论金代的物力与物力钱》,载《辽金史论》,辽宁大学出版社 1999 年。
⑦ 参见楼钥《攻媿集》卷一一一《北行日录上》。楼钥出使在乾道五年(1169),即大定九年。

国一品官五年的官俸,不啻是一笔可观的收入。因此,金规定,"近臣出使外国,归必增物力钱,以其受馈遗也"①。对出使南宋的人员征收财产税。

金遣人出使,多将其视为对大臣的优待。例如,魏子平,海陵正隆三年曾为贺宋生辰副使,世宗大定六年复为贺宋主生日使。金世宗解释说:"使宋无再往者,卿昔年供河南军储有劳,用此优卿耳。"②因此,金使一般非显即贵,出使南宋已成为金国皇帝用来嘉奖大臣的手段。

对金使的优待亦随着两国实力的改变而改变。至章宗朝,金实力下降,情况已有所不同,开始注意对使臣的选用。据《金史》卷一一载:"(明昌三年正月)癸卯,谕有司,凡馆接伴并举使者,毋以语言相胜,务存大体,奉使者亦必得其人乃可。"可知此时遣使已经开始注意使节的个人才干。至泰和八年闰四月辛未,又谕尚书省曰:"翰林侍讲学士蒲察畏也言,使宋官当选人,其言甚当。彼通谢使虽未到阙,其报聘人当先议择。此乃更始,凡有礼数,皆在奉使。今既行之,遂为永例,不可不慎也。"③由于史料有限,我们还无法知道此时金选择使臣之标准,但考察章宗朝所遣正使,多为文人,而非武臣,则可知在选择使臣时注意使节的文化素养。

另外在选择使臣上,亦有一些特殊的意图。例如,海陵南侵,想灭南宋,一统天下,即"以(蔡)松年家世仕宋,故亟擢显位以耸南人观听,遂以松年为贺宋正旦使"④。此为特殊之例,非常时择使之标准。

三、国信礼物

自绍兴和议后,金使至南宋贺生辰、正旦,亦会携带一定礼物。绍兴十三年,金遣完颜晔、马谞首次来贺宋正旦,送给宋高宗的礼物是"金酒器六事,色绫罗纱縠三百段,马六匹",且"自是正旦率如此例"⑤,此为正旦礼物。

---

① 物力指民户资,物力钱是指按规定的税率对物力征取的一种资产税,是金国独创的一个税目。参见刘浦江《论金代的物力与物力钱》,载《辽金史论》;又见小川裕人《关于金代的物力钱》,载《东洋史研究》5卷6号(1940年)。

② 《金史》卷八九《魏子平传》,第1976页。

③ 《金史》卷一二,第283页。

④ 《金史》卷一二五《蔡松年传》,第2716页。

⑤ 《建炎以来系年要录》卷一五〇"绍兴十三年十二月己酉"条,第2841页。

绍兴十四年,金使首次贺生辰,礼物是"珠一囊,金带一条,衣七袭,色绫罗纱縠五百段,马十匹。自是岁如之"①。则可知金国的贺正旦、生辰礼物是有常例的。但有时礼物会比平常多一些。例如,淳熙十五年,金遣王克温、完颜琥贺宋孝宗生日,礼物是"北珠五颗,余同常仪"②。报登位使也携带礼物。完颜亮弑君自立,遣完颜思恭、翟永固报登位,送给宋高宗的礼物是"金注椀二,绫罗三百,良马六"③,与正旦礼物相当。另外,金遣使吊祭,亦有吊祭物。据《文忠集》卷一七二载,宋高宗去世,金遣使吊祭,吊祭物是"金器二百两,银器二千两,匹物四千匹,吊慰吊物四千匹"。

四、使节之奖惩

金人出使南宋,其利益亦显而易见。首先可以得到宋人的大笔馈赠,其次也是一条升迁之路。使宋归来的官员,如无大错,都会得到升迁机会。这样的例子,可以从《金史》中找到许多。例如:贾少冲,大定十四年贺宋生日副使,不受宋人的贿赂,"使还,世宗嘉之,迁右谏议大夫,秘书、起居注如故"④。卢玑,大定十五年(1175)以客省使兼东上阁门使,任贺宋生日副使,回来后"迁同知宣徽院事"⑤。马琪,大定二十六年任贺宋正旦副使,"还授吏部侍郎,改户部"⑥。王渥,正大七年使宋至扬州议和,"应对敏给,宋人重之。及还,为太学助教,转枢密院经历官,俄迁右司都事,稍见信用"⑦。以上几例均是出使南宋归来即升职,盖因所负使命重要。

但是外交无小事,如果"使宋失体",就会受到责罚,以至丢官,甚至性命亦不保。例如:耶律翼,正隆五年生辰副使,因使宋失体,杖二百,除名⑧。

---

① 《建炎以来系年要录》卷一五一"绍兴十四年五月己巳"条,第2859页。
② 周必大:《文忠集》卷一七三。
③ 见《建炎以来系年要录》卷一六一"绍兴二十年三月庚辰"条,第3043页。
④ 《金史》卷九〇《贾少冲传》,第2000页。
⑤ 《金史》卷七五《卢玑传》,第1716页。
⑥ 《金史》卷九五《马琪传》,第2118页。
⑦ 《金史》卷一一一《王渥传》,第2455页。
⑧ 《金史》卷五,第111页。

完颜璋,大定十三年正旦使,因"宋人就馆迫取书,璋与之,且赴宴,多受礼物。有司以闻,上怒,欲置之极刑",经左丞相纥石烈良弼极力相救,免死,杖百五十,除名。其副使客省使高翊杖百,没入所受礼物①。又章宗泰和三年,奉御完颜阿鲁带使宋回金,言宋权臣韩侂胄秣马历兵,将谋北侵。章宗大怒,以为生事,笞之五十,出为彰德府判官②。所以那些出使南宋的官员亦是如履薄冰,不能出些许差错。

第三节 借 官 出 使

南宋国信使副在出使金国时,一般要借官出使,即借一个高于本官的名衔出使。而金国亦有此现象。

一、出使借官的发现

在整理《金国国信使表》时,笔者发现《金史·交聘表》中金使的官衔与《建炎以来系年要录》记载有出入。例如《金史·交聘表上》载:"(贞元二年)十月,以刑部侍郎白彦恭为贺宋正旦使。"而《建炎以来系年要录》卷一六七载:"(绍兴二十四年十二月)乙巳,金主使骠骑(卫)上将军签书枢密院事白彦恭,中散大夫守右谏议大夫充翰林待制同知制诰胡励来贺来年元旦。"此处记载白彦恭官衔是骠骑卫上将军签书枢密院事,与《金史·交聘表》记载的官衔不同,其原因是借官出使。

借官亦称假官,是宋辽、宋金交聘中的特有现象。宋辽交聘中,宋即有借官制度,而且宋人针对出使辽国,制定了细致的借官细则③。辽人有无借官制度,并无研究。可金人出使确有借官,此事南宋人已有关注。南宋人岳

---

① 《金史》卷六五《完颜璋传》,第1552页。
② 《金史》卷一一,第261页。
③ 孙逢吉:《职官分纪》卷四五《差文武臣充馆判(伴)国信接伴使等借官不借官者并合乞借官者条制》,文渊阁《四库全书》本。

珂曰："自景德以来,凡中国使入蕃,必随所居官小大加借以遣之,所以重王命,绥远人也。议者或谓单于天骄,其报聘也,官虽高,必降秩,以示杀礼。珂尝考之,其实不然。"其下按语曰:"按陵阳布衣李心传《建炎以来系年要录》曰:'绍兴二十八年五月戊寅,金国贺生辰使骠骑卫上将军、殿前副都点检萧恭,副使中大夫尚书工部侍郎魏子平入见紫宸殿。子平,弘州奉圣人,中进士第,累迁太府监。'又注其下曰:'魏子平事,以金国翰林直学士赵可所撰墓志修入。'志云:'正隆元年授太府监,三年三月充国信副使使于宋。四年权右司郎中。今日历所书乃云工部侍郎,则是北人亦借官也。'"①对以上材料有几点说明。其一,出使借官并不始于景德。聂崇岐说,考开宝初与辽通使,即有假官之制,并不始自澶渊盟后②。此说为是。其二,李心传亦注意到金人出使借官,故在《建炎以来系年要录》中详述其事。其三,据岳珂所云:"议者或谓单于天骄,其报聘也,官虽高,必降秩,以示杀礼。"可知当时之人注意到金人借官的另一个比较奇怪的现象,即"降秩"出使,并用"单于天骄"、"以示杀礼"来解释这一现象。

二、金使借官之举例

金代史料分散,特别是涉及官制的材料更为稀少,但通过梳理,还是找到了三条金人出使借官的直接材料:1.《金史》卷八八《纥石烈良弼传》载:"天德初,(纥石烈良弼)累官吏部郎中,改右司郎中,借秘书少监,为宋主岁元使。"2.《金史》卷七七《刘筈传》载:"天眷二年,(刘筈)改左宣徽使。……皇统二年,充江南封册使,假中书侍郎。"3.《遗山先生文集》卷一九《内翰冯公神道碑铭》载:"(兴定)三年(1219)春,上以宋人利吾北难,岁币不入者累年,假公(冯璧)安远大将军、兵部侍郎充国信副使,副吕子羽详问。"③而《金史·交聘表》中载冯璧官职是南京路转运副使。

一般来说,《金史·交聘表》所载金使的官衔是原官,《建炎以来系年要

① 岳珂:《愧郯录》卷六《北使借官条》,四部丛刊续编本。
② 参见聂崇岐《宋辽交聘考》。
③ 元好问:《遗山先生文集》卷一九,四部丛刊初编本。

录》记载的官衔是借官，对比两书中同一使者的官衔，可知金人出使借官制度。金使人数甚多，所假官势难一一考得，略举数例，以见一斑。

1.《建炎以来系年要录》卷一六四载："（绍兴二十三年五月）辛亥，金国贺生辰使副中奉大夫秘书监兼右谏议大夫赫舍哩大雅（纥石烈大雅）、广威将军尚书兵部郎中兼四方馆副使萧简见于紫辰殿。"《金史·交聘表上》载："（海陵贞元元年）四月，以右宣徽使纥石烈撒合辇、广威将军兵部郎中萧简为贺宋生日使。""纥石烈大雅"即"纥石烈撒合辇"。此条材料中，正使纥石烈大雅原官是右宣徽使，正三品，出使南宋时借官为中奉大夫、秘书监兼右谏议大夫。中奉大夫是文官，从三品。副使未借官。

2.《建炎以来系年要录》卷一六七载："（绍兴二十四年十二月）乙巳，金主使骠骑（卫）上将军签书枢密院事白彦恭、中散大夫守右谏议大夫充翰林待制同知制诰胡励来贺来年元旦。"《金史·交聘表上》载："（贞元二年）十月，以刑部侍郎白彦恭为贺宋正旦使。"据此知正使借官，原官为刑部侍郎，借官签书枢密院事。

3.《建炎以来系年要录》卷一六八载："（绍兴二十五年五月）乙丑，金主使正议大夫守秘书监兼右谏议大夫李通、广威将军充群牧副使耶律隆来贺天申节。"《金史·交聘表上》载："（贞元三年）三月庚午，以左司郎中李通、同知南京路都转运司事耶律隆为贺宋生日使。"据此知正、副使均借官。

4.《建炎以来系年要录》卷一七〇载："（绍兴二十五年十二月）己亥，金国贺正旦使奉国上将军太子詹事耶律归一、副使左中大夫行大理少卿马枫见于紫辰殿。"《金史·交聘表上》载："（贞元三年）十月己亥，翰林学士承旨耶律归一为贺宋正旦使。"据此知正使借官。

5.《建炎以来系年要录》卷一七二载："（绍兴二十六年五月）己未，金主使宣奉大夫左宣徽使敬嗣晖、定远大将军尚书兵部郎中萧中立来贺天申节。"《金史·交聘表上》载："（正隆元年）三月庚申，以左宣徽使敬嗣晖、大理卿萧中立为贺宋生日使（副）。"据此知正使未借官，而副使借官。

6.《建炎以来系年要录》卷一七七载："（绍兴二十七年五月）癸未，金国贺生辰使正议大夫守礼部尚书耶律守素、中靖大夫太常少卿许竑见于紫辰殿。"《金史·交聘表上》载："（正隆二年）六月（按应是三月），以礼部尚书耶律守素、刑部侍郎许竑为贺宋生日使。"据此知副使借官。

7.《建炎以来系年要录》卷一七八载："（绍兴二十七年十二月）戊午，金主遣骠骑（卫）上将军侍卫亲军马步军副都指挥使高思廉、昭毅大将军行尚书兵部郎中珠勒彦忠（阿勒根彦忠）来贺明年正旦。"《金史·交聘表上》载："（正隆二年）十一月，侍卫亲军马步军副都指挥使高助不古、户部侍郎阿勒根窊产为贺宋正旦使。"据以上材料可知副使借官。按"高思廉"即"高助不古"，"阿勒根彦忠"即"阿勒根窊产"，一是汉名，一是女真名。

8.《建炎以来系年要录》卷一七九载："（绍兴二十八年五月）戊寅，金国贺生辰使骠骑（卫）上将军殿前司副都点检萧恭、副使中大夫尚书工部侍郎魏子平见于紫辰殿。"《金史·交聘表上》载："（正隆三年）三月辛巳，以兵部尚书萧恭、太府监魏子平为贺宋生日使。"据以上材料，可知正、副使均借官。《建炎以来系年要录》卷一七九"绍兴二十八年五月"条小注引《魏子平墓志》云："正隆元年授太府监，三年三月充国信副使使于宋。四年权右司郎中。"可知魏子平出使时原官是太府监，而《金史·交聘表上》说魏子平是"太府监"，正是原官，故《建炎以来系年要录》所载是借官，此为明证。

9.《建炎以来系年要录》卷一八〇载："（绍兴二十八年十二月）壬子，金国贺正旦使正奉大夫工部尚书苏保衡、副使定远大将军太子左卫率府率阿克展（阿典）等入见。"《金史·交聘表上》载："（正隆三年）十一月辛酉，以工部尚书苏宝衡、吏部侍郎阿典和实懑为贺宋正旦使（副）。"据此可知副使借官。按"阿典"即是"阿典和实懑"。

10.《建炎以来系年要录》卷一八二载："（绍兴二十九年五月）壬申，金国贺生辰使资德大夫秘书少监王可道、副使定远大将军行太子左监门兼尚厩局副使王蔚入见。"《金史·交聘表上》载："（正隆四年）四月，遣资德大夫秘书监王可道、朝散大夫左司郎中王蔚为贺宋生日使。"据《金史·百官志》，资德大夫是正三品上，秘书监是从三品，而秘书少监是正五品。故"资德大夫秘书少监王可道"恐是"资德大夫秘书监王可道"之误。据以上材料可知副使借官。

11.《建炎以来系年要录》卷一八三载:"(绍兴二十九年十二月),至是(施宜生)以翰林侍讲学士来贺来年正旦,侍卫亲军马步军副都指挥使耶律翼副之。"《金史·交聘表上》载:"(正隆四年)十一月甲辰,以翰林侍讲学士施宜生、宿州防御使耶律辟里剌为贺宋正旦使。"按"耶律翼"即"耶律辟里剌"。副使借官。

12.《建炎以来系年要录》卷一八四载:"(绍兴三十年二月)乙卯,大金吊祭使金吾卫上将军左宣徽使大怀忠、副使太中大夫尚书礼部侍郎诺延温都谨(耨盌温都谨)行礼于慈宁殿,朝散大夫充翰林修撰同知制诰石琚读祭文。"①《金史·交聘表上》载:"(正隆四年十二月)乙丑,以左副点检大怀忠、大兴少尹耨盌温都谦为宋吊祭使。"按"耨盌温都谨"即"耨盌温都谦"。正副使均借官。

13.《建炎以来系年要录》卷一八七载:"(绍兴三十年十二月)庚午,金国贺正旦使奉国上将军兵部尚书布萨权(孛散权)、副使翰林学士忠靖大夫知制诰同修国史韩汝嘉见于紫辰殿。"《金史·交聘表上》载:"(正隆五年)十一月,以济南尹仆散乌者、翰林直学士韩汝嘉为贺宋正旦使。"按"孛散权"即"仆散乌者","权"是其汉名。正副使均借官。

三、金使借官制度之分析

从以上所列材料,大致可以看出金人出使借官有以下特点:1. 正、副使都有借官之例。2. 金使借官,既有借官高于原官之例,也有借官低于原官之例。宋人出使借官,借官均比原官品秩稍高。而金人出使,借官反而比本官要低。例如绍兴二十六年贺生辰副使萧中立,本官大理卿,正四品;借官定远大将军尚书兵部郎中。定远大将军,武散官,从四品中;尚书兵部郎中,从五品。又如绍兴二十七年生辰副使许竑,本官刑部侍郎,正四品;借官中靖大夫太常少卿。中靖大夫,《金史·百官志》中无此官职。太常少卿,正五品。以上两例,均为借官比原官低。这种反常之举或可用前文所引宋人岳

---

① 《建炎以来系年要录》作太中大夫,恐误,《金史·百官志》无此官名,或是"大中大夫"。

珂之语来解释:"议者或谓单于天骄,其报聘也,官虽高,必降秩,以示杀礼。"
金人常以正统自居①,使宋,必不肯用高官。但另一方面,使宋可给使人带
来一大笔财富,金国视为对大臣的优待。因此,为解决此矛盾,只能采取权
宜之计,降秩借官。3. 文官借武散官出使。例:绍兴二十八年正旦副使阿典
(阿典和实㦤),本官吏部侍郎,为文官;借官定远大将军太子左卫率府率,为
武官。绍兴二十九年生辰副使王蔚,本官朝散大夫左司郎中,为文官;借官
定远大将军行太子左监门兼尚厩局副使,为武官。此为金使借官特殊之处。

第四节　对宋使的接待

一、接送伴使及馆伴使

金国有一整套接待使节的制度。宋使入境,有接伴使,到达金国都城,
入住馆驿,有馆伴使,离京返程,有送伴使。一般接伴使副即为送伴使副,馆
伴使副另遣他人担当,均有正、副使之分。

（一）接送伴使

金国接送宋使,亦遣一定资历之人担当。例如汪大猷于乾道五年使金,
接送伴正使是昭武大将军、行尚书吏部郎中、上轻车都尉、彭城郡开国伯、食
邑七百户唐括安德,副使是朝奉大夫、侍御史、骑都尉、广陵县开国男、食邑
三百户赐紫金鱼袋高德裕②。范成大于乾道六年使金,接送伴正使是尚书
兵部郎中田彦皋,副使是行侍御史完颜德温③。程卓于嘉定四年使金,接送
伴正使为大中大夫、尚书户部郎中李希道,副使是广威将军、东上阁门蒲察
信④。从以上三条材料来看,金国接送伴正使由文官担任,副使由武官担

①　Chan Hok-lam, Legitimation in Imperial China(1115—1234), University of Washington Press, 1984,pp51—72。
②　楼钥:《攻媿集》卷一一一《北行日录上》。
③　范成大:《揽辔录》,丛书集成新编本。
④　程卓:《使金录》,《续修四库全书》本。

任,女真人占一定比例。

（二） 馆伴使

馆伴使负责宋使在京的接待工作:安排宋使入住,引导朝见金国皇帝,此为馆伴使之使命。汪大猷使金,馆伴正使为起复正议大夫、都水监、上轻车都尉、安定郡开国伯、食邑七百户赐紫金鱼袋梁肃,副使为广威将军、尚书工部郎中、上骑都尉、广平郡开国子、食邑五百户徒单子澄。程卓使金,馆伴正使是嘉议大夫、尚书吏部侍郎张仲仁,副使是定远大将军、少府少监完颜良弼。正使由文官任,副使由武官任,此为一般之规定。

二、沿途接待

宋使进入金境,一切接待由途经州县承担。宋使虽不如金使那样享有优厚的待遇,然金待宋使亦有一定的礼数。

（一） 赐宴。宋使进入金境内,沿途有金国的宴请。不同的时期,赐宴地点会有不同。一般在南京(北宋故都开封府)和真定府(今河北正定县)两地设宴款待宋使。

（二） 赐银合汤药。宋使近京畿,金遣内侍传宣抚问、赐银合汤药。例有勅书。据《北辕录》载:"勅某卿远持庆币来贺诞辰,驰华显以良劳,次郊亭而伊迩,宜有节宜之馈,以彰眷遇之优。"

（三） 每日贡给。宋人亦有记载。据《松漠纪闻》载,金之馆待宋使:"使副,日给细酒二十量罐,羊肉八斤,果子钱五百,杂使钱五百,白面三斤,油半斤,醋二升,盐半斤,粉一斤,细白米三升,面酱半斤,大柴三束;上节,细酒六量罐,羊肉五斤,面三斤,杂使钱二百,白米二升;中节,常供酒五量罐,羊肉三斤,面三斤,杂使钱一百,白米一升半;下节,常供酒三量罐,羊肉二斤,面一斤,杂使钱一百,白米一升半。"[①]

三、在京待遇

宋使进贺有严格的日程安排,以正旦使为例:

---

① 洪皓:《松漠纪闻》。

宋使于十二月二十七日到达中都。金人先在燕山城外燕宾馆(承安三年更名恩华馆)设宴接风,然后由馆伴使陪同,送至会同馆,并遣内侍传宣抚问。二十八日,赐酒果,亦有口宣。二十九日,捧国书入见。礼毕,就馆赐茶酒,并遣两府押伴。三十日赐宴馆中,遣三使坐陪,一使赐宴,一使赐酒果,一使押宴。正月初一入见,亦有宴。二日,遣一使赐分食①,一使赐酒果。三日,赴花宴于大安殿。花宴,即赴宴者要簪花,花以彩绢为之。四日,赴射弓宴。在宴会中,宋使与金押宴者轮流射弓,而称射弓宴。一使赐生饩,一使赐宴,一使赐酒果,一使押宴。押宴者一般选大臣充当,但射弓宴有所不同。宋使与押宴使要轮流射弓,亦含竞赛之义,因此,押宴者多从善于射弓之卫士中选择,故押宴者"于进趋酬应一无所能,射手有雕青细字,盖以射选借官而来"②。又《金史》卷六记载:"(大定十年)三月壬子朔,万春节,宋、高丽、夏遣使来贺。丙辰,上因命护卫中善射者押赐宋使射弓宴,宋使中五十,押宴者才中其七。"可知射弓宴的押宴者必选择善射者借官以充。五日入辞,使副受国书。赐宋使节衣带、鞍马、匹缎。据周辉《北辕录》,使副衣带各七事,三节各授衣带五事。回馆例赐茶酒。六日回程。

因路途遥远,亦有使人死于途中。若南宋使节进入金境后死亡,例由金国出丧葬费。例如,据《金史》卷一二载:"(泰和四年正月)丁丑,行尚书省奏,宋贺正使还至庆都卒。诏防御使女奚烈元往祭,致赗绢布各二百二十匹,仍命送伴使张云护丧以归。"③

第五节 金帝生辰改期受贺

中国帝王以自己的生辰为节日,大约自唐开始。宋人王明清云:"《唐明皇实录》云:'开元十七年秋八月上降诞之日,大置酒合乐燕百僚于华萼楼

---

① 分御膳以赐,称分食。此见周辉《北辕录》,丛书集成新编本。
② 楼钥:《攻媿集》卷一一二《北行日录下》。
③ 《金史》卷一二,第 267 页。

下。尚书左丞相源乾曜、右丞相张说率百官上表，愿以八月五日为千秋节，著之甲令，布于天下，咸使燕乐，休假三日。诏从之。'诞日建节盖肇于此。"①此说盖不谬也。但考之史籍，各国之间互派生辰信使，五代始有之②。延至宋、金、夏鼎立时期，宋金、金夏，金丽都互派使臣祝贺对方国主生日，此制度日益完备。一般说来，帝王生辰与诞节是一致的。然笔者在考察宋金交聘制度时发现《金史》本纪中所载金帝生辰与诸国人使入贺日期或有出入，存在诞节与生日不合之现象，个中原因，诸书说法纷纭，莫衷一是。

一、《金史》所载诸帝生辰与诞节

（一）太祖

太祖名旻。《金史》卷一《太祖纪》载："咸雍四年（1068）戊申，七月一日，太祖生。"知太祖生辰为七月一日，其诞节名史书未载。太祖时期，金国初立，庶事草创，恐尚未立节名也。

（二）太宗

太宗名晟，辽大康元年（1075）乙卯岁生③。太宗生于何日，《太宗纪》不载，但每年十月十五立为天清节，作为自己的诞节。《金史》卷三载："（天会二年十月，1124）戊午，天清节，宋、夏遣使来贺。"查陈垣《二十史朔闰表》，天会二年十月甲辰为朔，推知戊午为十五，可知天清节为十月十五。另外《金史·交聘表》记载，外国人使进贺天清节都在十月十五。又据《宋史》卷三七八《卫肤敏传》云："彼（金太宗）生辰后天宁节五日。"天宁节，徽宗诞节，为十月十日④。据以上材料，可知金太宗之诞节名天清节，为十月十五日。

（三）熙宗

熙宗名亶，天辅三年（1119）己亥岁生⑤。据《大金集礼》卷二三载："天

---

① 王明清：《挥麈录》之《前录》卷一，上海书店 2001 年。

② 《新五代史》卷六九《高从诲传》载："晋高祖遣翰林学士陶穀为从诲生辰国信使。""从诲"即南平王高从诲。中华书局 1995 年，第 858 页。

③ 《金史·太宗纪》中华书局点校本原作"辽太康元年乙卯岁生"，辽无太康之年号，太康为西晋武帝司马炎之年号，"太康"为"大康"之误。

④ 王明清：《挥麈录·前录》卷一载："徽宗十月十日生，为天宁节。"

⑤ 《金史》卷四《熙宗纪》，第 69 页。

会十三年六月二十一日诏,以每岁正月十七日为万寿节,受诸国朝贺。"①且《金史·交聘表》所载宋、夏、高丽使节进贺熙宗生辰也确在正月十七。可知熙宗诞节立于正月十七,名为万寿节。但《金史》卷四《熙宗纪》又载:"上本七月七日生,以同皇考忌日,改用正月十七日。"由此可知,熙宗本生于七月七日,但诞节立为正月十七日。熙宗诞节与生日不符。

（四）海陵

海陵名亮,天辅六年(1122)壬寅岁生②。本纪不载何日所生,但据《金史·交聘表》,宋、夏、高丽使节均在正月十六日进贺海陵生辰。故知海陵诞节立于正月十六,其诞节名史籍亦不载。

（五）世宗

世宗名雍,天辅七年(1123)癸卯岁生③。本纪不载生于何日。据《大金集礼》卷二三载:"大定元年十二月二十六日下诏,立三月一日为万春节。"而《金史·交聘表》记载,宋、夏、丽入贺万春节均在三月一日。故可知世宗诞节名万春节,立于三月一日。

（六）章宗

章宗名璟。据《金史》卷九《章宗纪一》载,章宗生于大定八年(1168)七月丙戌,丙戌是二十七日。但同卷又载:"(大定二十九年六月)勅有司移报宋、高丽、夏,天寿节于九月一日来贺。而查《金史·交聘表》,宋、夏、高丽进贺天寿节基本在九月一日。故可知章宗的诞节名为天寿节,立于九月一日,与其生日不符。

（七）卫绍王

卫绍王名永济,《金史》不载其生辰。但《金史·交聘表》载:"(卫绍王大安元年)八月,宋使贺万秋节。""(大安二年),八月,宋使贺万秋节。"故卫

---

① 张暐:《大金集礼》卷二三,载《丛书集成新编》第三十五册。
② 《金史》卷五《海陵纪》,第91页。
③ 《金史》卷六《世宗纪上》,第121页。

绍王的诞节立于八月,命名万秋节。但具体日期不得而知。

（八）宣宗

宣宗名珣,大定三年癸未岁生①,本纪未载生于何日。《金史》卷一四《宣宗纪上》载:"(贞祐四年三月)丙寅,长春节,宋遣使来贺。"丙寅为十三日。又卷十五《宣宗纪中》载:"(兴定元年三月)庚寅,长春节。"庚寅亦是十三日。又查《金史·交聘表》,宋、夏、高丽诸国使节均于三月十三日入贺长春节。故可知宣宗的诞节立于三月十三日,命名长春节。

（九）哀宗

哀宗名守绪,承安三年八月二十三日生②。《金史》卷一七《哀宗纪上》载:"(正大四年八月)己巳,万年节,同知集贤院史公奕进《大定遗训》,……"八月己巳,即八月二十三日,可知哀宗诞节命名万年节,立于八月二十三,与其生辰相一致,并未更改。

通过对金朝九帝生辰与诞节之排比,可知诸帝除太祖外,皆曾设诞节。太宗、世宗、海陵、宣宗诸帝,因史书未记其生辰,故其生辰与诞节是否一致,不得而知。哀宗生辰与诞节相符,然则此时已处金代末世,诸国不再派遣使节朝贺,故此例应另当别论。而熙宗、章宗之生辰与诞节,即宋、夏、高丽使节进贺日期不相符合,此为事实。然则何以会发生如此现象?

二、金帝生辰改期受贺之原因

由上文论述可知,金帝中熙宗、章宗生日与诞节不相符。而二帝改期受贺,亦有不同之说法,当逐一明辨。

（一）金熙宗改期受贺之原因

《金史》卷四《熙宗纪》载:"(天会十四年正月)乙酉,万寿节,齐、高丽、夏遣使来贺。上本七月七日生,以同皇考忌日,改用正月十七日。"又《金史》卷七六《完颜襄传》曰:"熙宗圣节盖七月七日,为系景祖忌辰,更用正月

---

① 《金史》卷一四《宣宗纪上》,第301页。

② 《金史》卷一七《哀宗纪上》,第373页。

受外国贺。"景宣皇帝,名宗峻,太祖第二子,熙宗之父,生卒无考。据以上材料可知,金熙宗改期受贺,似乎是为避其父忌日。但如果只是单纯为避父忌日,何必一定选择正月? 恐怕还另有原因。《大金集礼》卷二三记载了熙宗的一个诏令:"天会十三年六月二十一日诏以每岁正月十七日为万寿节,受诸国朝贺。"其下又一行小字曰:"以七月七日景宣皇帝忌辰,又以暑雨泥潦,使驿艰阻,故用正月,而群臣宗戚献寿赐宴,则于生辰之明日。"另外,南宋李心传对此也有记载:"金主亶(即熙宗)以七夕日生,以其国忌,故锡燕诸路用次日。……循契丹旧例,不欲两接使人,因就以正月受礼。自是岁以为例。"① 读了以上材料,心中惑解。熙宗生于七月七日,此时正是北方多雨之季,外国使节入贺,则"暑雨泥潦,使驿艰阻",而将诞节立于正月,一则可以避开雨季,使节沿途较为顺利,二则本国接待也方便。正如南宋人所云"不欲两接使人"。何谓"不欲两接使人"? 宋、金、夏诸国在和好时期,生辰、正旦皆互遣使节。也就是说,金人要做两次接待诸国使节入贺之准备。"不欲两接使人"并非生辰、正旦同时招待,而是将生辰改至与正旦相邻之日,如此沿途之供应,在京之招待,可一次准备,免除两番之烦。故知熙宗改期受贺有双重原因,一是避父忌日,一是因七月"暑雨泥潦",故改于正月受贺,方便本国接待。

(二) 金章宗改期受贺之原因

《金史》卷三八《礼志第十一》载:"(大定二十九年三月)时右丞相(完颜)襄言:'伏见熙宗圣诞七月七日,以景宗忌辰避之,更为翌日,复用正月十七日受外国贺。今圣诞节若依期,令外方人使过界,恐为雨潦所滞,设能到阙,或值阴雨,亦难行礼,乞以正月十一日或三月十五日为圣节,定宋人过界之期。'"此事完颜襄本传中未载,但《金史》卷八三《张汝霖传》载之:"先是,右丞相襄言:'熙宗圣节盖七月七日,为系景祖忌辰,更用正月受外国贺。今天寿节在七月,雨水淫暴,外方人使赴阙,有碍行李,乞移他月为便。'"以上材料所记内容大致相同,只是《礼志》中的材料更加充分。章宗的生辰是七

---

① 《建炎以来系年要录》卷一四五"绍兴十二年五月乙未"条,第2731页。

月二十七,也正值北方多雨之季。如依章宗真正生辰之日期设立诞节,如完颜襄所言,将不可避免地遇到许多问题,例如各国使节因雨季道路难行而不能如期到达,也可能在诞节这一天下雨而不能举行外交礼仪。至于雨天不能行礼的问题,史籍中亦有记载:"大定十七年三月朔万春节,诸国人使将见而大雨作,大宗伯张公问子通曰:'礼当何如?'子通曰:'哀公问孔子曰:诸侯朝于天子而不得见也有四,雨沾服失容,一也。'张公曰:'此非使臣之事。'子通曰:'彼国主之来尚不得见,况其臣乎?'少顷,有敕放朝,士大夫服其知体。"①而金人因雨而辍朝不见使人之事,又见于宋人行记中。《北辕录》记载了淳熙四年(即大定十七年)贺金生辰使副张子政、赵士褒等人使金之经过,其中恰好记载此事,可互相印证:"三月一日雨,免入贺,不尔,必致霑服失容,有习来(如)此者。"可知,金人有雨天不受朝贺之习。故《金史·礼志》所载"或值阴雨亦难行礼"是章宗改期受贺之真正原因。

通过以上考察,发现熙宗、章宗二帝原本之生辰均在七月,其改期受贺的原因都是为了避开雨季,方便诸国人使入贺与行礼。那么,对于金帝真正的生日,又是如何处理呢?《金史·章宗纪》中记载了一个奇怪的事情,即宣宗诞节是双重的。《金史》卷一〇《章宗纪二》载:"(承安二年七月,1197)戊辰,天寿节,御紫辰殿受朝。"又同年"九月辛丑朔,天寿节,宋、高丽、夏遣使来贺"。同一年中有两个天寿节,一是七月二十七日,一是九月初一。而七月二十七日正是章宗真实之诞日,而九月初一为改贺之日。故可知,章宗之天寿节是双重的,真实之诞节受本国臣子朝贺,改期之诞节受诸国使人朝贺。而且类似记载在《章宗纪》中不止一次出现。例如明昌五年:"(七月)丙戌,以天寿节,宴枢光殿,凡从官及承应人遇覃恩迁秩者,并受宣敕于殿前。……九月戊辰朔,天寿节,宋、高丽、夏遣使来贺。"七月丙戌正是七月二十三。又承安四年:"(七月)辛亥,敕宣徽院官,天寿节凡致仕宰执悉召与宴。……九月庚寅朔,天寿节,宋、高丽、夏遣使来贺。"七月辛亥正是七月二

---

① 刘祁:《归潜志》卷五,黄益元点校,载《宋元笔记小说大观》第六册,上海古籍出版社2001年。

十三。故知章宗双重生日之贺并非偶然为之。以此推知,金帝诞节之改期只是一种外交手段,特为方便外国人使来贺而定的权宜之策。对于自己之真实诞节并未抛弃,依然要受本国臣民的朝贺。

三、金帝生辰改期受贺之分析

考察同时期的南宋诸帝,自高宗(1127—1162)至理宗(1125—1264)五帝诞节未见一例改期受贺。故金帝诞节改期受贺,实为一特殊之现象。为何金帝出现改期受贺的现象?其一恐怕与本民族传统习惯有关。洪皓《松漠纪闻》云:"女真旧绝小,正朔所不及;其民不知纪年,问之,则曰我见草青几度矣。盖以草一青为一岁也。自兴兵以后,寖染华风,酋长生朝,皆自择佳辰。粘罕以正旦,兀室以元夕,乌拽马以上巳,其它如重午、七夕、重九、中秋、中、下元、四月八日皆然。"①洪皓在金生活十多年,此记载应较为可靠。可知女真原不重生日,进入中原以后,才"自择佳辰",所谓诞节只是借用形式,其内涵可不必在意。因此如遇到诞节日期适逢雨季,或与某个重要日期相冲突,即可以采用权宜之计,改期受贺。其二恐怕还受契丹旧俗的影响。据《建炎以来系年要录》卷一四五所载,熙宗改期受贺是"循契丹旧例"。而洪皓亦云:"金主生七月七日,以国忌用次日。今朝廷遣使以正月至彼,盖循契丹故事,不欲使人两至也。"②那么,契丹是否有改期受贺之习?据傅乐焕研究,宋辽通和之时,契丹即有改期受贺之制。辽帝中,自辽兴宗始,道宗、天祚帝均改期受贺③。故金帝改期受贺亦是受契丹旧俗之影响。

表五:金帝生辰与诞节表

庙　号	生　　日	受贺日期	节　　名	备　　注
太祖	七月一日	未详	未详	
太宗	未详	十月十五	天清节	
熙宗	七月七日	正月十七	万寿节	改期受贺

① 洪皓:《松漠纪闻》,阳羡生点校,载《宋元笔记小说大观》第三册,上海古籍出版社2001年。
② 同上。
③ 傅乐焕:《宋辽交聘考》,载《辽史丛考》,第241—250页。

（续　表）

庙　号	生　　日	受贺日期	节　　名	备　　注
海陵	未详	正月十六	未详	
世宗	未详	三月一日	万春节	
章宗	七月二十七日	九月一日	天寿节	改期受贺
卫绍王	未详	八月	万秋节	
宣宗	未详	三月十三日	长春节	
哀宗	八月二十三日	八月二十三日	万年节	

第五章　宋金交聘史料研究

本章对涉及宋金交聘的部分史料进行专题研究。首先对宋人使金国信"语录"进行研究。国信语录是宋金交聘的产物。"语录"中主要报告使节出使时的酬答情况,附带记载所经路途及该地风土人情,以备朝廷参考,在宋金交聘研究中,史料价值非常大。因此有必要对使金国信"语录"进行全面的调查。其次,对《金史·交聘表》进行了补正。《金史·交聘表》记载了金朝自收国元年与宋、西夏、高丽三国或往来,或交战的史实,但对金世宗以前的宋金聘使往来记载疏略。笔者收集诸种史料,补正《金史·交聘表》,得百余条。

第一节　宋人使金国信"语录"叙录

"语录",据《汉语大词典》:"文体名,某人或多人言论的记录或摘录。"语录之体,渊源甚长。先秦《论语》、《孟子》之类,门徒记录师生之间的问答,恐怕是中国最早的语录体了。《旧唐书·经籍志》著录有孔思尚《宋齐语录》十卷①,大概是历史上最早的以"语录"命名的著作。真正意义上的"语录"是从唐代禅门开始的。钱大昕说:"达磨西来,自称教外别传,直指

---

① 《旧唐书》卷四六《经籍志》,中华书局 1995 年,第 1995 页。

心印。数传以后,其徒日众,而语录兴焉。……释子之语录,始于唐;儒家之语录,始于宋。"①此言殆不谬也。入宋以来,儒者受禅门影响,多作语录,使这种体裁大行于世。据《宋史·艺文志》,宋儒如程颐、刘安世、谢良佐、张九成、尹焞、朱熹等人,都有"语录"行世。同时,宋以来道教亦效其体而袭其名,如《宋史·艺文志》中所著录的《徐神翁语录》即是。因此宋人云:"语录之类,出于学者所记,所见有浅深,故所记有工拙,盖未能无失也。"②可知宋代语录体之兴盛。

国信语录与上文所说儒、释、道诸家语录不同。国信语录是宋辽、宋金交聘的产物。宋使节出使回来,照例须作一个"语录"上报朝廷。"语录"中主要报告使节出使时的酬答情况,附带记载所经路途及该地风土人情,以备朝廷参考。傅乐焕所言:"《语录》是一个后起的名字。原来它只是使臣返国后所上的一篇奏疏,不知从哪一年起,大家开始采用,此后并一直沿用了这个名字。所谓'某某《上契丹事》'、'某某《行程录》'、'某某《上契丹风俗》'等等名目,全是在'语录'一名没有成立以前,后人引用该记载时所代加的。"③此说尚有疑点。考南宋人的使金语录,既有《金国生辰语录》、《重明节馆伴语录》等以"语录"命名的情况,又有《聘燕录》、《北行日录》不以"语录"命名的情况。因傅先生仅限于使辽语录,并未涉及使金语录,故此结论并不全面。但国信语录,北宋即有之,则是无可否认的事实。况"语录"之名使用已广,故本文亦沿用之。另外,南宋人倪思云:"中兴讲和好,务大体,厌主(疑为生)事,于是馆伴、接伴与夫使房者皆有语录。"④据此来看,无论是馆伴使,接、送伴使,还是使金使都有"语录"上报朝廷。

宋金交往达百余年,但宋使臣之"语录"见于书目记载的已不多,残存至今的"语录"更显珍贵。本文试就书目所载及为它书所引的使金"语录"进

---

① 钱大昕:《十驾斋养新录》卷一八,江苏古籍出版社1997年。

② 方闻一:《大易粹言》卷首,文渊阁《四库全书》本。

③ 见傅乐焕《宋人使辽语录行程考》,载《辽史丛考》,第3页。

④ 倪思:《〈重明节馆伴语录〉序》,载《永乐大典》第五册,卷11312,中华书局1986年,第4811页。

行梳理和叙录。

一、《宣和使金录》

宋连南夫撰。连南夫(1086—1143),字鹏举,湖北安陆人①,《宋史》无传。据《宋史》卷二三载:"(宣和六年春正月)戊寅,遣连南夫吊祭金国。"而《金史·交聘表》亦载,太宗天会元年(宣和五年)"十二月,遣孛堇李靖告哀于宋,二年四月,宋始遣太常少卿连南夫等来吊"。

陈振孙《直斋书录解题》卷七载:"《宣和使金录》一卷,太常少卿安陆连南夫鹏举吊祭阿骨打奉使所记。时宣和六年。"②明代《国史经籍志》卷三有著录:"《宣和使金录》一卷连鹏举。"③但《四库全书总目》不见著录,不知此书佚于何时。

二、《聘燕录》

宋郑汝谐撰。郑汝谐,字舜举,自号东谷居士,青田人,绍兴年间(1131—1162)进士,官至吏部侍郎,徽猷阁待制致仕,有《东谷集》④。据《金史·交聘表》记载:"(章宗明昌四年)正月己巳朔,宋显谟阁学士郑汝谐、均州观察使谯令雍贺正旦。"

《遂初堂书目》载:"郑汝谐《聘燕录》。"⑤未记卷数。未见其他书目著录。今佚。

三、《靖康奉使录》

宋郑望之撰。郑望之(1078—1161),字顾道,彭城人。《宋史》卷三七

---

①　陆心源:《宋史翼》卷九,中华书局1991年。

②　陈振孙:《直斋书录解题》卷七,徐小蛮点校,上海古籍出版社1987年。

③　焦竑撰:《国史经籍志》卷三,冯惠民、李万健等选编:《明代书目题跋丛刊》第一辑上册,书目文献出版社1994年。

④　《宋诗纪事》卷四五。

⑤　尤袤:《遂初堂书目》,海山仙馆丛书本,载《中国历代书目丛刊》第一辑上册,现代出版社1987年。

三《郑望之传》载:"靖康元年,金人攻汴京,假尚书工部侍郎,俾为军前计议使。"

《直斋书录解题》卷五载:"《靖康奉使录》一卷,郑望之撰。"《三朝北盟会编》卷二八有部分引用,书名作《郑望之靖康城下奉使录》。

四、《建炎通问录》

宋傅雱撰。傅雱,生平无考,或谓大理评事瑄之子,浦阳感德人,官至工部侍郎①。建炎元年(1127)六月,特授宣教郎,借工部侍郎,充大金通问使,出使大金军前,通问二帝②。

《直斋书录解题》卷五载:"《建炎通问录》一卷。宣教郎傅雱撰。建炎初,李丞相纲所进。"《文献通考》同。《四库全书总目》存目收录曰:"《建炎通问录》一卷,浙江范懋柱家天一阁藏本。"四库馆臣认为此本"终以馆伴李侗之语,其文未毕,《三朝北盟会编》一百十卷所载缺处亦同,盖后人从徐氏书中录出也"③。此说盖不谬。所谓"浙江范懋柱家天一阁藏本",《中国古籍善本书目》不载,不知流落何处,盖今已佚。

五、《奉使杂录》

宋何铸撰。何铸,字伯寿,余杭人,政和五年(1115)进士,绍兴中,官御史中丞,《宋史》卷三八〇有传。《金史》卷七九载:"皇统元年(1141),宋人请和。二年二月,宋端明殿学士何铸、容州观察使曹勋,进誓表。"《三朝北盟会编》卷二〇六亦载,绍兴十一年(1141)十一月,何铸为端明殿学士、签书枢密院事,出使金国,容州观察使曹勋副之。此两处记载时间是相合的,《三朝北盟会编》所记为出发之时,而《金史》所记为到达时间。

《直斋书录解题》卷七载:"《奉使杂录》一卷。绍兴十二年,何铸使金,所录礼物、名衔、表章之属。"《文献通考》同。《国史经籍志》卷三有著录,未

---

① 宋濂:《浦阳人物记》卷上,文渊阁《四库全书》本。
② 《建炎以来系年要录》卷五"建炎元年五月丁卯"条,第1278页。
③ 永瑢:《四库全书总目》卷五二,中华书局1965年。

记卷数。《四库全书总目》未见,不知佚于何时。

六、《馆伴日录》

《直斋书录解题》卷七载:"《馆伴日录》一卷。无名氏,绍兴二十四年。"其它书目未见著录。

七、《隆兴奉使审议录》

宋雍希稷撰。雍希稷,字尧佐,生平无考。

《直斋书录解题》卷七载:"《隆兴奉使审议录》一卷。左奉议郎雍希稷尧佐撰。隆兴二年,编修官胡昉、阁门祗候杨由义使金人军前,审议海、泗、唐、邓等事,不屈而归。希稷,其礼物官也,所记抗辩应对之语多出由义。"《文献通考》同。《国史经籍志》卷三载:"《隆兴奉使审议录》一卷。"此书《四库全书总目》不载,恐早亡佚。

八、《金国行程》

《郡斋读书志》卷六著录:"《金国行程》十卷,皇朝汪藻编。"①《文献通考》同。四库馆臣认为汪藻从未北行,不会是《金国行程》的作者②。但晁氏曰此书为编,而非撰,或汪藻以他人所著"使金语录"编纂而成,也未为可知。胡注《资治通鉴》卷二六九中引有一段《金虏行程》,经笔者查对,与钟邦直《奉使行程录》第十一至第十四程相合。且从现存情况及书目记载来看,出使语录通常只有一到二卷。晁氏所记《金国行程》十卷,或据数份"使金语录"编纂而成。

九、《茆斋自叙》

宋马扩撰。马扩,字子充,狄道人,中嘉王榜武举③。重和元年(1118)

---

① 晁公武:《郡斋读书志》卷六,孙猛校证本,上海古籍出版社1990年。
② 《四库全书总目》卷五二。
③ 参见熊克《中兴小记》卷三,《宋诗纪事》卷四〇。

九月随父登州防御使马政，渡海赴金，商议攻辽事宜。后又于宣和元年（1119）、宣和二年、宣和四年、宣和五年几次出使金国。《中兴小纪》卷二五载："（绍兴八年八月）甲子，宰执奏，马扩将到《奉使录》，记海上之盟约金人夹攻事。"此《奉使录》恐即为《茆斋自叙》。此书宋代书目不见记载，《三朝北盟会编》数次引用。

十、《乾道奉使录》

宋姚宪撰。姚宪，字令则，父舜明，官至徽猷阁待制①，《宋史》无传。姚宪使金之事，《宋史》卷三四记载："（乾道八年二月）戊申，遣姚宪等使金，贺上尊号，附请受书之事。"

《直斋书录解题》卷七载："《乾道奉使录》一卷。参政诸暨姚宪令则乾道壬辰使金日记。"《文献通考》同。此书宋以后仅见载于《国史经籍志》卷三："《乾道奉行录》一卷，姚宪。"恐早佚。

十一、《重明节馆伴语录》

宋倪思撰。倪思（1147—1221），字正甫，湖州归安人，《宋史》卷三九八有传。

此书宋代书目无著录。《四库全书总目》卷五二曰："《重明节馆伴语录》一卷，永乐大典本，宋倪思撰。思有《班马异同》，已著录。此书据《永乐大典》，标题乃思《承明集》之一篇。盖绍熙二年七月金遣完颜兖、路伯达来贺重明节，思为馆伴，因纪一时问答之词，馈送之礼。"可知《重明节馆伴语录》收入《承明集》中。据宋魏了翁所撰《显谟阁学士特赐光禄大夫倪公墓志铭》②，倪思著述中有《承明集》四十卷，藏于家中。明代《文渊阁书目》卷一著录："倪思《承明集》一部十册。"③今佚。四库馆臣所云永乐大典本今不见于《四库存目丛书》，但意外地保留在现存的《永乐大典》残卷中。《永乐

---

① 施宿：《嘉泰会稽志》卷一五，载《宋元方志丛刊》第七册，中华书局 1990 年。
② 魏了翁：《鹤山集》卷八五《显谟阁学士特赐光禄大夫倪公墓志铭》，四部丛刊初编本。
③ 杨士奇：《文渊阁书目》卷一，冯惠民、李万健等选编：《明代书目题跋丛刊》上册。

大典》卷 11312"馆伴"条载有倪思《重明节馆伴语录序》一篇,后附有《重明节馆伴语录》全文。重明节是宋光宗诞节。

十二、《燕云奉使录》

宋赵良嗣撰。赵良嗣本名马植,世为辽国大族,仕宋后改名李良嗣,后徽宗赐姓赵,仕至光禄卿。因鼓动徽宗联金灭辽,宣和二年(1119)至四年间几次使金,议取燕京。宋金交恶后,靖康元年(1127)四月,以其"结成边患,败契丹百年之好,使金寇侵陵,祸及中国"之罪被处死①。此书历代书目不载,唯《三朝北盟会编》、《建炎以来系年要录》等书部分引用。

十三、《绍兴甲寅通和录》

宋王绘撰。王绘,生平无考。《建炎以来系年要录》卷六四曰:"绘,仲通子也。上以其父使金不屈而死,故录之。"是知王绘之父名仲通,亦曾使金。绍兴四年(1134)八月,王绘以副使身份使金②。

此书宋代书目不见录,唯《三朝北盟会编》、《建炎以来系年要录》部分引用。《四库全书总目》卷五二载:"《绍兴甲寅通和录》一卷,浙江范懋柱家天一阁藏本,宋王绘撰。绍兴四年,以和议未成,遣魏良臣如金,绘副之。是时,金军压境,朱胜非尚主和议,赵鼎颇不以为然。良臣等行至天长,仅达国书而还。绘因备录其事,盖鄙胜非等之无谋也。绘父名仲通,宣和中为平海军承宣使,以书抵蔡攸,力言用兵有十不可。其书附载卷末,盖其父子皆有度时之识云。"

此书天一阁藏本,《中国古籍善本书目》不见载,恐已亡佚。从四库馆臣的记述来看,此版本或从《三朝北盟会编》抄出。此书宋代书目未见著录,可知此书在宋代流传不广,并未刊刻。《三朝北盟会编》中所引《绍兴甲寅通和录》后亦附有王仲通书,与《四库全书总目》所记相符。

---

① 参见《宋史》卷四七二《赵良嗣传》,第 13735 页。
② 《建炎以来系年要录》卷七九"绍兴四年八月乙未"条,第 1494 页。

十四、《使金录》

宋程卓撰。程卓（1153—1223），字从元，休宁人，淳熙十一年（1184）进士，官至同知枢密院事，封新安郡侯，赠特进资政殿大学士，谥正惠。有奏议、文集二十卷①。程卓是嘉定四年贺正旦使，《宋史》卷三九载："（嘉定四年九月，1211）丁丑，遣程卓使金贺正旦。"

《使金录》宋代书目不见载，唯《续文献通考》卷一六三载："程卓《使金录》一卷。"②明代的《新安文献志》全文收录了程卓的《使金录》③。《四库总目提要》卷五二记载："《使金录》一卷，编修汪如藻家藏本。"现存版本有清乾隆五十七年释在观抄本，清李鹤俦抄本。

十五、《使燕录》

宋余嵘撰。余嵘（1163—1238），《宋史》无传。据刘克庄所撰《龙学余尚书神道碑》，字景瞻，世居衢之龙游县。淳熙进士，历敷文阁直学士兼兵部尚书，以光禄大夫致仕，赠少师，谥壮敏④。《宋史》卷三九载："（嘉定四年）六月丁亥，遣余嵘贺金主生辰，会金国有难不至而还。"与刘克庄所撰神道碑亦相合。

其《神道碑》曰："公有《使燕录》一卷，纪金虏情况尤详。"《直斋书录解题》卷七亦有载："《使燕录》一卷，尚书户部郎龙游余嵘景瞻撰。嘉定辛未（四年），嵘使金贺生辰，会有虏寇，行至涿州定兴县而回。"《文献通考》同。《国史经籍志》卷三有著录。《使燕录》今佚。《湛渊静语》卷二录有《使燕日录》部分佚文⑤，此《使燕日录》或即为《使燕录》，存疑。

---

① 参见傅伯成《大宋故正议大夫守同知枢密院事致仕新安郡开国侯食邑一千三百户食实封二百户赠特进资政殿大学士程公卓行状》，载《新安文献志》卷七四。又见卫泾《后乐集》卷一八《故特进资政殿大学士程公墓志铭》。
② 王圻：《续文献通考》卷一六三，现代出版社 1986 年。
③ 见程敏政《新安文献志》卷三四，文渊阁《四库全书》本。
④ 参见刘克庄《后村先生大全集》卷一四五《龙学余尚书神道碑》。
⑤ 白珽：《湛渊静语》卷二，文渊阁《四库全书》本。

十六、《奉使金国语录》

宋章谊撰。章谊（1078—1138），字宜叟，建州浦城人，登崇宁四年（1105）进士第，谥忠恪。据《宋史·艺文志》，有奏议二卷，文集二十卷，今不存。《宋史》卷三七九《章谊传》载："（绍兴）四年，金遣李永寿、王翊来求还刘豫之俘及西北人在东南者，又欲画江以益刘豫。时议难之，欲遣大臣为报使。参政席益以母老辞，荐谊为代，加谊龙图阁学士，充军前奉表通问使，给事中孙近副之。"《宋史》卷二七亦载："（绍兴四年春正月，1134）遣章谊等为金国通问使。"

《读书附志》载："章忠恪《奉使金国语录》一卷，右。绍兴三年章谊以龙图阁学士、枢密都承旨充军前奉表通问使，给事中孙近副之。谊录其报聘之语也。谊字且叟。"①按"三年"恐为"四年"之误，"且叟"为"宜叟"之误。其它书目不见著录。

十七、《北辕录》

宋周煇撰。周煇（1127—?），字昭礼，泰州人，著有《清波杂志》。

据《北辕录》，此次出使贺金国生辰，使、副分别是敷文阁待制张子政与右监门卫大将军赵士褒②。而《宋史》卷三四亦载："（淳熙三年十一月）庚午，遣张子正等贺金主生辰。"与之相合。

《北辕录》宋代书目无载，《说郛》收录，并标著者为周煇③。《国史经籍志》卷三亦载："《北辕录》宋周煇。"

周煇在《清波杂志》中自言，曾从使节出疆，且出使时间亦与《北辕录》所载相合，可断定此《北辕录》确为周煇所作④。然《黄氏日抄》载有《跋俞

---

① 赵希弁：《读书附志》卷上，上海古籍出版社 1990 年。
② 周煇：《北辕录》，丛书集成新编本。
③ 陶宗仪：《说郛》卷五六。
④ 参见周煇《清波杂志》卷九"行纪"条、卷三"朔北气候"条、卷五"朔庭苦寒"条，中华书局 1994 年。

奉使北辕录（庭椿）》："奉使俞公，身入京洛，历览山川，访问故老，归而录之，慷慨英发，意在言外。而中原之故老，皆我宋之遗黎，一一能为奉使公吐情实，亦足见忠义人心之所同，览之不觉流涕。或者因以忠信行蛮貊，襃之，是置中原于度外，弃赤子为龙蛇也。呜呼，岂奉使公作录本心哉。"①另据《江西通志》："俞廷（庭）椿，字寿翁，临川人，乾道进士，使金还，差江西安抚司幹官。……倜傥有大志，而廉介自将，自北还，因纪次其道路所经山川、人物与夫言论事物之可备采用者，为《北辕录》。"②据上述材料可知俞庭椿曾使金，并撰有《北辕录》。据《宋史·艺文志》记载，俞庭椿著有《周礼复古编》三卷，然不见著录《北辕录》。或与现存《北辕录》为二书。

十八、《揽辔录》

宋范成大撰。范成大（1126—1193），字致能，号石湖居士，吴县（今江苏苏州）人，绍兴二十四年（1154）进士，累官至参知政事，谥文穆。《宋史》卷三四载："（乾道六年五月）戊子，遣范成大等使金，求陵寝地且请更定受书礼。"可知范成大于乾道六年以泛使身份使金。

《读书附志》卷上载："《揽辔录》二卷，右。范成大乾道六年以资政殿大学士、左中大夫、醴泉观使兼侍读、丹阳郡开国公食邑三千户食实封八百户，与崇信军节度使、领阁门事兼客省四方馆事、信安郡开国侯食邑一千六百户食实封四百户康湑为奉使大金国信使副，其往返地理日记也。"《文献通考》同。《宋史·艺文志》著录："《揽辔录》一卷。"另《文渊阁书目》卷二著录："石湖居士《揽辔录》一部一册。"未记卷数。《千顷堂书目》卷一五亦有著录，未记卷数。据刘浦江云，此书原本久佚，明清以来通行诸本，大抵源于陶宗仪《说郛》，而《说郛》本虽于书名下注有"卷全"者，实则是一个相当简略的节本③。

---

① 黄震：《黄氏日抄》卷九一。
② 《江西通志》，文渊阁《四库全书》本。
③ 参见刘浦江《范成大〈揽辔录〉佚文真伪辨析》，载《辽金史论》，辽宁大学出版社 1999 年。

十九、《北行日录》

宋楼钥撰。楼钥(1137—1213),字大防,号攻媿主人,鄞县(今浙江宁波)人。隆兴进士,官至同知枢密院事、参知政事,著有《攻媿先生文集》一百二十卷,今存一百一十二卷。据《宋史》卷三四载:"(乾道五年,1169)冬十月乙酉,遣汪大猷等使金贺正旦。"楼钥以书状官从其舅汪大猷使金。

《直斋书录解题》卷七载:"《北行日录》一卷,参政四明楼钥大防乾道己丑(1169)待次温州教授,以书状官从其舅汪大猷仲嘉使金纪行。"故知宋代尚有《北行日录》单行本流传。《国史经籍志》卷三载:"楼钥《北行杂录》一卷。"恐《北行杂录》即为《北行日录》。《北行日录》现存于《攻媿先生文集》中,析为上下两卷。此外有知不足斋丛书本。经笔者将两个本子相对,发现差别很小,盖知不足斋丛书本以《攻媿先生文集》为底本抄出。

二十、《金国生辰语录》

《宋史·艺文志》载,韩元吉《金国生辰语录》一卷。韩元吉(1118—1187),字无咎,号南涧,开封(今河南开封)人,累官吏部尚书,封颍川郡公,著《南涧甲乙稿》七十卷及《愚赣录》十卷。《南涧甲乙稿》明代尚存①,今唯存大典本。《金国生辰语录》仅见录于《宋志》,《南涧甲乙稿》不见收录。

二十一、《宣和乙巳奉使行程录》

钟邦直撰。钟邦直,史无考,据本录,宣和六年七月,钟邦直以管押礼物官随许亢宗一行使金,贺金太宗吴乞买即皇帝位。此事《宋史》卷二二有载:"(宣和六年)秋七月戊子,遣许亢宗贺金国嗣位。"与之相合。

《宣和乙巳奉使行程录》又作《奉使金国行程录》、《行程录》、《旧帐行程录》。此书不见历代书目著录,佚文存于《三朝北盟会编》、《建炎以来系年

---

① 参见祝尚书《宋人别集叙录》卷一九,中华书局1999年。

要录》及《大金国志》。由于传抄之误,该书长久以来被误以为是许亢宗所著。陈乐素先生早在上世纪三十年代就撰文澄清了这一事实①。其文辨析入微,言之有理,成为定论。

二十二、《靖康大金山西军前和议录》

李若水撰。李若水(1093—1127),原名若冰,因"若冰"音同"弱兵",钦宗厌,遂赐名"若水",字清卿,洺州曲周(今河北曲周)人。靖康二年随宋钦宗至金营,被害。据《三朝北盟会编》所引《靖康大金山西军前和议录》:"靖康元年八月二十四日若水等被旨日下出门,差往大金山西军前和议。"与《宋史》卷二三"(靖康元年八月)乙卯,遣徽猷阁待制王云、阁门宣赞舍人马识远使于金国,秘书著作佐郎刘岑、太常博士李若水分使其军议和"记载相合。现存李若水《忠愍集》三卷,中无此录。《忠愍集》,《书录解题》作十二卷。《宋史·艺文志》作十卷。现存《忠愍集》乃四库馆臣从《永乐大典》录出,已非完秩。《和议录》无全本,佚文见《三朝北盟会编》及《建炎以来系年要录》。

二十三、《建炎假道高丽录》

杨应诚撰。杨应诚,生平无考。《宋史》卷二五载:"(建炎二年三月丁未)遣杨应诚为大金高丽国信使。"此次使金,本意是想从高丽入金,"仰问二帝于五国城",未果而回。《朝鲜使略》记此事本末甚详②。《直斋书录解题》卷五曰:"《建炎假道高丽录》一卷,杨应诚撰。取道辽东,奉使金虏,不达而还。"《文献通考》同。本录已佚,佚文见于《建炎以来系年要录》。

二十四、《松漠纪闻》

洪皓撰。洪皓(1088—1155),字光弼,饶州鄱阳(今江西鄱阳)人,政和

---

① 参见陈乐素《三朝北盟会编考》,载《求是集》第一集。
② [朝鲜]佚名:《朝鲜史略》卷六,文渊阁《四库全书》本。

进士。建炎三年（1129）以徽猷阁待制假礼部尚书使金，羁留十五年方归。《松漠纪闻》由其子洪迈裒辑成集，其题记略曰："右《松漠纪闻》一卷。先君衔使十五年，深陷穷漠，耳目所接，随笔纂闻……"①可知《松漠纪闻》本为一卷，《宋史·艺文志》记为二卷。本书《遂初堂书目》有著录，不记卷数。《文渊阁书目》卷二载："《松漠纪闻》一部一册。"未记卷数。现存版本，据《中国古籍善本书目》记载，有以下几种版本：《松漠纪闻》二卷，补遗一卷，明刻本；《松漠纪闻》二卷，补遗一卷，清乾隆四十一年吴翌凤抄本；《松漠纪闻》二卷，清抄本，清王宗炎校并跋；《松漠纪闻》一卷续一卷，明抄本；《松漠纪闻》一卷续一卷，清抄本（四库底本）；《松漠纪闻》一卷补遗一卷，清抄本。

二十五、《奉使执礼录》

宋郑俨撰。郑俨，生平无考。

《直斋书录解题》卷七载："《奉使执礼录》一卷，进士郑俨撰。淳熙己酉，中书舍人莆田郑侨惠叔使金贺正旦，会其主雍病笃，欲令于阁门进国书，侨不可，已而雍殂，遂回。"以此知郑俨应是郑侨之属官，跟从郑侨出使。郑侨，字惠叔，兴化人，乾道五年进士第一，签书镇南军节度判官。光宗朝，权吏部尚书。宁宗朝，拜参知政事，以观文殿学士致仕②。又《宋史》卷三五："（淳熙十五年）己酉，遣郑侨等使金贺正旦。"与《直斋书录解题》合。《文献通考》同。他书未见著录。

第二节　《金史·交聘表》补正

在元人所修的《宋史》、《金史》、《辽史》三部史书中，《金史》以"叙事最详核，文笔亦极老洁"③而胜出。特别是《金史》有《交聘表》，此体例为其所

---

① 洪迈：《盘洲文集》卷六二《题〈松漠纪闻〉》。
② 《宋诗纪事》卷五三。
③ 赵翼：《廿二史札记》卷二七，黄寿成校点，辽宁教育出版社2000年。

独有。《金史·交聘表》记载了金自收国元年以来与宋、西夏、高丽三国或往来、或交战的史实,使其外交情况一目了然。然《交聘表》亦有可补可正之处。《金史·交聘表》对金世宗以前宋金聘使往来记载较为疏略,其国信使副姓名多为阙省。笔者收集史料,补正《金史·交聘表》,得百余条。补正仅限于宋金使者往来,有关宋金战事、宋夏、宋丽使者往来,因精力有限,故略而不作。

体例:1.《金史·交聘表》使用金代纪年,故若《金史·交聘表》有确切时间,则用金代纪年。若所补正之条来自宋人记载,《金史·交聘表》没有明确时间,则使用南宋纪年;其后均标出公元纪年。2. 首行为补正之条。其下用按语注明资料出处及辨正。3. 所补正内容以高宗建炎元年为始。4. 宋金双方记载的出使时间不同,有的是下诏时间,有的是出发时间,有的是到达时间,故时间上有出入,此为正常。

一、《金史·交聘表》不载之条

1. 高宗建炎元年(1127)六月,宋遣宣议郎特迁宣教郎假工部侍郎傅雱,阁门宣赞舍人马识远为大金通问使,致书左副元帅宗维。

按此事《金史·交聘表》不载。《建炎以来系年要录》卷六“建炎元年六月戊寅”条记载:“宣议郎傅雱特迁宣教郎充大金通问使,……(高宗)乃命纲草二帝表,付雱以行,因献二帝衣各一袭,且致书左副元帅宗维,谕意,仍遗宗维锦十匹,玳瑁器三事。雱遂与其副阁门宣赞舍人马识远偕行。”又《三朝北盟会编》卷一〇八《炎兴下帙八》载:“(建炎元年六月八日)傅雱特授宣教郎借工部侍郎,充大金通问使。”

2. 建炎元年(1127)十一月,宋遣朝奉郎王伦假刑部侍郎,修武郎朱弁借吉州团练使见左副元帅宗维。

按此事《金史·交聘表》不载。据《建炎以来系年要录》卷一〇“建炎元年十一月辛卯”条载:“朝奉郎王伦为大金通问使。时河东军前通问使宣教郎傅雱,副使阁门宣赞舍人马识远至汴京,诏趣还,问所得金人意,复遣伦与阁门宣赞舍人朱弁见左副元帅宗维议事。”《宋史》卷三七一《王伦传》载:

"建炎元年,选能专对者使金问两宫起居,迁朝奉郎假刑部侍郎充大金通问使,阁门舍人朱弁副之,见金左副元帅宗维议事,金留不遣。"《宋史》卷三七三《朱弁传》载:"建炎初,议遣使问安两宫。弁奋身自献,诏补修武郎,借吉州团练使,为通问副使。"

3. 建炎二年(1128)五月,宋遣资政殿大学士提举万寿观宇文虚中充大金祈请使,武臣杨可辅副之。

按此事《金史·交聘表》不载。据《建炎以来系年要录》卷一五"建炎二年五月丙申"条载:"大中大夫宇文虚中复资政殿大学士提举万寿观,充大金通问使,武臣杨可辅副之。寻改虚中为祈请使。"

4. 建炎二年(1128),宋遣宣议郎刘海借中大夫、试户部尚书为大金通问使,拱卫大夫、合州防御使王贶副之。

按此事《金史·交聘表》不载。《三朝北盟会编》卷六四载:"汪伯彦《时政纪》曰:'建炎二年,朝廷遣刘海等奉使,海至京师,退留不进。'"又《三朝北盟会编》卷一二〇载:"(建炎三年正月)六日乙酉,刘海、王贶奉使金国回。先是已遣宇文虚中、杨可辅为祈请使副,使于金国。再议遣宣议郎借中大夫试户部尚书刘海通问使,拱卫大夫合州防御使王贶副之。海等到京师,迟迟其行,上闻之,命留守司促海等行到金国。"可知刘海等人后于宇文虚中出使,应在建炎二年五月丙申以后,但具体时间,史不详载。

5. 建炎二年(1128)十一月,宋遣右奉议郎假朝奉大夫尚书礼部侍郎魏行可充大金军前通问使,右武大夫果州团练使郭元迈副之。

按此事《金史·交聘表》不载。据《建炎以来系年要录》卷一八"建炎二年十一月戊戌"条载:"初太学生建安魏行可应诏使绝域,补右奉议郎假朝奉大夫尚书礼部侍郎充大金军前通问使,右武大夫果州团练使郭元迈副之。仍命行可兼河北京畿抚谕。戊戌,行可等渡河,见金人于澶渊。"

6. 建炎三年(1129)正月,宋遣陕府西路转运判官李邺任大金祈请使,兵部员外郎宋彦通副之,出使河东军前。

按此事《金史·交聘表》不载。《三朝北盟会编》卷一二〇载:"(建炎三年正月)十七日己丑,遣祈请大金国信使李邺、周望等。"又《建炎以来系年要录》卷一九"建炎三年正月己丑"条载:"初朝廷闻刘海等得归,议更遣人使金。乃召责授果州团练副使李邺复其官,与中书舍人周望分往河东、北,而以兵部员外郎宋彦通、左武大夫贵州防御使同管客省四方馆阁门公事吴德休副之。"查李邺原官为陕府西路转运判官。

7. 建炎三年(1129)正月,宋遣中书舍人周望任大金祈请使,左武大夫贵州防御使同管客省四方馆阁门公事吴德休副之,出使河北军前。

按此事《金史·交聘表》不载。《三朝北盟会编》卷一二〇载:"(建炎三年正月)十七日己丑,遣祈请大金国信使李邺、周望等。"又《建炎以来系年要录》卷一九"建炎三年正月己丑"条载:"初朝廷闻刘海等得归,议更遣人使金。乃召责授果州团练副使李邺复其官,与中书舍人周望分往河东、北,而以兵部员外郎宋彦通、左武大夫贵州防御使同管客省四方馆阁门公事吴德休副之。"

8. 建炎三年(1129)三月,以承奉郎黄大本假朝奉大夫、直秘阁、赐金紫为先期告请使,进武校尉吴时敏假武义大夫、阁门宣赞舍人副之。

按此事《金史·交聘表》不载。《建炎以来系年要录》卷二一"建炎三年三月戊子"条:"乃以(黄大本)为承奉郎假朝奉大夫直秘阁赐金紫,进武校尉吴时敏为秉义郎阁门祗候假武义大夫阁门宣赞舍人,并为先期告请使以行。"

9. 建炎三年(1129)五月,遣徽猷阁待制洪皓假礼部尚书充大金通问使,武功郎龚琦假明州观察使副之。

按此事《金史·交聘表》不载。《建炎以来系年要录》卷二三"建炎三年五月乙酉"条:"起复朝散郎洪皓为徽猷阁待制假礼部尚书充大金通问使……以武功郎龚琦为右武大夫假明州观察使副之。"

10. 建炎三年(1129)七月,以朝奉郎监诸司审计司崔纵为中奉大夫、右文殿修撰假工部尚书充奉使大金军前使,武节郎阁门宣赞舍人郭元明为武显大夫、忠州刺史副之。

按此事《金史·交聘表》不载。《建炎以来系年要录》卷二五"建炎三年七月丁酉"条:"朝奉郎、监诸司审计司崔纵为中奉大夫、右文殿修撰假工部尚书充奉使大金军前使，武节郎阁门宣赞舍人郭元明为武显大夫、忠州刺史副之。"

11. 建炎三年（1129）八月，宋遣朝散大夫、京东路转运判官杜时亮为秘阁修撰假资政殿学士充奉使大金军前使，进士宋汝为授修武郎假武功大夫、开州刺史副之。

按此事《金史·交聘表》不载。《建炎以来系年要录》卷二六"建炎三年八月丁卯"条："朝散大夫、京东路转运判官杜时亮为秘阁修撰假资政殿学士充奉使大金军前使，进士宋汝为授修武郎假武功大夫、开州刺史副之。"

12. 建炎三年（1129）九月，宋遣迪功郎张邵为奉议郎直龙图阁假礼部尚书充大金军前通问使，起复武翼郎杨宪为武义大夫副之。

按此事《金史·交聘表》不载。《建炎以来系年要录》卷二八"建炎三年九月丙辰"条："丙辰，迪功郎张邵为奉议郎直龙图阁假礼部尚书充大金军前通问使，起复武翼郎杨宪为武义大夫副之。……见左监军完颜昌于昌邑。"

13. 建炎三年（1129）十一月，宋遣通直郎孙悟假尚书兵部员外郎充大金军前致书使，忠翊郎卞信臣假阁门祗候副之。

按此事《金史·交聘表》不载。《建炎以来系年要录》卷二九"建炎三年十一月戊午"条："戊午，承奉郎致仕孙悟落为通直郎，假尚书兵部员外郎，充大金军前致书使，承信郎卞信臣为忠翊郎，假阁门祗候副之。"

14. 高宗绍兴二年（1132）九月，宋遣左承议郎潘致尧假吏部侍郎为大金奉表使兼军前通问使，武经郎高公绘假武功大夫、忠州刺史副之。

按此事《金史·交聘表》不载。《建炎以来系年要录》卷五八"绍兴二年九月壬戌"条载："壬戌，以左迪功郎潘致尧为左承议郎假吏部侍郎为大金奉表使兼军前通问，秉义郎高公绘为武经郎、假武功大夫、忠州刺史副之。"

15. 绍兴三年（1133）六月，宋遣端明殿学士、同签书枢密院事韩肖胄充大金军前奉表通问使，胡松年试工部尚书副之。

按此事《金史·交聘表》不载。《建炎以来系年要录》卷六五"绍兴三年五月丁卯"条："丁卯，尚书吏部侍郎韩肖胄为端明殿学士、同签书枢密院事，充大金军前奉表通问使，给事中胡松年试工部尚书充副使。"又同书卷六六

"绍兴三年六月丁亥"条:"丁亥,同签书枢密院事韩肖胄、工部侍郎胡松年入辞。"

16. 绍兴四年(1134)正月,金遣元帅府议事官安州团练使李永寿、尚书职方郎中王翊来议事。

按此事《金史·交聘表》不载。据《建炎以来系年要录》卷七二"绍兴四年正月"条:"绍兴四年春正月辛亥朔,上在临安,金国元帅府通书官李永寿等入见。……丙寅,金国元帅府议事官安州团练使李永寿、尚书职方郎中王翊辞行。"

17. 绍兴四年(1134)正月,宋遣龙图阁学士枢密都承旨章谊为大金军前奉表通问使,给事中孙近副之。

按此事《金史·交聘表》不载。《建炎以来系年要录》卷七二"绍兴四年正月乙卯"条:"乙卯,龙图阁学士枢密都承旨章谊为大金军前奉表通问使,给事中孙近副之。"

18. 绍兴四年(1134)八月,宋遣左朝散郎魏良臣假工部侍郎充大金国军前奉表通问使,武显大夫王绘假右武大夫、果州团练使副之。

按此事《金史·交聘表》不载。《建炎以来系年要录》卷七九"绍兴四年八月乙未"条载:"乙未,左宣教郎守尚书吏部员外郎魏良臣为左朝散郎,充大金国军前奉表通问使,武德郎阁门宣赞舍人王绘为武显大夫副之。仍命良臣假工部侍郎,绘假右武大夫、果州团练使。"

19. 绍兴五年(1135)五月,宋遣修武郎何藓充大金军前问安使,承节郎、都督行府帐前准备差使范宁之副之。

按此事《金史·交聘表》不载。《建炎以来系年要录》卷八九"绍兴五年五月辛巳"条载:"忠训郎、阁门祗候何藓特迁修武郎,赴大金国军前奉表通问二圣。"又同书卷九五载:"乃遣承节郎、都督行府帐前准备差使范宁之与问安使何藓偕行"。

20. 绍兴七年(1137)二月,宋遣徽猷阁待制假直学士王伦充迎奉梓宫使,武经大夫、达州刺史高公绘副之。

按此事《金史·交聘表》不载。《建炎以来系年要录》卷一〇九"绍兴七年二月庚子"条载:"右文殿修撰、主管台州崇道观王伦为徽猷阁待制,充奉使大金国迎奉梓宫使。武节郎、阁门宣赞舍人高公绘为武经大夫、达州刺史副之。"又《宋史》卷三七一《王伦传》载:"(绍兴)七年春,徽宗及宁德后讣至,复以伦为徽猷阁待制,假直学士,充迎奉梓宫使,以朝请郎高公绘副之。"可知遣使是在春季,而《宋会要辑稿》职官五一之一二将此事记为绍兴七年十二月,恐是"二月"之误。

21. 绍兴八年(1138)六月,金遣福州管内观察使、太原府少尹、河东北路制置都总管乌凌阿思谋,中散大夫、太常少卿、骑都尉石庆克来议事。

按此事《金史·交聘表》不载。据《建炎以来系年要录》卷一二〇"绍兴八年六月"条载:"丁丑,金国人使福州管内观察使、太原府少尹、河东北路制置都总管乌凌阿思谋,中散大夫、太常少卿、骑都尉石庆克入见。"

22. 绍兴八年(1138)七月,宋遣徽猷阁直学士、提举万寿观王伦假端明殿学士为奉迎梓宫使,右武大夫、荣州防御使、知阁门事蓝公佐假庆远军承宣使副之。

按此事《金史·交聘表》不载。《建炎以来系年要录》卷一二一"绍兴八年秋七月乙酉"条载:"乙酉朔,诏徽猷阁直学士、提举万寿观王伦,假端明殿学士为奉迎梓宫使,大理寺丞陈括为尚书金部员外郎假徽猷阁待制副之。"又同卷:"丁亥,右武大夫、荣州防御使、知阁门事蓝公佐假庆远军承宣使,充奉使大金国奉迎梓宫副使,代陈括也。"知此次出使之副使是蓝公佐,非陈括。

23. 绍兴九年(1139)八月,宋遣试尚书礼部侍郎苏符充大金正旦使,知阁门事王公亮副之。

按此事《金史·交聘表》不载。《建炎以来系年要录》卷一三一"绍兴九年八月"条载:"庚午,给事中苏符充贺大金正旦使,知阁门事王公亮充副使。"又同书卷一三二"绍兴九年九月癸未"条载:"给事中苏符试尚书礼部侍郎,仍兼资善堂翊善。"又同书卷一三四"绍兴十年二月丙申"条载:"礼部侍郎充大金贺正旦使苏符自东京还行在。"可知确有此行。

24. 绍兴十一年(1141)九月,宋遣拱卫大夫、利州观察使刘光远充军前通问使,拱卫大夫、忠州防御使曹勋副之。

　　按此事《金史·交聘表》不载。《建炎以来系年要录》卷一四一"绍兴十一年九月乙卯"条载:"朝议遣(刘)光远往聘,而光远方以赃罪为监司所按,故趣召之,……遂以为拱卫大夫、利州观察使。而左武大夫、吉州刺史曹勋亦遣拱卫大夫、忠州防御使,令与光远偕行。"

　　25. 绍兴十一年(1141)十月,宋遣尚书吏部侍郎魏良臣充大金军前通问使,翊卫大夫、保信军承宣使、知阁门事王公亮为福州观察使副之。

　　按此事《金史·交聘表》不载。《建炎以来系年要录》卷一四一"绍兴十一年十月壬午"条载:"壬午,权尚书吏部侍郎魏良臣落权字,充大金军前通问使。翊卫大夫、保信军承宣使、知阁门事王公亮落阶官,为福州观察使副之。"

　　26. 绍兴十一年(1141)十一月,金元帅宗弼遣昭武大将军、行台尚书户部兼工部侍郎、兼左司郎中、上轻车都尉、兰陵县开国伯、食邑七百户萧毅为正使,中宪大夫、充翰林待制同知制诰、兼右谏议大夫、河间县开国子、食邑五百户邢具瞻副之,奉使江南。

　　按此事《金史·交聘表》不载。据《建炎以来系年要录》卷一四二"绍兴十一年十一月"条载:"是日(己亥),金国都元帅宗弼遣魏良臣等还。许以淮水为界,岁币银帛各二十五万匹两,又欲割唐、邓二州,因遣其行台户部侍郎萧毅、翰林待制同知制诰邢具瞻审定可否。"又据同卷引《绍兴讲和录》载金元帅府书:"今遣昭武大将军、行台尚书户部兼工部侍郎、兼左司郎中、上轻车都尉、兰陵县开国伯、食邑七百户萧毅,中宪大夫、充翰林待制同知制诰、兼右谏议大夫、河间县开国子、食邑五百户邢具瞻等奉使江南。"

　　27. 绍兴十二年(1142)八月,宋遣参知政事万俟卨充大金报谢使,保信军承宣使邢孝扬副之。

　　按此事《金史·交聘表》不载。《建炎以来系年要录》卷一四六"绍兴十二年八月"条载:"甲戌,御史中丞兼侍读万俟卨为参知政事,充大金报谢使……乙亥,荣州防御使、带御器械邢孝扬充大金报谢副使。翌日,迁孝扬保信军承宣使。"

28. 绍兴十三年(1143)十二月,金遣左金吾卫上将军、右宣徽使完颜晔充贺正旦使,秘书少监马谔副之。

按此事《金史·交聘表》不载。据《建炎以来系年要录》卷一五〇"绍兴十三年十二月"条载:"己酉,大金贺正旦使副左金吾卫上将军、右宣徽使完颜晔,秘书少监马谔见于紫宸殿。"

29. 绍兴十四年(1144)正月,宋遣吏部尚书罗汝楫来报谢,瀛海军承宣使、知阁门事郑藻副之。

按此事《金史·交聘表》不载。据《建炎以来系年要录》卷一五一"绍兴十四年正月"条载:"戊午,吏部尚书罗汝楫为大金报谢使,瀛海军承宣使、知阁门事郑藻副之,以金来贺正故也。"

30. 绍兴十四年(1144)五月,金遣骠骑大将军、安国军节度使乌雅和为贺宋生辰使,通议大夫、行大理少卿孟浩副之。

按此事《金史·交聘表》不载。据《建炎以来系年要录》卷一五一"绍兴十四年五月"条载:"己巳,金主始遣骠骑大将军、安国军节度使乌雅和,通议大夫、行大理少卿孟浩来贺天申节。"

31. 绍兴十四年(1144)五月,宋遣权尚书吏部侍郎陈康伯假吏部尚书为报谢使,右武大夫、嘉州防御使钱恺假保信军承宣使、知阁门事副之。

按此事《金史·交聘表》不载。《建炎以来系年要录》卷一五一"绍兴十四年五月"条载:"戊辰,权尚书吏部侍郎陈康伯假吏部尚书充大金报谢使,以金来贺生辰故也。上欲用右武大夫、嘉州防御使钱恺为副。恺方持母丧,乃起复故官,假保信军承宣使、知阁门事。"

32. 绍兴十四年(1144)十二月,金遣金吾卫上将军、殿前右副都点检布萨温,安远大将军、充东上阁门使高庆先贺宋正旦。

按此事《金史·交聘表》不载。据《建炎以来系年要录》卷一五二"绍兴十四年十二月"条载:"癸卯,金国贺正旦使金吾卫上将军、殿前右副都点检布萨温,安远大将军、充东上阁门使高庆先见于紫宸殿。"

33. 绍兴十五年(1145)五月,金遣龙虎卫上将军、殿前左副都点检完颜宗永,通议大夫、充翰林待制程寀贺宋帝生辰。

按此事《金史·交聘表》不载。据《建炎以来系年要录》卷一五三"绍兴十五年五月"条载："甲子，金国贺生辰使龙虎卫上将军、殿前左副都点检完颜宗永，副使通议大夫、充翰林待制程案见于紫宸殿。"

34. 绍兴十五年（1145）十一月，金遣骠骑大将军、殿前右副都点检蒲察阿虎迭，正议大夫、尚书刑部侍郎吴磐福贺宋正旦。

按此事《金史·交聘表》不载。据《建炎以来系年要录》卷一五四"绍兴十五年十一月"条载："丁卯，金主使骠骑大将军、殿前右副都点检富察说，正议大夫、尚书刑部侍郎吴磐福来贺来年正旦。"而《金史》卷一二〇《蒲察阿虎迭传》载："（皇统）五年，使宋，为贺正人使。"知蒲察阿虎迭与富察说为同一人。《建炎以来系年要录》人名系清人所改，"富察"即"蒲察"，蒲察阿虎迭是其女真名，蒲察说是汉名。

35. 绍兴十六年（1146）九月，宋遣端明殿学士、提举万寿观、兼侍读何铸为大金国信使，宾德军节度使、提举万寿观邢孝扬副之。

按此事《金史·交聘表》不载。《建炎以来系年要录》卷一五五"绍兴十六年九月"条载："甲戌，端明殿学士、提举万寿观、兼侍读何铸为大金国信使，宾德军节度使、提举万寿观邢孝扬副之，以迎请天属故也。"

36. 绍兴十六年（1146）五月，金遣金吾卫上将军、彰德军节度使乌古论海，昭武大将军、同知宣徽院事赵兴祥来贺宋帝生辰。

按此事《金史·交聘表》不载。据《建炎以来系年要录》卷一五五"绍兴十六年五月"条载："丁亥，金主使金吾卫上将军、彰德军节度使乌库哩海，昭武大将军、同知宣徽院事赵兴祥来贺天申节。""乌库哩海"即"乌古论海"，系清人所改。

37. 绍兴十六年（1146）十二月，遣龙虎卫上将军、会宁尹卢彦伦，定远大将军、四方馆使张仙寿来贺宋正旦。

按此事《金史·交聘表》不载。据《建炎以来系年要录》卷一五五"绍兴十六年十二月"条载："辛酉，金主使龙虎卫上将军、会宁尹卢彦伦，定远大将军、四方馆使张仙寿来贺来年正旦。"此事《金史》卷七五《卢彦伦传》亦有载："岁余，迁侍卫亲军马步军都指挥使，为宋国岁元使。"

38. 绍兴十七年（1147）五月，遣龙虎卫上将军、殿前右副都点检完颜卞，宁远大将军、东上阁门使大珪来贺宋帝生辰。

按此事《金史·交聘表》不载。据《建炎以来系年要录》卷一五六"绍兴十七年五月"条载："辛巳，金主使龙虎卫上将军、殿前右副都点检完颜卞，宁远大将军、东上阁门使大珪来贺天申节。卞，金主兄弟行也。"完颜卞，本名吾母，《金史》卷六六有传。

39. 绍兴十七年（1147）十二月，金遣金吾卫上将军、殿前左副都点检完颜宗藩，安远大将军、充东上阁门使吴前范贺宋正旦。

按此事《金史·交聘表》不载。据《建炎以来系年要录》卷一五七"绍兴十七年十二月"条载："丙辰，金主使金吾卫上将军、殿前左副都点检完颜宗藩，安远大将军、充东上阁门使吴前范来贺来年正旦。宗藩，金主亶从父行也。"

40. 绍兴十八年（1148）五月，金遣龙虎卫上将军、会宁尹萧秉温，昭武大将军、充东上阁门使申奉颜贺宋帝生辰。

按此事《金史·交聘表》不载。据《建炎以来系年要录》卷一五七"绍兴十八年五月"条载："丙子，金主使龙虎卫上将军、会宁尹萧秉温，昭武大将军、充东上阁门使申奉颜来贺天申节。"

41. 绍兴十八年（1148）十二月，金遣金吾卫上将军、殿前右副都点检召守忠，昭武大将军、同知宣徽院事刘君诏贺宋正旦。

按此事《金史·交聘表》不载。据《建炎以来系年要录》卷一五八"绍兴十八年十二月"条载："庚辰，金主遣金吾卫上将军、殿前右副都点检召守忠，昭武大将军、同知宣徽院事刘君诏来贺来年正旦。"

42. 绍兴十九年（1149）五月，金遣龙虎卫上将军、殿前左副都点检唐括德温，昭武大将军、四方馆使高居安来贺宋帝生辰。

按此事《金史·交聘表》不载。据《建炎以来系年要录》卷一五九"绍兴十九年五月"条载："庚子，金主使龙虎卫上将军、殿前左副都点检唐古德温，昭武大将军、四方馆使高居安来贺天申节。""唐古德温"即"唐括德温"，"唐古德温"系清人所改，现将其改回。

43. 绍兴十九年(1149)十二月,金遣龙虎卫上将军、殿前右副都点检完颜充,副使昭武大将军、西上阁门使刘箴贺宋正旦。

按此事《金史·交聘表》不载。据《建炎以来系年要录》卷一六〇"绍兴十九年十二月"条载:"丁丑,金国贺正旦使龙虎卫上将军、殿前右副都点检完颜充,副使昭武大将军、西上阁门使刘箴入见。充,亮弟也,以病故改用是日。"完颜充,本名蒲甲,亦作蒲家,《金史》卷七六有传。

44. 绍兴二十年(1150)十二月,金遣正奉大夫、秘书监、兼左谏议大夫萧颐为贺宋正旦使,中大夫、尚书礼部侍郎、翰林待制兼行太常丞王竞副之。

按此事《金史·交聘表》不载。据《建炎以来系年要录》卷一六一"绍兴二十年十二月"条载:"己巳,金国贺正旦使正奉大夫、秘书监、兼左谏议大夫萧颐,中大夫、尚书礼部侍郎、翰林待制、兼行太常丞王竞见于紫宸殿。"

45. 绍兴二十六年(1156)五月,宋遣翰林学士、兼侍读陈诚之假资政殿大学士、醴泉观使、兼侍读来贺上尊号,吉州刺史、知阁门事苏晔假崇信军节度使、领阁门事副之。

按此事《金史·交聘表》不载。此据《建炎以来系年要录》卷一七二"绍兴二十六年五月"条载:"庚寅,翰林学士、兼侍读陈诚之假资政殿大学士、醴泉观使、兼侍读充贺大金上尊号使,吉州刺史、知阁门事苏晔假崇信军节度使、领阁门事副之。以盱眙军言,得泗州牒,金主号圣神文武皇帝故也。"

46. 绍兴三十年(1160)五月,金遣辅国上将军、殿前右副都点检萧荣,副使中大夫、太子右谕德张忠辅贺宋帝生辰。

按此事《金史·交聘表》不载。据《建炎以来系年要录》卷一八四"绍兴三十年五月"条载:"丙申,金国贺生辰使辅国上将军、殿前右副都点检萧荣,副使中大夫、太子右谕德张忠辅入见。"

47. 绍兴三十一年(1161)六月,宋遣左朝散大夫、敷文阁待制、枢密都承旨徐嚞,假资政殿大学士、左太中大夫、醴泉观使充金国称贺使,文州刺史、权知阁门事、兼客省四方馆事张抡,假保信军节度使、领阁门事副之。

按此事《金史·交聘表》不载。据《建炎以来系年要录》卷一九〇"绍兴三十一年六月"条载:"戊辰,右朝散大夫徐嚞为敷文阁待制、枢密都承旨假资政殿大学士、左太中大夫、醴泉观使充大金起居称贺使。"又据《宋会要辑稿》职官五一之二一："（绍兴三十一年）六月二十七日诏：左朝散大夫、敷文阁待制、枢密都承旨徐嚞，假资政殿学士、左大中大夫、醴泉观使，充金国称贺使。文州刺使、权知阁门事、兼客省四方馆事张抡，假保信军节度使、领（阁）门事副之。"

48. 绍兴三十二年（1162）七月，宋命中书舍人刘珙假礼部尚书充皇帝登宝位报金国国信使，知阁门事张说假昭庆军承宣使副之。行至境，不纳而还。

按此事《金史·交聘表》不载。据《宋会要辑稿》职官五一之二一载："绍兴三十二年七月九日诏：中书舍人刘珙假礼部尚书充皇帝登宝位报金国信使，知阁门事孟思恭假保信军承宣使副之。既而谏议大夫任古言思恭受赂，罢见任。诏差知阁门事张说假昭庆军承宣使代之。"知副使为张说，而非孟思恭。又《建炎以来系年要录》卷二〇〇"绍兴三十二年七月"戊寅条载："是时，刘珙使金不至而复。……史浩议遣使报金以登宝位，竟遣珙。行至境，金责旧礼，不纳而还。"知此次使命未达。

49. 隆兴元年（1163）八月，宋遣右宣教郎卢仲贤假枢密院计议官，都辖官王抃通书金国左副元帅。

按此事《金史·交聘表》不载。据《宋会要辑稿》职官五一之二一载："（绍兴三十二年七月）二十八日诏：右宣教郎卢仲贤假枢密院计议官，右宣教郎李杅假将作监主簿，并充通书金国左副元帅府（使）。"又《宋史》卷三三载："（隆兴元年八月）丙戌，遣淮西安抚司干办公事卢仲贤等赍书至金帅府。"另据周必大《文忠集》卷六三《资政殿大学士毗陵侯赠太保周简惠公神道碑》载："（李）杅以妹为金主妃，辞行。命都辖官王抃代之。"知最终出使的人选是卢仲贤与王抃。

50. 隆兴二年（1164）冬，宋遣枢密院使臣秉义郎李彪、吕清持国书军前通问。

按此事《金史·交聘表》不载。此据周必大《文忠集》卷一四九《回奏》："隆兴二年冬，曾差枢密院使臣秉义郎李彪、吕清赍国书等，前去盱眙军奉使投下,恐未必是。"

51. 大定七年(1167)十一月,金以河间尹徒单克宁等为贺宋正旦使。

按此事《金史·交聘表》不载。《金史》卷六载:"(大定七年十一月)辛未,以河间尹徒单克宁等为贺宋正旦使。""徒单克宁"《宋史》卷三四记为"徒单忠卫",恐为音译不同。

52. 淳熙元年(1174)十二月,宋遣吴琚充贺生辰使。

按此事《金史·交聘表》不载。此据《宋史》卷三四:"(淳熙元年十二月)壬戌,遣吴琚等贺金主生辰。"

53. 淳熙八年(1181)十月,宋命权礼部侍郎、兼太子詹事施师点假翰林学士、知制诰、兼侍读充贺金正旦使。

按此事《金史·交聘表》不载。据《宋史》卷三五载:"(淳熙八年)冬十月己酉,遣施师点等使金贺正旦。"又《宋史》卷三八五《施师点传》载:"(淳熙)八年,兼权礼部侍郎,除给事中。时太子詹事已除,上又特令增员为二,命兼之。……假翰林学士、知制诰、兼侍读使金,致命金廷。"知施师点假翰林学士、知制诰、兼侍读出使。

54. 淳熙八年(1181)十二月,金遣魏贞吉等贺宋正旦。

按此事《金史·交聘表》不载。据《宋史》卷三五:"(淳熙八年十二月)戊辰,金遣魏贞吉等来贺明年正旦。"

55. 淳熙十五年(1188)十一月,宋命何澹充贺金生辰使,戴勋副之。因金世宗去世,改命为接送伴使。(金世宗死于大定二十九年正月,故何澹等未过界即得知消息。)

按此事《金史·交聘表》不载。《宋史》卷三五载:"(淳熙十五年十一月庚子)遣何澹贺金主生辰。"不载副使之名。又《宋会要辑稿》职官五一之三三载:"淳熙十六年二月八日,盱眙军申金国报哀,使副取二月二十五日过界。诏就差何澹、戴勋充接送伴使副。澹先于去岁十二月差充贺金国生辰,至盱眙,金国遣使报哀,就改命焉。"由此所载,可知副使是戴勋。

56. 淳熙十六年(1189)二月,宋差中书舍人罗点假朝请大夫、试吏部尚书充金国报登宝位使,武功大夫、济州防御使、权知阁门事、兼客省中方馆事谯熙载假保信军承宣使、知阁门事、兼客省中方馆事副之。

按此事《金史·交聘表》不载。据《宋会要辑稿》职官五一之三三载："（淳熙十六年二月）十二日诏：差中书舍人罗点假朝请大夫、试吏部尚书充金国报登宝位使，武功大夫、济州防御使、权知阁门事、兼客省中方馆事谯熙载假保信军承宣使、知阁门事、兼客省中方馆事副之。"

57. 淳熙十六年（1189）三月，金遣张万公来宋致遗留物，以世宗薨。

按此事《金史·交聘表》不载。据《宋史》卷三六："（淳熙十六年三月）戊午，金遣张万公等来致遗留物。"《金史》卷九五《张万公传》不载此事。

58. 淳熙十六年（1189）四月，金遣徒单镒来宋告即位。

按此事《金史·交聘表》不载。《宋史》卷三六："（淳熙十六年四月）戊寅，金遣徒单镒等来告即位。"

59. 金章宗承安三年（1198）二月，遣兵部尚书乌林答天益，户部郎中贾风刚为宋吊祭使。

按此事《金史·交聘表》不载。据《金史》卷一一："（金章宗承安三年二月辛巳），以武卫军都指挥使乌林答天益等为宋吊祭使。"而《永乐大典》卷一二九六五载："（庆元四年三月）金主遣兵部尚书乌林答天益，户部郎中贾风刚来吊祭。"知使副姓名官衔。

60. 开禧三年（1207）六月，宋遣太府寺丞林拱辰为金国通谢使，右骁卫中郎将林仲虎副之。

按此事《金史·交聘表》不载。据《宋史全文》卷二九下载："（开禧三年六月）癸亥，大（太）府寺丞林拱辰为金国通谢使，右骁卫中郎将林仲虎副之。"

61. 开禧三年（1207）六月，宋遣中书门下省检正诸房公事富管为告哀使，左屯卫将军李谦副之。

按此事《金史·交聘表》不载。据《宋史全文》卷二九下载："（开禧三年六月）癸亥，……中书门下省检正诸房公事富管为告哀使，左屯卫将军李谦副之。"又《宋史》卷三八，"富管"作"富瑄"。

62. 开禧三年（1207）六月，宋遣枢密院编修官刘弥正为贺生辰使，阁门舍人陈良彪副之。至扬州诏还。

按此事《金史·交聘表》不载。据《宋史全文》卷二九下载："（开禧三年六月）癸亥，……枢密院编修官刘弥正为贺生辰使，阁门舍人陈良彪副之。"又据《水心集》卷二〇《故吏部侍郎刘公墓志铭》载："明年（开禧三年）六月，刘公退翁（刘弥正）为贺金国生辰使金。论议往返未决。公至扬州诏还。"知此行未果。

63. 嘉定元年（1208）十二月，宋遣曾从龙充金国吊祭使，叶漴副之。

按此事《金史·交聘表》不载。据《宋史》卷三九载："（嘉定元年九月）甲子遣曾从龙使金贺正旦。……十二月……戊寅改命曾从龙使金吊祭。"查《金史》卷一二《章宗本纪四》，金章宗死于泰和八年（嘉定元年）十二月，故贺正旦使曾从龙改命吊祭使。又据《宋会要辑稿》职官五一之四四："（嘉定元年）十二月八日诏：贺金国正旦使曾从龙，副使叶漴日下回程。"知副使为叶漴。

64. 嘉定元年（1208）十二月，宋遣宇文绍彭使金贺即位。

按此事《金史·交聘表》不载。据《宋史》卷三九载："（嘉定元年十二月）己丑，遣宇文绍彭使金贺即位。"

65. 嘉定二年（1209）正月，金遣裴满正、孙椿使宋告哀。

按此事《金史·交聘表》不载。据《宋史》卷三九："（嘉定二年正月）辛丑，金遣裴满正来告哀。"又《宋史全文》卷三〇："（嘉定二年正月）辛丑，金主遣裴满正、孙椿来告哀。"

66. 嘉定二年（1209）正月，金遣蒲察知刚、刘仲渊使宋，致遗留物。

按此事《金史·交聘表》不载。据《宋史》卷三九："（嘉定二年正月）庚申，金遣蒲察知刚来献遗留物。"又《宋史全文》卷三〇："（嘉定二年正月）庚申，金主遣蒲察知刚、刘仲渊来献遗留物。"

67. 嘉定二年（1209）九月，宋遣大理卿费培使金贺正旦。

按此事《金史·交聘表》不载。据《宋史》卷三九载："（嘉定二年九月）己未，遣费培使金贺正旦。"又《宋史全文》卷三〇载："（嘉定二年九月）己未，遣大理卿费培贺金主正旦。"

68. 嘉定五年(1212)六月,宋命吏部郎中傅诚使金贺生辰。

按此事《金史·交聘表》不载。据《宋史》卷三九载:"(嘉定五年)六月癸未,遣傅诚贺金主生辰。"又《宋史全文》卷三〇载:"(嘉定五年)六月癸未,遣吏部郎中傅诚贺金主生辰。"

69. 嘉定五年(1212)九月,宋遣刑部郎官应武使金贺正旦。

按此事《金史·交聘表》不载。据《宋史》卷三九载:"(嘉定五年九月辛未)遣应武使金贺正旦。"又《宋史全文》卷三〇载:"(嘉定五年九月辛未)遣刑部郎官应武贺金主正旦。"

二、补《金史·交聘表》所阙使副姓名、官职之条

1. 天眷三年(1140)四月,宋命试工部侍郎莫将假礼部尚书,充迎护梓宫使,宣州观察使韩恕副之。

按《金史·交聘表上》载:"(天眷三年)四月癸亥,宋礼部尚书莫将等来迎护梓宫。"不载副使名。而据《建炎以来系年要录》卷一三四"绍兴十年正月乙酉"条:"乙酉,尚书工部侍郎、兼直学士院、兼侍讲李谊为工部尚书,假资政殿学士,充迎护梓宫奉迎两宫使,集英殿修撰、京畿都转运使莫将为徽猷阁待制,副之。谊不受命,力辞。……以(莫)将试工部侍郎充迎护使,济州防御使、知阁门事韩恕为宣州观察使,副之。"知副使是宣州观察使韩恕。

2. 皇统二年(1142)三月丙辰,遣银青光禄大夫、中书侍郎刘筈册宋康王为宋帝,奉国上将军、礼部尚书完颜宗表副之。

按《金史·交聘表上》载:"(皇统二年)三月丙辰,遣光禄大夫、左宣徽使刘筈册宋康王为宋帝,以故天水郡王等三丧及宋帝母韦氏归于宋。"不载副使名。据《建炎以来系年要录》卷一四六"绍兴十二年九月甲辰"条载:"金主遣银青光禄大夫、中书侍郎刘筈,奉国上将军、礼部尚书完颜宗表来。丙午朝见。"知副使是完颜宗表,且此处刘筈官衔与《金史·交聘表》不同,应为借官。

3. 皇统三年(1143)正月己丑朔,宋遣中书舍人杨愿假户部尚书,左武大夫、宣州观察使、知阁门事何彦良假奉国军承宣使贺金主正旦。

按《金史·交聘表上》载："(皇统三年)正月己丑朔,宋使贺正旦。"不载宋使副姓名。据《建炎以来系年要录》卷一四六"绍兴十二年九月甲寅"条载："中书舍人杨愿假户部尚书,左武大夫、宣州观察使、知阁门事何彦良假奉国军承宣使贺金主正旦。"知宋使、副姓名。

4. 皇统三年(1143)正月乙巳,宋遣户部侍郎沈昭远假礼部尚书使金贺生辰,福州观察使、知阁门事王公亮假保信军承宣使副之。

按《金史·交聘表上》载："(皇统三年正月)乙巳,宋使贺万寿节。"不载使副姓名。据《建炎以来系年要录》卷一四五"绍兴十二年五月"条载："乙未,命户部侍郎沈昭远假礼部尚书,为大金贺生辰使,福州观察使、知阁门事王公亮假保信军承宣使副之。"知宋使、副姓名。

5. 皇统四年(1144)正月癸丑朔,宋遣权尚书兵部侍郎郑朴使金贺正旦,左武大夫、保顺军承宣使、知阁门事何彦良副之;己巳,权工部侍郎王师心使金贺生辰,武功大夫、解州防御使、干办皇城司康益副之。

按《金史·交聘表上》载："(皇统四年)正月癸丑朔,宋使贺正旦。己巳,宋使贺万寿节。"不载使、副姓名。据《建炎以来系年要录》卷一四九"绍兴十三年(1143)八月"条载："(戊戌)起居郎郑朴权尚书兵部侍郎,尚书左司郎中王师心权工部侍郎。己亥,以朴为贺大金正旦使,左武大夫、保顺军承宣使、知阁门事何彦良副之。师心为贺大金生辰使,武功大夫、解州防御使、干办皇城司康益副之。"知宋使、副姓名。

6. 皇统五年(1145)正月丁未朔,宋遣权尚书吏部侍郎林保假吏部尚书使金贺正旦,知阁门事康益副之;癸亥,宋遣权礼部侍郎宋之才使金贺生辰,阁门宣赞舍人赵璘副之。

按《金史·交聘表上》载："(皇统五年)正月丁未朔,宋使贺正旦。癸亥,宋使贺万春节。"宋使、副姓名不载。据《建炎以来系年要录》卷一五二"绍兴十四年八月"条载："癸巳,召尚书左司郎中林保、国子司业宋之才入对。以保权尚书吏部侍郎,之才权礼部侍郎。后二日,以保为贺大金正旦使,知阁门事康益副之。之才为贺生辰使,阁门宣赞舍人赵璘副之。"又周必大《文忠集》卷六八《左中奉大夫敷文阁待制特进林公(保)神道碑》载:

"(绍兴十四年)八月特赐对,除权吏部侍郎,假本曹尚书,充金国贺正使。"知林保假吏部尚书充金国贺正使。

7. 皇统六年(1146)正月辛未朔,宋遣权尚书刑部侍郎钱周材贺金正旦,阁门祗候俞似副之。丁亥,宋遣权工部侍郎严抑贺金生辰,阁门祗候曹浸副之。

按《金史·交聘表上》载:"(皇统六年)正月辛未朔,宋使贺正旦。丁亥,宋使贺万寿节。"未载宋使、副之姓名。据《建炎以来系年要录》卷一五四"绍兴十五年九月"条载:"甲寅,起居舍人钱周材权尚书刑部侍郎,国子司业严抑权工部侍郎。时将遣二人出疆,乃引对,而有是命。……辛酉,以钱周材为贺金国正旦使,阁门祗候俞似副之。严抑为贺生辰使,阁门祗候曹浸副之。"

8. 皇统七年(1147)正月乙丑朔,宋遣权尚书户部侍郎边知白贺金正旦,武节郎兼阁门宣赞舍人孟思恭副之;辛巳,宋遣权礼部侍郎周执羔来贺金主生辰,左武大夫知阁门事宋篯孙副之。

按《金史·交聘表上》载:"(皇统七年)正月乙丑朔,宋使贺正旦。辛巳,宋使贺万寿节。"不载宋使、副姓名。据《建炎以来系年要录》卷一五五"绍兴十六年(1146)八月"条载:"壬子,将作监边知白权尚书户部侍郎,右司员外郎周执羔权礼部侍郎。甲寅,以边知白为贺金国正旦使,武节郎兼阁门宣赞舍人孟思恭副之。周执羔为贺生辰使,左武大夫、知阁门事宋篯孙副之。"

9. 皇统八年(1148)正月庚申朔,宋遣尚书礼部侍郎沈该贺正旦,阁门宣赞舍人苏晔副之;丙子,宋遣工部尚书詹大方贺生辰,阁门宣赞舍人容肃副之。

按《金史·交聘表上》载:"(皇统八年)正月庚申朔,宋使贺正旦。丙子,宋使贺万寿节。"不载宋使、副姓名。据《建炎以来系年要录》卷一五六"绍兴十七年八月"条载:"乙巳,直秘阁、知临安府沈该为尚书礼部侍郎,权工部侍郎赵不弃充敷文阁待制、知临安府。丙午,召龙图阁学士、知绍兴府詹大方为工部尚书。戊申,以该为贺大金正旦使,阁门宣赞舍人苏晔副之。

大方为贺生辰使,阁门宣赞舍人容肃副之。"

10. 皇统九年(1149)正月甲申朔,宋遣起居舍人王墨卿贺正旦,武经大夫、惠州刺史兼阁门宣赞舍人苏晔副之;庚子,宋遣权尚书礼部侍郎陈诚之贺生辰,武经大夫、吉州刺史、权知阁门事孟思恭副之。

按《金史·交聘表上》载:"(皇统九年)正月甲申朔,宋使贺正旦。庚子,宋使贺万寿节。"不载宋使、副姓名。据《建炎以来系年要录》卷一五八"绍兴十八年八月"条载:"壬申,命起居舍人王墨卿,武经大夫、惠州刺史兼阁门宣赞舍人苏晔贺金主正旦;权尚书礼部侍郎陈诚之,武经大夫、吉州刺史、权知阁门事孟思恭贺生辰。"

11. 海陵天德元年(1149)十二月,宋遣太常少卿张杞贺金正旦,武节大夫、和州团练使、知阁门事赵述副之;宋遣直秘阁、知临安府汤鹏举守司农卿贺金主生辰,右武大夫、吉州刺史带御器械石清副之。因金熙宗被弑,中途而回。

按《金史·交聘表上》载:"(海陵天德元年)十二月,宋贺正旦使至广宁,遣人谕以废立之事,于中途遣还。"不载宋使、副姓名。据《建炎以来系年要录》卷一六〇"绍兴十九年八月"条载:"丙寅,太常少卿张杞充大金贺正旦使,武节大夫、和州团练使、知阁门事赵述副之;直秘阁、知临安府汤鹏举守司农卿,充贺生辰使,右武大夫、吉州刺史带御器械石清副之。"

12. 海陵天德三年(1151)正月,宋遣权尚书礼部侍郎兼侍讲陈诚之贺正旦,均州观察使、知阁门事钱恺副之;宋遣起居舍人兼权直学士院王曦贺生辰,武节大夫、和州团练使、权知阁门事赵述副之。

按《金史·交聘表上》载:"(海陵天德三年)正月癸酉朔,宋使贺正旦。"不载使、副姓名,不载宋贺生辰使事。据《建炎以来系年要录》卷一六一"绍兴二十年(1150)八月"条载:"辛酉,权尚书礼部侍郎兼侍讲陈诚之,均州观察使、知阁门事钱恺为大金贺正旦使副;起居舍人兼权直学士院王曦、武节大夫、和州团练使、权知阁门事赵述为生辰使副。述尝在遣中,以病免,至是复命之。"

13. 海陵天德三年(1151)六月,宋遣端明殿学士、签书枢密院事巫伋充大金祈请使,保信军节度使、领阁门事郑藻副之。所请之事有三:一乞修奉陵寝,二迎请靖康帝归国,三本朝称皇帝。金人皆不应许。

按《金史·交聘表上》载:"(海陵天德三年)六月,宋使奉表祈请山陵地,不许。"不载使、副姓名。据《建炎以来系年要录》卷一六二"绍兴二十一年二月壬戌"条载:"诏端明殿学士、签书枢密院事巫伋充大金祈请使,保信军节度使、领阁门事郑藻副之,请归皇族等事。癸亥,伋等辞行。"又《三朝北盟会编》卷二一九载:"九月,巫伋、郑藻使于金国回。巫伋、郑藻以祈请使副使于金国。……虏主问所请者何事,伋首言:'乞修奉陵寝。'虏主令译者传言:'自有看坟人。'伋第二言:'乞迎请靖康帝归国。'又令译者传言:'不知归国甚处顿放?'伋第三言:'本朝称皇帝二字。'又令译者传言:'此是你国中事,当自理会。'伋唯唯而退,以待辞而归。"可知此次祈请之事凡三,均被拒绝。

14. 海陵天德四年(1152)正月丁酉朔,宋遣中书门下省检正诸房公事陈夔贺金国正旦,武功大夫、惠州刺史、权知阁门事苏晔副之;壬子,枢密院检详诸房文字陈相贺金帝生辰,武节大夫、吉州刺史、权知阁门事孟思恭副之。

按《金史·交聘表上》载:"(海陵天德四年)正月丁酉朔,宋使贺正旦。壬子,宋使贺生辰。"不载宋使、副姓名。此据《建炎以来系年要录》卷一六二"绍兴二十一年(1151)八月甲申"条载:"中书门下省检正诸房公事陈夔,武功大夫、惠州刺史、权知阁门事苏晔充贺金国正旦使副。枢密院检详诸房文字陈相,武节大夫、吉州刺史、权知阁门事孟思恭充贺生辰使副。"

15. 贞元元年(1153)正月辛卯,宋遣尚书司封员外郎兼权国子司业孙仲鳌贺正旦,阁门宣赞舍人陈靖副之。遣吏部员外郎李琳贺生辰,忠州防御使带御器械石靖副之。

按《金史·交聘表上》载:"(贞元元年)正月辛卯,以皇弟充蒦,不视朝,命有司受宋贡献。"不载正旦使、副姓名。不载贺生辰使事。据《建炎以来系年要录》卷一六三"绍兴二十二年(1152)八月"条载:"丙戌,尚书司封员外郎兼权国子司业孙仲鳌为大金贺正旦使,阁门宣赞舍人陈靖副之;吏部员外郎李琳为贺生辰使,忠州防御使带御器械石靖副之。"

16. 贞元二年(1154)正月甲寅朔,宋遣中书门下省检正诸房公事施钜贺正旦,带御器械冀彦明副之。金主以疾不视朝,宋使就馆宴;己巳,宋遣行尚书左司郎中吴桌贺生辰,阁门宣赞舍人张彦攸副之。

按《金史·交聘表上》载:"(贞元二年)正月甲寅朔,以疾不视朝,宋使就馆燕。己巳,宋使贺生辰。"不载宋使、副姓名。据《建炎以来系年要录》卷一六五"绍兴二十三年(1153)十月"条载:"戊午,监察御史施钜为中书门下省检正诸房公事,监察御史吴桌行尚书左司郎中。后五日,以钜为大金贺正旦使,带御器械冀彦明副之;桌为贺生辰使,阁门宣赞舍人张彦攸副之。"

17. 贞元三年(1155)正月己酉朔,宋遣国子司业沈虚中贺正旦,敦武郎张抡副之;甲子,遣尚书左司郎中张士襄贺生辰,阁门宣赞舍人张说副之。

按《金史·交聘表上》载:"(贞元三年)正月己酉朔,宋使贺正旦。甲子,宋使贺生辰。"不载使、副姓名。据《建炎以来系年要录》卷一六七"绍兴二十四年(1154)十月"条:"戊子,国子司业沈虚中为贺金国正旦使,敦武郎张抡副之;尚书左司郎中张士襄为贺生辰使,阁门宣赞舍人张说副之。"

18. 正隆元年(1156)正月癸卯朔,宋遣礼部侍郎王珉贺正旦,阁门宣赞舍人王汉臣副之;戊午,宋遣权尚书吏部侍郎徐嚞贺生辰,阁门宣赞舍人李大授副之。

按《金史·交聘表上》载:"(正隆元年)正月癸卯朔,宋使贺正旦。戊午,宋使贺生辰。"不载宋使、副姓名。《建炎以来系年要录》卷一六九"绍兴二十五年(1155)十月"条载:"壬午,礼部侍郎王珉为贺大金正旦使,阁门宣赞舍人王汉臣副之;宗正丞郑枏为贺生辰使,阁门宣赞舍人李大授副之。"此处载宗正丞郑枏为贺生辰使。查同书卷一七九绍兴二十五年十一月条:"己未,宗正丞充大金贺生辰使郑枏罢,用右正言张修奏也。……权尚书吏部侍郎徐嚞充大金贺生辰使。"又《三朝北盟会编》卷二二一载:"十一月,徐嚞为大金贺生辰国信使。先是差宗正丞郑枏为贺生辰国信使。臣僚言枏素贪污,罢之。乃以徐嚞为贺生辰国信使。"可知原任郑枏为贺生辰使,后又改派徐嚞。

19. 正隆二年(1157)正月戊辰朔,宋遣宗正少卿李琳贺正旦,秉义郎侍卫马军司干办公事宋均副之。癸未,宋遣尚书左司郎中葛立方贺生辰,阁门宣赞舍人梁份副之。

按《金史·交聘表上》载:"(正隆二年)正月戊辰朔,宋使贺正旦。癸未,宋使贺生辰。"不载使、副姓名。据《建炎以来系年要录》卷一七五"绍兴二十六年闰十月"载:"辛丑,宗正少卿李琳为贺大金正旦使,秉义郎侍卫马军司干办公事宋均副之;尚书左司郎中葛立方为贺生辰使,阁门宣赞舍人梁份副之。"

20. 正隆三年(1158)正月壬戌朔,宋遣太常少卿孙道夫贺正旦,阁门宣赞舍人郑朋副之。丁丑,宋遣起居郎刘章贺生辰,阁门宣赞舍人李邦杰副之。

按《金史·交聘表上》载:"(正隆三年)正月壬戌朔,宋使孙道夫贺正旦。丁丑,宋使贺生辰。"不载使、副姓名。据《建炎以来系年要录》卷一七八"绍兴二十七年(1157)十一月"条:"乙丑,太常少卿充贺金国正旦使孙道夫,阁门宣赞舍人充副使郑朋辞行。……(辛巳)起居郎贺金国生辰使刘章,阁门宣赞舍人充副使李邦杰辞行。"

21. 正隆四年(1159)正月丙辰朔,宋使秘书少监沈介贺金正旦,阁门祗候宋直温副之。辛未,宋使国子司业黄中贺金主生辰,阁门祗候办御前忠佐军头引见司李景夏副之。

按《金史·交聘表上》载:"(正隆四年)正月丙辰朔,宋使贺正旦。辛未,宋使贺生辰。"不载宋使、副姓名。据《建炎以来系年要录》卷一八〇"绍兴二十八年(1158)十月"条载:"冬十月丁亥朔,秘书少监沈介为贺大金正旦使,阁门祗候宋直温副之。国子司业黄中为贺生辰使,阁门祗候办御前忠佐军头引见司李景夏副之。"

22. 正隆四年(1159)七月甲辰,宋使枢密院事王纶奉表称谢,保信军承宣使知阁门事曹勋副之。

按《金史·交聘表上》载:"(正隆四年)七月甲辰,宋使上表,谢赐戒谕。"不载宋使、副姓名。此据《建炎以来系年要录》卷一八二"绍兴二十九年(1159)六月"条载:"六月甲申朔,同知枢密院事王纶为大金奉表称谢使,保信军承宣使知阁门事曹勋副之。"

23. 正隆四年(1159)十二月乙卯,宋使翰林学士左朝散郎知制诰周麟之假左朝散大夫信安郡开国侯赴金告高宗母韦氏哀,吉州团练使知阁门事兼客省四方馆事苏晔假崇信军节度使齐安郡开国侯副之。

按《金史·交聘表上》载:"(正隆四年)十二月乙卯,宋使来告其母韦氏哀。"不载宋使、副姓名。据《宋会要辑稿》职官五一之二十载:"(绍兴二十九年九月)二十一日诏:翰林学士左朝散郎知制诰周麟之假左朝散大夫信安郡开国侯,充奉使金国皇太后告哀使,吉州团练使知阁门事兼客省四方馆事苏晔假崇信军节度使齐安郡开国侯,副之。"

24. 正隆五年(1160)正月庚辰朔,宋使起居舍人杨邦弼贺金正旦,右武大夫荣州刺史两浙西路马步军副都总管张说副之。乙未,宋使太府卿李润贺金主生辰,阁门宣赞舍人张安世副之。

按《金史·交聘表上》载:"(正隆五年)正月庚辰朔,宋使贺正旦。乙未,宋使贺生辰。"不载宋使、副姓名。据《建炎以来系年要录》卷一八三"绍兴二十九年十月甲寅"条载:"起居舍人杨邦弼为贺大金正旦使,右武大夫荣州刺史两浙西路马步军副都总管张说副之。太府卿李润为贺生辰使,阁门宣赞舍人张安世副之。"

25. 正隆六年(1161)正月甲戌朔,宋使起居舍人虞允文假工部尚书贺金正旦,知阁门事孟思恭副之。己丑,宋使枢密院检详诸房文字徐度贺金主生辰,带御器械干办皇城司王谦副之。

按《金史·交聘表上》载:"(正隆六年)正月甲戌朔,宋使贺正旦。己丑,宋使贺生辰。"宋使、副姓名不载。据《建炎以来系年要录》卷一八六"绍兴三十年十月"条载:"丁未,起居舍人虞允文为贺大金正旦使,知阁门事孟思恭副之。允文仍避金太祖讳,权改名允。……枢密院检详诸房文字徐度充贺大金生辰使,武功大夫新江南东路兵马都监苏绅副之。……辛酉……带御器械干办皇城司王谦为贺大金生辰副使。时苏绅以病告故也。"金太祖名旻,故虞允文避其讳,权改"虞允"。又《宋史》卷三八三《虞允文传》载:

"(绍兴三十年)十月,借工部尚书充贺正使。"可知虞允文假工部尚书出使。

26. 大定四年(1164)十一月,宋遣国信所大通事王抃,持周葵书如金帅府,请正皇帝号,为叔侄之国。

按《金史·交聘表中》载:"(大定四年十一月)宋周葵、王之望与忠义书,约世为姪国,书仍书名再拜,不称'大'字,并以宋书副本来上,和议始定。"不载宋使姓名。据《宋史》卷三三载:"丙申,遣国信所大通事王抃持周葵书,如金帅府,请正皇帝号,为叔侄之国,易岁贡为岁币,减十万,割商秦地,归被俘人,惟叛亡者不与。誓目大略与绍兴同。"可知使者为王抃。

27. 淳熙八年(1181)十一月,宋命燕世良为贺金生辰使。

按《金史·交聘表中》载:"(大定二十二年)三月辛未朔,宋使贺万春节。"不载宋使姓名。据《宋史》卷三五载:"(淳熙八年十一月)丁酉,遣燕世良贺金主生辰。"

28. 明昌六年(1195)八月,金遣吏部尚书吴鼎枢、兵部郎中纥石烈介贺宋主生辰。

按《金史·交聘表下》载:"(明昌六年)八月辛未,遣吏部尚书吴鼎枢等为贺宋生辰使。"不载副使姓名。据《永乐大典》卷一二九六○载:"(庆元元年九月,1195)戊辰,金主遣吏部尚书吴鼎枢、兵部郎中纥石烈介来贺瑞庆节。"可知副使姓名。

29. 明昌六年(1195)十一月,金遣刑部尚书纥石烈贞、太常少卿王珩贺宋明年正旦。

按《金史·交聘表下》载:"(明昌六年)十一月丙申,遣刑部尚书纥石烈贞等为贺宋正旦使。"不载副使姓名。据《永乐大典》卷一二九六○载:"(庆元元年十二月)丁丑,金主遣刑部尚书纥石烈正、太常少卿王珩来贺明年正旦。"知副使姓名。

30. 承安元年(1196)十一月,金遣兵部尚书完颜崇道、太常少卿巨栋贺宋明年正旦。

按《金史·交聘表下》载:"(承安元年)十一月甲午,遣陕西路统军使完颜崇道等为贺宋正旦使。"不载副使姓名。《永乐大典》卷一二九六五载:

"(庆元二年十二月)金主遣兵部尚书元(完)颜崇道、太常少卿巨栋来贺明年正旦。"由此可知副使姓名。另完颜崇道的本官是陕西路统军使,兵部尚书是其借官。

31. 卫绍王大安元年(1209)八月,宋使俞应符贺金主生辰。

按《金史·交聘表下》载:"(卫绍王大安元年)八月,宋使贺万秋节。"不载宋使姓名。据《宋史》卷三九载:"(嘉定二年六月)己巳,遣俞应符贺金主生辰。"

32. 卫绍王大安二年(1210)八月,宋使起居郎黄中贺金主生辰。

按《金史·交聘表下》载:"(卫绍王大安二年)八月,宋使贺万秋节。"不载宋使姓名。据《宋史》卷三九载:"(嘉定三年六月)癸亥,遣黄中贺金主生辰。"又《宋史全文》卷三〇载:"(嘉定三年六月)癸亥,遣起居郎黄中贺金主生辰。"

33. 卫绍王大安三年(1211)正月乙酉朔,宋使司农卿钱仲彪贺金正旦。

按《金史·交聘表下》载:"(卫绍王大安三年)正月乙酉朔,宋使贺正旦。"不载宋使姓名。据《宋史》卷三九载:"(嘉定三年九月)癸丑,遣钱仲彪使金贺正旦。"又据《宋史全文》卷三〇载:"(嘉定三年九月)癸丑,遣司农卿钱仲彪贺金主正旦。"

34. 卫绍王崇庆元年(1212)正月,宋遣朝散郎刑部员外郎程卓假朝请大夫试工部尚书贺金正旦,忠州防御使知大宗正事赵师岊假昭信军承宣使左武卫上将军副之。

按《金史·交聘表下》载:"(崇庆元年)正月,宋使贺正旦。"不载宋使、副姓名。据《宋史》卷三九载:"(嘉定四年九月,1211)丁丑,遣程卓使金贺正旦。"又据程卓《使金录》:"嘉定四年九月二十八日有旨,以朝散郎尚书刑部员外郎程卓,假朝请大夫试工部尚书清化郡开国侯食邑一千户实封一百户赐紫金鱼袋,充贺金国正旦国信使;忠州防御使知大宗正事赵师岊,假昭信军承宣使左武卫上将军天水县开国伯食邑七百户,充贺金国正旦国信副使。"

三、正《金史·交聘表》之条

1. 天眷二年(1139)四月,宋遣端明殿学士、签书枢密院事韩肖胄为大金奉表报谢使,光山军承宣使、枢密副都承旨钱恼副之。

　　按《金史·交聘表上》载:"(天眷二年)四月己卯,宋遣其端明殿大学士韩肖胄等奉表,谢赐河南地。"《建炎以来系年要录》卷一二四"绍兴八年十二月"条载:"甲戌,端明殿学士提举万寿观韩肖胄以旧职签书枢密院事。乙亥,以韩肖胄为大金奉表报谢使,光山军承宣使、枢密副都承旨钱恼副之。"知韩肖胄为端明殿学士,非"大学士"。又,宋代官职中,只有端明殿学士,无端明殿大学士。故《金史·交聘表》"端明殿大学士"为"端明殿学士"之误。

　　2. 绍兴二十年(1150)五月,以侍卫马步军都指挥使完颜思恭、翰林直学士通议大夫知制诰翟永固为贺宋生日使副。

　　按《金史·交聘表上》载:"(海陵天德二年,1150)二月甲子,以兵部尚书完颜元宜、修起居注高怀贞为贺宋生日使。"而《建炎以来系年要录》卷一六一"绍兴二十年五月"条载:"金国贺生辰使副侍卫马步军都指挥使完颜思恭、翰林直学士翟永固见于紫宸殿。思恭等来报亮代立,既出境,就遣来贺。"同卷三月条载:"三月庚辰金主使龙虎卫上将军侍卫亲军马步军都指挥使完颜思恭、翰林直学士通议大夫知制诰翟永固来报登位。"又《宋史》卷三〇载:"(绍兴二十年五月)甲午,金就遣完颜思恭等来贺天申节。"可知,绍兴二十年三月,完颜思恭、翟永固来报海陵王登位,返回途中,适逢宋高宗生日,故"就遣来贺"。《金史·交聘表上》不克详考。

附录一　南宋国信使表

时　间	使、副姓名及官衔	任　务	资料出处	备　考
建炎元年 (1127) 五月	周望(太常少卿假给事中) 赵哲(武功大夫)	出使河北军前通问二帝	《中兴小纪》卷一,《宋史》卷二四	终未出行
建炎元年 (1127) 六月	傅雱(宣义郎假工部侍郎) 马识远(阁门宣赞舍人)	出使河东军前通问二帝	《宋史》卷二四,《系年要录》卷六	《金史·交聘表》不载
建炎元年 (1127) 十一月	王伦(朝奉郎假刑部侍郎) 朱弁(修武郎借吉州团练使)	大金通问使	《宋史》卷二四,《系年要录》卷一〇,《宋史》卷三七一《王伦传》,《宋史》卷三七三《朱弁传》	《金史·交聘表》不载
建炎二年 (1128) 五月	宇文虚中(资政殿大学士提举万寿观) 杨可辅(武臣)	金国祈请使,祈请二帝	《宋史》卷二五,《系年要录》卷一五	《金史·交聘表》不载
建炎二年 (1128)	刘诲(宣议郎假户部尚书) 王昽(拱卫大夫合州防御使)	大金军前通问使	《宋史》卷三七一,《系年要录》卷一三	《宋史》只记年未记月,《系年要录》载,建炎三年正月归

（续 表）

时 间	使、副姓名及官衔	任 务	资料出处	备 考
建炎二年 （1128） 十一月	魏行可（右奉议郎 假朝奉大夫尚书礼 部侍郎） 郭元迈（右武功大 夫果州团练使）	大金军前通 问使	《系年要录》 卷一八	《金史·交聘表》 不载
建炎三年 （1129） 正月	李邺（陕府西路转 运判官） 宋彦通（兵部员外 郎）	河东军前 通问	《系年要录》 卷一九、《三 朝北盟会编》 卷一二〇	《金史·交聘表》 不载。《三朝北 盟会编》云祈 请使
建炎三年 （1129） 正月	周望（中书舍人） 吴德休（左武大夫 贵州防御使同管客 省四方馆阁门公 事）	河北军前 通问	《系年要录》 卷一九、《三 朝北盟会编》 卷一二〇	《金史·交聘表》 不载。《三朝北 盟会编》云祈 请使
建炎三年 （1129） 二月	刘俊民（秉义郎阁 门祗候） 副使名缺	奉诏赍书金 人言约和事	《系年要录》 卷二〇	《金史·交聘表》 不载
建炎三年 （1129） 三月	黄大本（承奉郎假 朝奉大夫直秘阁） 吴时敏（秉义郎阁 门祗候假武义大夫 阁门宣赞舍人）	先期告请使	《系年要录》 卷二一	《金史·交聘表》 不载
建炎三年 （1129） 五月	洪皓（徽猷阁待制 假礼部尚书） 龚璹（武功郎假明 州观察使）	奉使大金 军前	《中兴小纪》 卷六，《系年 要录》卷二三	《金史·交聘表》 不载
建炎三年 （1129） 七月	崔纵（朝奉郎监诸 司审计院右文殿修 撰假工部尚书） 郭元明（武节郎阁 门宣赞舍人借遥郡 刺史）	奉使大金 军前	《系年要录》 卷二五	《金史·交聘表》 不载

（续　表）

时　间	使、副姓名及官衔	任　务	资料出处	备　考
建炎三年 （1129） 八月	杜时亮（秘阁修撰 假资政殿学士） 宋汝为（修武郎假 武功大夫开州刺 史）	奉使大金 军前	《系年要录》 卷二六	《金史·交聘表》 不载
建炎三年 （1129） 九月	张邵（直龙图阁假 礼部尚书） 杨宪（武翼郎假忠 州防御使）	奉使大金 军前	《系年要录》 卷二八	《金史·交聘表》 不载
建炎三年 （1129） 十一月	孙悟（通直郎假尚 书兵部员外郎） 卞信臣（忠翊郎假 阁门祗候）	大金军前致 书使	《系年要录》 卷二九	《金史·交聘表》 不载
绍兴二年 （1132） 九月	潘致尧（承议郎假 吏部侍郎） 高公绘（武经郎假 忠州刺史）	大金奉表使 兼军前通问	《系年要录》 卷五八	《金史·交聘表》 不载
绍兴三年 （1133） 六月	韩肖胄（端明殿学 士同签书枢密院 事） 胡松年（试工部尚 书）	金国军前通 问使	《系年要录》 卷六五、六六	《金史·交聘表》 不载
绍兴四年 （1134） 正月	章谊（龙图阁学士 枢密都承旨） 孙近（给事中）	大金军前奉 表通问使， 请还两宫及 河南地	《系年要录》 卷七二	《金史·交聘表》 不载
绍兴四年 （1134） 八月	魏良臣（左朝散郎 假工部侍郎） 王绘（右武大夫果 州团练使）	大金国军前 奉表通问使	《系年要录》 卷七九	《金史·交聘表》 不载

（续 表）

时 间	使、副姓名及官衔	任 务	资料出处	备 考
绍兴五年（1135）五月	何藓（忠训郎阁门祗候迁修武郎）范宁之（承节郎都督行府帐前准备差使）	赴金国军前奉表通问二圣	《系年要录》卷八九、卷九五	《金史·交聘表》不载
绍兴七年（1137）二月	王伦（徽猷阁待制假直学士）高公绘（朝请郎假武经大夫、达州刺使）	迎奉梓宫使，并请河南地	《宋史》卷三七一《王伦传》，《系年要录》卷一〇九	《金史·交聘表》不载《宋史·王伦传》记为绍兴七年春，《系年要录》卷一〇九记为二月，是为下诏之日。而《宋会要辑稿》职官五一之一二载："七年十二月三十日诏右朝奉大夫王伦除徽猷阁直学士提举醴泉观假龙图阁学士左中大夫枢密都承旨充金国军前迎奉梓宫使，右朝请郎高公绘转右朝奉大夫假拱卫大夫忠州防御使副之。"恐将二月误抄为十二月
绍兴八年（1138）七月	王伦（徽猷阁直学士、提举万寿观假端明殿学士）蓝公佐（右武大夫、荣州防御使、知阁门事，假庆远军承宣使）	奉迎梓宫	《宋史》卷三七一，《系年要录》卷一二一	《金史·交聘表》不载

（续　表）

时　间	使、副姓名及官衔	任　务	资料出处	备　考
绍兴八年（1138）十二月	韩肖胄（端明殿学士）钱愐（光山军承宣使、枢密副都承旨）	奉表报谢	《系年要录》卷一二四	《金史·交聘表》不载副使。另《交聘表》记为"端明殿大学士"，事实上，宋代并无端明殿大学士
绍兴九年（1139）正月	王伦（端明殿学士同签书枢密院事）蓝公佐（宣州观察使）	迎奉梓宫奉还两宫交割地界使，许岁贡银绢共五十万匹两	《系年要录》卷一二五	《金史·交聘表》记九月，是为到达之日
绍兴九年（1139）八月	苏符（试尚书礼部侍郎）王公亮（知阁门事）	贺明年正旦	《中兴小纪》卷二八，《系年要录》卷一三一、一三二、一三四	《金史·交聘表》不载
绍兴十年（1140）正月	莫将（试工部侍郎假礼部尚书）韩恕（宣州观察使）	迎护梓宫使	《中兴小纪》卷二八《系年要录》卷一三四	《金史·交聘表》不载副使
绍兴十一年（1141）九月	刘光远（拱卫大夫、利州观察使）曹勋（拱卫大夫、忠州防御使）	军前通问	《系年要录》卷一四一	刘光远等入淮遇宗弼，遣还
绍兴十一年（1141）十月	魏良臣（尚书吏部侍郎）王公亮（福州观察使）	军前通问，求敛兵	《宋史》卷二九，《中兴小纪》卷二九《系年要录》卷一四一	《金史·交聘表》不载

时　间	使、副姓名及官衔	任　务	资料出处	备　考
绍兴十一年（1141）十一月	何铸（鉴书枢密院事）曹勋（容州观察使）	报谢，进誓表	《宋史》卷二九，《系年要录》卷一四三，《金史》卷七九，《金史·交聘表》	《金史》卷七九，《金史·交聘表》记为皇统二年（1142）二月，是为到达时间
绍兴十二年（1142）八月	万俟卨（参知政事）邢孝扬（保信军承宣使）	大金报谢使，谢封册誓诏	《系年要录》卷一四六	《金史·交聘表》缺载，又《系年要录》卷一五一有"先是卨使金还，太师秦桧假金人誉己数十言，嘱卨奏于上"之句。知万俟卨此行确有其事
绍兴十二年（1142）九月	王次翁（参知政事）钱愐（德庆军节度使提点皇城司）	大金报谢使，谢归三丧及高宗母韦氏	《中兴小纪》卷三〇，《系年要录》卷一四六	《金史·交聘表》记为十二月，是到达时间
绍兴十二年（1142）九月	杨愿（中书舍人假户部尚书）何彦良（左武大夫、宣州观察使知阁门事假奉国军承宣使）	贺金正旦	《系年要录》卷一四六	《金史·交聘表》记为皇统三年正月己丑朔，为觐见之日
绍兴十二年（1142）五月	沈昭远（户部侍郎假礼部尚书）王公亮（福州观察使知阁门事假保信军承宣使）	贺金万寿节	《系年要录》卷一四五	《金史·交聘表》记为皇统三年正月己巳
绍兴十三年（1143）八月	郑朴（权尚书兵部侍郎）何彦良（左武大夫保顺军承宣使知阁门事）	贺金明年正旦	《系年要录》卷一四九	《金史·交聘表》载皇统四年正月癸丑进贺

（续 表）

时 间	使、副姓名及官衔	任 务	资料出处	备 考
绍兴十三年（1143）八月	王师心（权工部侍郎） 康益（武功大夫解州防御使干办皇城司）	贺金主明年生辰	《系年要录》卷一四九	又见汪应辰《文定集》卷二三《显谟阁学士王公（师心）墓志铭》，《金史·交聘表》载皇统四年正月己巳进贺
绍兴十四年（1144）正月	罗汝檝（吏部尚书） 郑藻（瀛海军承宣使知阁门事）	大金报谢使	《中兴小纪》卷三一《系年要录》卷一五〇	《金史·交聘表》失载
绍兴十四年（1144）五月	陈康伯（权尚书吏部侍郎假吏部尚书） 钱恺（右武大夫嘉州防御使假保信军承宣使知阁门事）	充大金报谢使	《系年要录》卷一五一	《金史·交聘表》失载
绍兴十四年（1144）八月	林保（权尚书吏部侍郎假吏部尚书） 康益（知阁门事）	贺金正旦	《系年要录》卷一五二，《文忠集》卷六八	《金史·交聘表》记为皇统五年正月丁未朔。周必大《文忠集》卷六八《左中奉大夫敷文阁待制特进林公保神道碑》载："（绍兴十四年）八月特赐对，除权吏部侍郎，假本曹尚书，充金国贺正使。"知林保假吏部尚书充金国贺正使
绍兴十四年（1144）八月	宋之才（权礼部侍郎） 赵环（阁门宣赞舍人）	贺金万寿节	《系年要录》卷一五二	《金史·交聘表》记为皇统五年正月丁癸亥，为到达入贺时间

（续　表）

时　间	使、副姓名及官衔	任　务	资料出处	备　考
绍兴十五年（1145）九月	钱周材（权尚书刑部侍郎） 俞似（阁门祗候）	贺金明年正旦	《系年要录》卷一五四	《金史·交聘表》记为皇统六年正月辛未朔
绍兴十五年（1145）九月	严抑（权工部侍郎） 曹浸（阁门祗候）	贺金万寿节	《系年要录》卷一五四	《金史·交聘表》记为皇统六年正月丁亥
绍兴十六年（1146）八月	边知白（权尚书户部侍郎） 孟思恭（武节郎阁门宣赞舍人）	贺金明年正旦	《系年要录》卷一五五	《金史·交聘表》记皇统七年正月乙丑朔
绍兴十六年（1146）八月	周执羔（权礼部侍郎） 宋籛孙（左武大夫知阁门事）	贺金万寿节	《系年要录》卷一五五	《金史·交聘表》记皇统七年正月辛巳
绍兴十六年（1146）九月	何铸（端明殿学士提举万寿观兼侍读） 邢孝扬（宾德军节度使提举万寿观）	迎请天属	《系年要录》卷一五五	《金史·交聘表》缺载，《宋史》卷三八〇《何铸传》称使事"秘而不传"。《北盟会编》卷二一六载"十月，何铸为大金贺正旦国信使"。误
绍兴十七年（1147）八月	沈该（尚书礼部侍郎） 苏晔（阁门宣赞舍人）	贺金明年正旦	《系年要录》卷一五六	《金史·交聘表》记为皇统八年正月庚申朔
绍兴十七年（1147）八月	詹大方（工部尚书） 容肃（阁门宣赞舍人）	贺金万寿节	《系年要录》卷一五六	《金史·交聘表》记为皇统八年正月丙子

（续　表）

时　间	使、副姓名及官衔	任　务	资料出处	备　考
绍兴十八年（1148）八月	王墨卿（起居舍人）苏晔（武经大夫惠州刺史兼阁门宣赞舍人）	贺金明年正旦	《系年要录》卷一五八	《金史·交聘表》记为皇统九年正月甲申朔
绍兴十八年（1148）八月	陈诚之（权尚书礼部侍郎）孟思恭（武经大夫吉州刺史权知阁门事）	贺金万寿节	《系年要录》卷一五八	《金史·交聘表》记为皇统九年正月庚子
绍兴十九年（1149）八月	张杞（太常少卿）宋籛孙（惠州刺史知阁门事）	贺金明年正旦。至广宁，金遣人谕以废立之事，于中道遣回	《系年要录》卷一六〇	原副使为赵述，因病，以宋籛孙充
绍兴十九年（1149）八月	汤鹏举（直秘阁知临安府、守司农卿）石清（右武大夫吉州刺史带御器械）	贺金万寿节，中道而回	《系年要录》卷一六〇	
绍兴二十年（1150）三月	余尧弼（参知政事）郑藻（镇东军承宣使知阁门事假保信军节度使）	贺大金登位使	《系年要录》卷一六一，《金史·交聘表》	《金史·交聘表》"余尧弼"作"余唐弼"。余唐弼即余尧弼，以避金讳改
绍兴二十年（1150）八月	陈诚之（权尚书礼部侍郎兼侍讲）钱恺（均州观察使知阁门事）	贺金明年正旦	《系年要录》卷一六一	《金史·交聘表》记为天德三年正月癸酉朔

（续 表）

时 间	使、副姓名及官衔	任 务	资料出处	备 考
绍兴二十年（1150）八月	王曦（起居舍人兼权直学士院）赵述（武节大夫和州团练使权知阁门事）	贺金主生辰	《系年要录》卷一六一	《金史·交聘表》不载
绍兴二十一年（1151）二月	巫伋（端明殿学士签书枢密院事）郑藻（保信军节度使领阁门事）	大金祈请使，一乞修奉陵寝，二迎请靖康帝归国，三本朝称皇帝，金人不许	《金史·交聘表》，《系年要录》162，《北盟会编》卷二一九	《金史·交聘表》记为天德三年六月，是到达之日
绍兴二十一年（1151）八月	陈夔（中书门下省检正诸房公事）苏晔（武功大夫惠州刺史权知阁门事）	贺金明年正旦	《系年要录》卷一六二	《金史·交聘表》记天德四年正月丁酉朔
绍兴二十一年（1151）八月	陈相（枢密院检详诸房文字）孟思恭（武节大夫吉州刺史权知阁门事）	贺金主生辰	《系年要录》卷一六二	《金史·交聘表》记天德四年正月壬子
绍兴二十二年（1152）八月	孙仲鳌（尚书司封员外郎兼权国子司业）陈靖（阁门宣赞舍人）	贺金正旦	《系年要录》卷一六三	《金史·交聘表》记贞元元年正月辛卯
绍兴二十二年（1152）八月	李琳（吏部员外郎）石靖（忠州防御使带御器械）	贺金主生辰	《系年要录》卷一六三	《金史·交聘表》记为贞元元年正月丙午

（续　表）

时　间	使、副姓名及官衔	任　务	资料出处	备　考
绍兴二十三年 (1153) 十月	施钜(中书门下省检正诸房公事) 冀彦明(带御器械)	贺金正旦	《系年要录》卷一六五	《金史·交聘表》记为贞元二年正月甲寅朔
绍兴二十三年 (1153) 十月	吴桌(行尚书左司郎中) 张彦攸(阁门宣赞人)	贺金生辰	《系年要录》卷一六五	《金史·交聘表》记为贞元二年正月己巳
贞元二年 (1154) 十二月	缺载	贡方物	《金史·交聘表》	
绍兴二十四年 (1154) 十月	沈虚中(国子司业) 张抡(敦武郎)	贺金国正旦	《系年要录》卷一六七,《金史·交聘表》	《金史·交聘表》记为贞元三年正月己酉朔
绍兴二十四年 (1154) 十月	张士襄(尚书左司郎中) 张说(阁门宣赞舍人)	贺生辰使	《系年要录》卷一六七,《金史·交聘表》	《金史·交聘表》记为贞元三年正月甲子
绍兴二十五年 (1155) 十月	王珉(礼部侍郎) 王汉臣(阁门宣赞舍人)	贺金国正旦	《系年要录》卷一六九	《金史·交聘表》记为正隆元年正月癸卯朔
绍兴二十五年 (1155) 十月	徐嚞(权尚书吏部侍郎) 李大授(阁门宣赞舍人)	贺金生辰	《系年要录》卷一七〇,《三朝北盟会编》卷二二一	《金史·交聘表》记为正隆元年正月戊午。《北盟会编》卷二二一:"十一月,徐嚞为大金贺生辰国信使。先是差宗正丞郑枏为贺生辰国信使,臣僚言枏素贪污,罢之,乃以徐嚞为贺生辰国信使。"

（续　表）

时　间	使、副姓名及官衔	任　务	资料出处	备　考
绍兴二十六年（1156）四月	陈诚之（翰林学士兼侍读假资政殿大学士醴泉观使兼侍读）苏晔（吉州刺史知阁门事假崇信军节度使领阁门事）	贺大金上尊号使	《系年要录》卷一七二	《金史·交聘表》不载
绍兴二十六年（1156）闰十月	李琳（宗正少卿）宋均（秉义郎侍卫马军司干办公事）	贺金正旦	《系年要录》卷一七五	《金史·交聘表》记为正隆二年正月戊辰朔
绍兴二十六年（1156）闰十月	葛立方（尚书左司郎中）梁份（阁门宣赞舍人）	贺金生辰	《系年要录》卷一七五	《金史·交聘表》记为正隆二年正月癸未
绍兴二十七年（1157）十一月	孙道夫（太常少卿）郑朋（阁门宣赞舍人）	贺金正旦	《系年要录》卷一七八	《金史·交聘表》记为正隆三年正月壬戌朔
绍兴二十七年（1157）十一月	刘章（起居郎）李邦杰（阁门宣赞舍人）	贺金生辰	《系年要录》卷一七八	《金史·交聘表》记为正隆三年正月丁丑
绍兴二十八年（1158）十月	沈介（秘书少监）宋直温（阁门祗候）	贺金正旦	《系年要录》卷一八〇	《金史·交聘表》记为正隆四年正月丙辰朔
绍兴二十八年（1158）十月	黄中（国子司业）李景夏（阁门祗候办御前忠佐军头引见司）	贺金生辰	《系年要录》卷一八〇	《金史·交聘表》记正隆四年正月辛未

（续　表）

时　间	使、副姓名及官衔	任　务	资料出处	备　考
绍兴二十九年（1159）六月	王纶（同知枢密院事）曹勋（昭信军节度使）	大金奉表称谢使，谢赐戒谕	《系年要录》卷一八二，《金史·交聘表》	《金史·交聘表》记正隆四年七月甲辰
绍兴二十九年（1159）九月	周麟之（翰林学士左朝散郎知制诰假左朝散大夫信安郡开国侯）苏晔（吉州团练使知阁门事兼客省四方馆事假崇信军节度使齐安郡开国侯）	大金奉表哀谢使，告韦氏哀	《宋会要辑稿》职官五一之二〇，《系年要录》卷一八三	《金史·交聘表》记正隆四年十二月乙卯
绍兴二十九年（1159）十月	杨邦弼（起居舍人）张说（右武大夫荣州刺史两浙西路马步军副都总管）	贺金正旦	《系年要录》卷一八三	《金史·交聘表》记为正隆五年正月庚辰朔
绍兴二十九年（1159）十月	李润（太府卿）张安世（阁门宣赞舍人）	贺金生辰	《系年要录》卷一八三	《金史·交聘表》记为正隆五年正月乙未
绍兴二十九年（1159）十一月	贺允中（参知政事）郑藻（保信军节度使领阁门事提点皇城司）	皇太后遗留国信使	《系年要录》卷一八三	《金史·交聘表》记为正隆五年二月壬子
绍兴三十年（1160）二月	叶义问（左中大夫同知枢密院事）刘允升（右武大夫假和州防御使知阁门事假崇信军节度使）	大金报谢使	《宋会要辑稿》职官五一之四九，《系年要录》卷一八四	《宋会要辑稿》职官五一之四九将此记作嘉祐八年之事，恐是误抄。嘉祐是仁宗之年号。《金史·交聘表》记为正隆五年四月

（续　表）

时　间	使、副姓名及官衔	任　务	资料出处	备　考
绍兴三十年（1160）十月	虞允文（起居舍人假工部尚书）孟思恭（知阁门事）	贺大金正旦使	《系年要录》卷一八六，《宋史》卷三八三《虞允文传》	《金史·交聘表》记为正隆六年正月甲戌朔
绍兴三十年（1160）十月	徐度（枢密院检详诸房文字）王谦（带御器械干办皇城司）	贺金生辰	《系年要录》卷一八六	《金史·交聘表》记为正隆六年正月己丑。据《系年要录》卷一八六载，原副使为苏绅，因病，故以王谦替
绍兴三十一年（1161）六月	徐嚞（左朝散大夫敷文阁待制枢密都承旨假资政殿大学士左太中大夫醴泉观使）张抡（文州刺史权知阁门事兼客省四方馆事假镇东军节度使领阁门事）	大金起居称贺使，贺金迁都	《宋会要辑稿》职官五一之二一，《系年要录》卷一九〇、一九一	据《系年要录》卷一八九载，周麟之推荐苏晔为副，后因晔死，以张抡代。周因形势有变，惮行而罢，改任徐嚞为正使，至盱眙，金令韩汝嘉谕旨遣还。《金史·交聘表》不载
绍兴三十二年（1162）三月	洪迈（起居舍人假翰林学士）张抡（果州团练使知阁门事假镇东军节度使镇东节度使）	贺金登位使	《宋会要辑稿》职官五一之二一，《系年要录》卷一九八，《金史·交聘表》	《金史·交聘表》记为大定二年六月，"以书词不依旧式，诏谕洪迈，使归谕宋主"
绍兴三十二年（1162）七月	刘珙（中书舍人假礼部尚书）张说（知阁门事假昭庆军承宣使）	告即位，金责旧礼不纳而还	《宋会要辑稿》职官五一之二一	《金史·交聘表》不载，《宋会要辑稿》职官五一之二一载，原副使为孟思恭，因贪赃而免，以张说代替

（续　表）

时　间	使、副姓名及官衔	任　务	资料出处	备　考
隆兴元年 (1163) 九月	卢仲贤（右宣教郎假枢密院计议官） 王抃（都辖官）	通书金国左副元帅府	《宋会要辑稿》职官五一之二一，《文忠集》卷六三，《续宋编年资治通鉴》卷八	《金史·交聘表》不载。周必大《文忠集》卷六三《资政殿大学士毗陵侯赠太保周简惠公神道碑》载："(李)杙以妹为金主妃，辞行，命都辖官王抃代之。"
隆兴元年 (1163) 十一月	王之望（户部侍郎假礼部尚书） 龙大渊（知阁门事假崇信军承宣使）	金国通问国信使	《宋会要辑稿》职官五一之二一，《宋史》卷三三	未行
隆兴元年 (1163) 八月	魏杞（宗正少卿假礼部尚书） 康湑（带御器械假崇信军承宣使）	金国通问使	《宋会要辑稿》职官五一之二二，《交聘表》，《金史》卷八七	《金史·交聘表》载，大定五年正月癸亥，宋通问使魏杞、崇信军承宣使康湑奉国书及誓书入见
隆兴元年 (1163) 十一月	胡昉（右宣议郎假枢密院编修官） 杨由义（修武郎假枢密院管干公事充国信所审议郎官）	金国通问使	《宋史》卷三三，周必大《文忠集》卷六三《资政殿大学士毗陵侯赠太保周简惠公神道碑》	《金史·交聘表》载，大定三年"宋使胡昉以汤思退与忠义书，称姪国，不肯加世字，忠义执胡昉，诏释之"
隆兴二年 (1164) 十月	魏杞（宗正少卿） 康湑	金国通问使，议和	《宋史》卷三三，《续宋编年资治通鉴》卷八，胡铨《澹庵文集》卷二《上孝宗封事》	至盱眙，金帅以国书未如式，弗受，欲得商秦地，及俘获人，且邀岁币三十万。杞未得进

（续　表）

时　间	使、副姓名及官衔	任　务	资料出处	备　考
隆兴二年（1164）十一月	王抃（国信所大通事）	持周葵书请正皇帝号为叔侄之国，易岁贡为岁币，减十万，割商秦地，归被俘人，惟叛亡者不与	《宋史》卷三三	《金史·交聘表》载，大定四年，宋周葵、王之望与忠义书，约世为姪国，仍书再拜，不称"大"字，并以宋书副本来上，和议始定
隆兴二年（1164）十一月	王忭（国信所参议官）	持陈康伯报书以行	《宋史》卷三三	
隆兴二年（1164）冬	李彪（秉义郎）吕清	持国书军前通问	《文忠集》卷一四九	
大定五年（1165）正月	魏杞（礼部尚书）康湑（崇信军承宣使）	通问使	《金史·交聘表中》	奉国书及誓书入见
隆兴二年（1164）十二月	洪适（中书舍人假翰林学士）龙大渊（知阁门事假宁国军承宣使）	贺金生辰	《宋会要辑稿》职官五一之二二，《金史·交聘表》	《金史·交聘表》载大定五年三月庚戌
乾道元年（1165）二月	李若川（尚书户部侍郎假吏部尚书）曾觌（武略大夫和州防御使权知阁门事假宁国军承宣使）	贺金国上尊号国信使	《宋会要辑稿》职官五一之二二，《金史·交聘表》	《宋会要辑稿》职官五一之二二"李若川"原作"李若水"，据《宋史》卷三三及《金史·交聘表》改。另《金史·交聘表》载大定五年八月

(续 表)

时 间	使、副姓名及官衔	任 务	资料出处	备 考
乾道元年 (1165) 十月	方慈(权刑部侍郎假户部尚书) 王抃(忠州团练使假福州观察使)	贺金正旦	《宋会要辑稿》职官五一之二二,《金史·交聘表》	《金史·交聘表》载大定六年丙午朔
乾道元年 (1165) 十二月	王曮(吏部尚书) 魏仲昌(利州观察使)	贺金万春节	《宋史》卷三三,《金史·交聘表》	《金史·交聘表》载大定六年三月甲辰朔
乾道二年 (1166) 十月	薛良朋(试工部尚书) 张说(昭庆军承宣使)	贺金正旦	《宋史》卷三三,《金史·交聘表》	《金史·交聘表》载大定七年正月庚子朔
乾道二年 (1166) 十二月	梁克家(翰林学士) 赵应熊(安庆军承宣使)	贺金万春节	《宋史》卷三三,《金史·交聘表》	《金史·交聘表》载大定七年三月己亥。《宋会要辑稿·职官》五一之二四载,从议郎阁门祗候赵应熊回程道中身亡
乾道三年 (1167) 十月	唐琢(试户部尚书) 宋钧(保宁军承宣使)	贺金正旦	《宋史》卷三四,《金史·交聘表》	《宋史》卷三四"唐琢"作"唐璪",《金史·交聘表》载大定八年正月甲子朔
乾道三年 (1167) 十二月	王沦(试工部尚书) 张德明(两浙兵马铃辖)	贺金万春节	《宋史》卷三四,《金史·交聘表》,《宋会要辑稿》职官五一之二四	《金史·交聘表》载大定八年三月癸亥朔

时　间	使、副姓名及官衔	任　务	资料出处	备　考
乾道四年（1168）十月	郑闻（试工部尚书） 董诚（明州观察使）	贺金正旦	《宋史》卷三四，《金史·交聘表》	《金史·交聘表》载大定九年正月戊午朔
乾道四年（1168）十二月	胡元质（翰林学士） 宋直温（保康军承宣使）	贺万春节	《宋史》卷三四，《金史·交聘表》	《金史·交聘表》载大定九年三月丁巳朔
乾道五年（1169）十月	汪大猷（试吏部尚书） 曾觌（宁国军承宣使）	贺金正旦	《宋史》卷三四，《金史·交聘表》	《金史·交聘表》载大定十年正月壬子朔
乾道五年（1169）十二月	司马伋（试工部尚书） 马定远（泉州观察使）	贺金万春节	《宋史》卷三四，《金史·交聘表》	《金史·交聘表》载大定十年三月壬子朔
乾道六年（1170）闰五月	范成大（起居舍人假资政殿大学士醴泉观使） 康湑（权知阁门事兼枢密副都承旨假崇信军节度使）	祈请使，求陵寝地且请更定受书礼，金不许	《宋会要辑稿·职官》五一之二四，《金史·交聘表》，《宋史》卷三八六《范成大传》	《金史·交聘表》载大定十年九月至
乾道六年（1170）十月	吕正己（试工部尚书） 辛坚之（利州观察使）	贺金正旦	《宋史》卷三四，《金史·交聘表》，《宋会要辑稿·职官》五一之二五	《金史·交聘表》载大定十一年正月丙子朔。另《宋会要辑稿·职官》五一之二四"吕正己"误作"吕王己"

(续 表)

时 间	使、副姓名及官衔	任 务	资料出处	备 考
乾道六年（1170）十二月	赵雄（翰林学士）赵伯骕（泉州观察使）	贺金万春节，正受书仪	《宋史》卷三四，《金史·交聘表》	《宋史》卷三四载"三月乙亥朔，赵雄至金，金拒其请"。《宋史》卷三九六载"时金将起河南之役，议尽以诸陵梓宫归于我，上命雄出使贺生辰，仍止奉迁陵寝及正受书仪。雄既见金主，争辨数四，其臣屡喝起，雄辞益力，卒得请"。可知"金拒其请"是指"正受书仪之请"
乾道七年（1171）十月	莫濛（试工部尚书）孙显祖（利州观察使）	贺金正旦	《宋史》卷三四，《金史·交聘表》	《金史·交聘表》载大定十二年正月庚午朔
乾道七年（1171）十二月	翟绂（龙图阁学士）俎士粲（宜州观察使）	贺金万春节	《宋史》卷三四，《金史·交聘表》	《金史·交聘表》载大定十二年三月己巳朔
乾道八年（1172）二月	姚宪（试吏部尚书）曾觌（安德军承宣使）	贺上尊号，附请受书之事	《宋史》卷三四，《金史·交聘表》	《金史·交聘表》载大定十二年四月
乾道八年（1172）十月	冯樽（试吏部尚书）龙云（泉州观察使）	贺金正旦	《宋史》卷三四，《金史·交聘表》	《金史·交聘表》载大定十三年正月乙丑朔

（续 表）

时 间	使、副姓名及官衔	任 务	资料出处	备 考
乾道八年（1172）十二月	韩元吉（试礼部尚书）郑兴裔（利州观察使）	贺金万春节	《宋史》卷三四，《金史·交聘表》	《金史·交聘表》载大定十三年三月癸巳朔
乾道九年（1173）十月	留正（翰林学士）张巍（利州观察使）	贺金正旦	《宋史》卷三四，《金史·交聘表》	《金史·交聘表》载大定十四年正月己丑朔
乾道九年（1173）十二月	韩彦直（户部尚书）刘炎（保信军承宣使）	贺金万春节	《宋史》卷三四，《金史·交聘表》	《金史·交聘表》载大定十四年三月戊子朔
淳熙元年（1174）八月	张子颜（敷文阁待制提举祐神观假工部尚书）刘崇（武功大夫定州刺史权知阁门事假明州观察使）	报聘使，求免宋帝起立接书	《宋会要辑稿》职官五一之二六，《金史·交聘表》	《金史·交聘表》载大定十四年九月己酉，是为到达之日，《宋史》卷三四载为四月事，恐是下诏之时。《金史》卷八八载"宋主遣工部尚书张子颜、知阁门事刘崇来祈请"
淳熙元年（1174）十月	蔡洸（试户部尚书）赵益（江州观察使）	贺金正旦	《宋史》卷三四，《金史·交聘表》	《金史·交聘表》载大定十五年正月
淳熙元年（1174）十二月	吴琚	贺金万春节	《宋史》卷三四	《金史·交聘表》不载
淳熙二年（1175）二月	汤邦彦（左司谏假翰林学士知制诰朝散大夫提举祐神观兼侍读）陈雷（阁门舍人假昭信军承宣使知阁门事兼客省四方馆事）	奉使金国申议使	《宋会要辑稿》职官五一之二六，《金史·交聘表》	《宋会要辑稿》职官五一之二六记为"朝议大夫"，误。据《金史·交聘表》改

时　间	使、副姓名及官衔	任　务	资料出处	备　考
淳熙二年 (1175) 十月	谢廓然(试户部尚书) 黄夷行(泉州观察使)	贺金正旦	《宋史》卷三四,《金史·交聘表》	《金史·交聘表》载大定十六年正月戊申朔
淳熙二年 (1175) 十二月	张宗元(试工部尚书) 谢纯孝(利州观察使)	贺金万春节	《宋史》卷三四,《金史·交聘表》	《金史·交聘表》载大定十六年三月丙午朔
淳熙三年 (1176) 十月	阎苍舒(试吏部尚书) 李可久(江州观察使)	贺金正旦	《宋史》卷三四,《金史·交聘表》	《金史·交聘表》载大定十七年正月壬寅朔
淳熙三年 (1176) 十一月	张子正(试户部尚书) 赵士葆(明州观察使)	贺金万春节	《宋史》卷三四,《金史·交聘表》	《金史·交聘表》载大定十七年三月辛丑朔
淳熙四年 (1177) 十月	钱良臣(翰林学士朝请大夫知制诰兼侍读普宁郡开国侯食邑一千户食实封一百户赐紫金鱼袋) 延玺(严州观察使知阁门事兼客省四方馆事永丰县开国伯食邑七百户)	贺金正旦	《宋史》卷三四,《金史·交聘表》,《文忠集》卷一一六《淳熙四年贺正旦国书》	《金史·交聘表》载大定十八年正月丙申朔
淳熙四年 (1177) 十一月	赵思(起居舍人试礼部尚书) 郑槐(宜州观察使)	贺金万春节	《宋史》卷三四,《金史·交聘表》	《宋会要辑稿》职官五二之二载:诏起居舍人赵思奉使应答依违,降两官放罢。《金史·交聘表》载大定十八年三月乙未朔

（续 表）

时 间	使、副姓名及官衔	任 务	资料出处	备 考
淳熙五年 （1178） 十月	宇文价（户部侍郎） 赵鼎（江州观察使）	贺金正旦	《宋史》卷三五，《金史·交聘表》	《金史·交聘表》载大定十九年正月庚申朔
淳熙五年 （1178） 十一月	钱冲之（龙图阁学士朝散大夫提举祐神观兼侍讲清化郡开国侯食邑一千户食实封一百户赐紫金鱼袋） 刘咨（潭州观察使知阁门事兼客省四方馆事泰宁县开国伯食邑七百户）	贺金万春节	《宋史》卷三五，《金史·交聘表》，《文忠集》卷一一六《淳熙六年正月遣使贺生辰国书》	《金史·交聘表》载大定十九年三月己未朔
淳熙六年 （1179） 十月	陈岘（试礼部尚书） 孔昇（宜州观察使）	贺金正旦	《宋史》卷三五，《金史·交聘表》	《金史·交聘表》载大定二十年正月甲寅朔
淳熙六年 （1179） 十一月	傅淇（试工部尚书） 王公弼（婺州观察使）	贺金万春节	《宋史》卷三五，《金史·交聘表》	《金史·交聘表》载大定二十年三月癸丑朔
淳熙七年 （1180） 十月	叶宏（龙图阁学士） 张诏（福州观察使）	贺金正旦	《宋史》卷三五，《金史·交聘表》，	《金史·交聘表》载大定二十一年正月戊申朔
淳熙七年 （1180） 十一月	盖经（试户部尚书） 裴良能（阆州观察使）	贺金万春节	《宋史》卷三五，《金史·交聘表》，《后乐集》卷一七《盖经行状》	《金史·交聘表》载大定二十一年三月丁未朔
淳熙八年 （1181） 十月	施师点（权礼部侍郎兼太子詹事假翰林学士知制诰兼侍读） 副使名缺	贺金正旦	《宋史》卷三五、卷三八五	《金史·交聘表》失载，《宋史》卷三八五《施师点传》载"假翰林学士知制诰兼侍读使金"

（续　表）

时　间	使、副姓名及官衔	任　务	资料出处	备　考
淳熙八年（1181）十一月	燕世良副使名缺	贺金万春节	《宋史》卷三五	《金史·交聘表》不载使副姓名
淳熙九年（1182）十月	王蔺（试吏部尚书）刘弢（明州观察使）	贺金正旦	《宋史》卷三五,《金史·交聘表》	《金史·交聘表》载大定二十三年正月丁卯朔
淳熙九年（1182）十一月	贾选（试工部尚书）郑兴裔（武奉军承宣使）	贺金万春节	《宋史》卷三五,《金史·交聘表》	《金史·交聘表》载大定二十三年三月丙寅朔
淳熙十年（1183）十月	余端礼（显谟阁学士）王德显（宜州观察使）	贺金正旦	《宋史》卷三五,《金史·交聘表》	《金史·交聘表》载大定二十四年正月辛卯朔
淳熙十年（1183）十一月	陈居仁（试吏部尚书）贺锡来（随州观察使）	贺金万春节	《宋史》卷三五,《金史·交聘表》,周必大《文忠集》卷六四	《金史·交聘表》载大定二十四年三月庚寅朔。《文忠集》卷六四《文华阁直学士赠金紫光禄大夫陈公居仁神道碑》载:"闰十一月假吏部尚书充金国贺生辰使。"
淳熙十一年（1184）				《金史·交聘表》载"十一月甲午,诏上京地远天寒,行人跋涉艰若,来岁宋国正旦、生辰并不须遣使",《宋史》卷三五亦载"盱眙军言得金人牒,以上京地寒,来岁正旦、生辰人使权止一年"

时　间	使、副姓名及官衔	任　务	资料出处	备　考
淳熙十二年（1185）十月	王信（试礼部尚书）吴环（明州观察使）	贺金正旦	《宋史》卷三五，《金史·交聘表》	《金史·交聘表》载大定二十六年正月庚辰朔
淳熙十二年（1185）十一月	章森（大理少卿假试户部尚书）吴曦（容州观察使）	贺金万春节	《宋史》卷三五，《金史·交聘表》	《金史·交聘表》载大定二十六年三月己卯朔，《宋会要辑稿》职官五二之三，章森奉使之时为大理少卿
淳熙十三年（1186）十月	李巘（试刑部尚书）赵多才（漳州观察使）	贺金正旦	《宋史》卷三五，《金史·交聘表》	《金史·交聘表》载大定二十七年正月癸卯朔，另《宋史》卷三五“李巘”作“李献”，误。见同卷校勘记（一）
淳熙十三年（1186）十一月	张淑春（试兵部尚书）谢卓然（鄂州观察使）	贺金万春节	《宋史》卷三五，《金史·交聘表》	《金史·交聘表》载大定二十七年三月癸卯朔，另《宋史》卷三五“张淑春”作“张叔椿”
淳熙十四年（1187）九月	万锺（试工部尚书）赵不违（宜州观察使）	贺金正旦	《宋史》卷三五，《金史·交聘表》	《金史·交聘表》载大定二十八年正月丁酉朔
淳熙十四年（1187）十月	韦璞（将作监假敷文阁学士提举醴泉观兼侍读）姜特立（高州刺史阁门舍人皇太子宫同主管左右春坊事假鄂州观察使）	告哀使	《宋会要·职官》五二之四，《宋史》卷三五，《金史·交聘表》	《金史·交聘表》载大定二十七年十二月壬午

（续　表）

时　间	使、副姓名及官衔	任　务	资料出处	备　考
淳熙十四年（1187）十月	颜师鲁（试户部尚书）高震（福州观察使）	金国遗留国信使	《宋史》卷三五，《金史·交聘表》	大定二十八年二月。《宋会要辑稿》职官五二之五，诏权礼部侍郎颜师鲁假户部尚书充太上皇帝遗留金国国信使，武翼郎前权发遣盱眙军高震假福州观察使知阁门事兼客省四方馆事副之
淳熙十四年（1187）十一月	胡晋臣（试户部尚书）郑康孙（鄂州观察使）	贺金万春节	《宋史》卷三五，《金史·交聘表》	大定二十八年三月丁酉
淳熙十五年（1188）二月	京镗（中书门下省检正诸房公事假礼部尚书）刘端仁（侍卫步军司计议官借容州观察使右卫上将军）	报谢使	《宋会要辑稿》职官五一之三一，《宋史》卷三五，《金史·交聘表》	大定二十八年五月甲辰
淳熙十五年（1188）十月	郑侨（显谟阁学士）张时修（广州观察使）	贺正旦使	《宋史》卷三五，《金史·交聘表》	大定二十九年正月壬辰朔
淳熙十五年（1188）十一月	何澹戴溪	贺生辰使	《宋会要辑稿》职官五一之三三，《宋史》卷三五	因金世宗死于大定二十九年正月，故何澹等留于盱眙军

（续 表）

时 间	使、副姓名及官衔	任 务	资料出处	备 考
淳熙十六年（1188）二月	诸葛廷瑞（起居舍人假翰林学士承旨朝请大夫知制诰兼侍读） 赵不慢（太子右内率府副率假鄂州观察使左武卫上将军） 刘崇之（秘书郎假朝散大夫起居舍人兼史馆修撰充读祭文官）	吊祭使	《宋会要辑稿》职官五一之三四，《宋史》卷三六，《金史·交聘表》	《金史·交聘表》"诸葛廷瑞"作"葛廷瑞"，漏"诸"字，见《交聘表》校勘记
淳熙十六年（1189）二月	罗点（中书舍人假朝请大夫试吏部尚书） 谯熙载（武功大夫济州防御使权知阁门事兼客省四方馆事假保信军承宣使）	报登宝位使	《宋会要辑稿》职官五一之三三至三四	《金史·交聘表》不载
淳熙十六年（1189）二月	沈揆（国子祭酒假端明殿学士中大夫提举太一官兼侍读） 韩侂胄（武功大夫吉州刺史权知阁门事兼客省四方馆事干办皇城司假安庆军承宣使知阁门事兼客省四方馆事）	贺金登位	《宋会要辑稿》职官五一之三三至三四，《宋史》卷三六，《金史·交聘表》	《金史·交聘表》载大定二十九年闰五月庚辰
淳熙十六年（1189）七月	谢深甫（礼部尚书） 赵昂（观察使）	贺金天寿节	《宋史》卷三六，《金史·交聘表》	《金史·交聘表》载大定二十九年八月丙辰
淳熙十六年（1189）	郭德麟（试户部尚书） 蔡锡（宜州观察使）	贺金正旦	《宋史》卷三六，《金史·交聘表》	《金史·交聘表》载章宗明昌元年正月丙辰朔

（续　表）

时　　间	使、副姓名及官衔	任　务	资料出处	备　考
绍熙元年（1190）六月	丘崇（显谟阁学士）蔡必胜（福州观察使）	贺金天寿节	《宋史》卷三六，《金史·交聘表》	《金史·交聘表》载明昌元年八月己酉
绍熙元年（1190）九月	苏山（试吏部尚书）刘询（潭州观察使）	贺金正旦	《宋史》卷三六，《金史·交聘表》	《金史·交聘表》载明昌二年正月庚戌朔
绍熙二年（1191）二月	宋之瑞（户部郎中假朝请大夫试礼部尚书）宋嗣祖（阁门宣赞舍人点检阁门簿书公事充宣词令假严州观察使左卫功将军）	金皇太后吊祭使	《宋会要辑稿》职官五一之三七至三八，《宋史》卷三六，《金史·交聘表》	《金史·交聘表》载明昌二年三月丁丑，宋遣试礼部尚书宋之端、严州观察使宋嗣祖为皇太后吊祭使，太常少卿王叔简读祭文
绍熙二年（1191）六月	赵麿（试户部尚书）田皋（婺州观察使）	贺金天寿节	《宋史》卷三六，《金史·交聘表》	《金史·交聘表》载明昌二年八月乙巳
绍熙二年（1191）九月	黄申（焕章阁学士）张宗益（明州观察使）	贺金正旦	《宋会要辑稿》职官五一之三八，《宋史》卷三六，《金史·交聘表》	《宋会要辑稿》职官五一之三八载："差充贺金国正旦国信使黄由，副使张宗益，照得由字系犯金国名讳偏傍，宗字系犯金国名讳，合行回避。诏黄由时暂改名申，张宗益除去宗字，并候事毕依旧。"而《金史·交聘表》所载正使黄申，副使张宗益。一使改名，一使未改，未审何故

（续　表）

时　间	使、副姓名及官衔	任　务	资料出处	备　考
绍熙三年（1192）六月	钱之望（工部尚书） 杨大节（广州观察使）	贺金天寿节	《宋史》卷三六，《金史·交聘表》，《攻媿集》卷一〇二	《金史·交聘表》载明昌三年八月。《攻媿集》卷一〇二《太府卿王公墓志铭》载："（绍熙三年六月）王卿月假吏部尚书为金国生辰使，行至扬州，病死。"故由钱之望代替
绍熙三年（1192）九月	郑汝谐（显谟阁学士） 谯令雍（均州观察使）	贺金正旦	《宋史》卷三六，《金史·交聘表》	《金史·交聘表》载明昌四年正月己巳朔
绍熙四年（1193）六月	许及之（吏部尚书） 蒋介（明州观察使）	贺金天寿节	《宋史》卷三六，《金史·交聘表》	《金史·交聘表》载明昌四年八月辛酉
绍熙四年（1193）九月	倪思（翰林学士） 王知新（知阁门事）	贺金正旦	《宋史》卷三六，《金史·交聘表》	《金史·交聘表》载明昌五年正月朔
绍熙五年（1194）六月	梁总（试工部尚书） 戴勋（明州观察使）	贺金天寿节	《宋史》卷三六，《金史·交聘表》	《金史·交聘表》载明昌五年八月乙卯
绍熙五年（1194）六月	薛叔似（显谟阁学士） 谢渊（广州观察使）	告哀	《宋史》卷三六，《金史·交聘表》	《金史·交聘表》载明昌五年九月壬申
绍熙五年（1194）六月	林湜（户部尚书） 游恭（泉州观察使）	致遗留物	《宋史》卷三六，《金史·交聘表》	《金史·交聘表》载明昌五年十月庚寅

时　间	使、副姓名及官衔	任　务	资料出处	备　考
绍熙五年（1194）七月	郑湜（翰林学士）范仲任（广州观察使）	告登位	《宋史》卷三六，《金史·交聘表》，《续宋编年资治通鉴》卷一一	《续宋编年资治通鉴》卷一一"范仲任"作"范仲壬"。《金史·交聘表》载明昌五年闰十月戊午朔至
绍熙五年（1194）十月	曾三复（试礼部尚书）副使名缺	贺金正旦	《宋史》卷三六，《金史·交聘表》、《宋史全文》卷二八	《金史·交聘表》载明昌六年正月丁亥朔。《宋史全文》卷二八载曾三复为太常少卿
绍熙五年（1194）闰十月	林季友（焕章阁学士）郭正己（明州观察使）	因金使吊祭，报谢	《宋史》卷三六，《金史·交聘表》	《金史·交聘表》载明昌六年二月癸未至
庆元元年（1195）六月	汪义瑞（试吏部尚书）韩侂胄（福州观察使）	贺金天寿节	《宋史》卷三七，《金史·交聘表》	《金史·交聘表》"汪义瑞"作"汪义端"，明昌六年八月己卯至
庆元元年（1195）九月	黄艾（翰林学士）柳正一（均州观察使）	贺金正旦	《宋史》卷三七，《金史·交聘表》	《金史·交聘表》载承安元年正月辛巳朔
庆元二年（1196）六月	吴宗旦（试工部尚书）张卓（湖州观察使）	贺金天寿节	《宋史》卷三七，《金史·交聘表》	《金史·交聘表》载承安元年八月甲戌
庆元二年（1196）九月	张贵谟（焕章阁学士）郭倪（严州观察使）	贺金正旦	《宋史》卷三七，《金史·交聘表》	《金史·交聘表》载承安二年正月乙亥朔

（续 表）

时 间	使、副姓名及官衔	任 务	资料出处	备 考
庆元三年（1197）六月	卫泾（试工部尚书）陈奕（泉州观察使）	贺金天寿节	《宋史》卷三七，《金史·交聘表》	《金史·交聘表》载承安二年八月戊戌至
庆元三年（1197）九月	曾炎（焕章阁学士）郑挺（鄂州观察使）	贺金正旦	《宋史》卷三七，《金史·交聘表》，《攻媿集》卷九七《英殿修撰致仕赠光禄大夫曾公神道碑》	《金史·交聘表》载承安三年正月己亥朔
庆元三年（1197）十一月	赵介（试礼部尚书）朱龟年（利州观察使）	孝宗皇后吴氏崩，告哀	《宋史》卷三七，《金史·交聘表》	《金史·交聘表》载承安三年正月乙丑至
庆元四年（1198）四月	汤硕（试刑部尚书）李汝翼（福州观察使）	报谢	《宋史》卷三七，《金史·交聘表》	《金史·交聘表》载八月癸未至
庆元四年（1198）六月	杨王休（假显谟阁学士兼侍读）李安礼（利州观察使）	贺金天寿节	《宋史》卷三七，《金史·交聘表》，《攻媿集》卷九一	《攻媿集》卷九一《文华阁待制杨公行状》载："六月假显谟阁学士兼侍读为金国贺生辰使。"《金史·交聘表》载八月丙申至
庆元四年（1198）九月	马觉（工部尚书）郑莶（广州观察使）	贺金正旦	《宋史》卷三七，《金史·交聘表》	《金史·交聘表》载承安四年正月癸巳进贺
庆元五年（1199）六月	李大性（试工部尚书）金汤楫（泉州观察使）	贺金天寿节	《宋史》卷三七，《金史·交聘表》	《金史·交聘表》载八月己丑至

时　间	使、副姓名及官衔	任　务	资料出处	备　考
庆元五年 (1199) 九月	朱致之(焕章阁学士) 李师挚(福州观察使)	贺金正旦	《宋史》卷三七,《金史·交聘表》	《金史·交聘表》载承安五年正月戊子朔
庆元六年 (1200) 六月	赵善义(户部尚书) 厉仲详(鄂州观察使)	贺金天寿节	《宋史》卷三七,《金史·交聘表》	《金史·交聘表》载八月壬子至
庆元六年 (1200) 六月	吴旴(试刑部尚书) 林可大(利州观察使)	光宗皇后李氏崩,告哀	《宋史》卷三七,《金史·交聘表》,《宋会要辑稿》职官五一之四三,《宋史全文》卷二九上	《金史·交聘表》载十月庚子至。《宋会要辑稿》职官五一之四三"吴旴"作"吴旴",《交聘表》作"吴旴",《宋史》、《宋史全文》作"吴旴",以《宋史》为是
庆元六年 (1200) 八月	李寅仲(焕章阁学士) 张良显(福州观察使)	光宗崩,告哀	《宋史》卷三七,《金史·交聘表》	《金史·交聘表》载十一月己巳至
庆元六年 (1200) 九月	丁常任(试工部尚书) 郭俅(严州观察使)	进遗留物	《宋史》卷三七,《金史·交聘表》	《金史·交聘表》载泰和元年正月壬戌
庆元六年 (1200) 十月	林楒(宝谟阁学士) 王康成(利州观察使)	贺金正旦	《宋史》卷三七,《金史·交聘表》	《金史·交聘表》载泰和元年正月壬子朔。另本年生辰使不见遣
庆元六年 (1200) 十二月	虞俦(试刑部尚书) 张仲舒(泉州观察使)	报谢	《宋史》卷三七,《金史·交聘表》	《金史·交聘表》载泰和元年三月乙亥至

（续 表）

时 间	使、副姓名及官衔	任 务	资料出处	备 考
嘉泰元年（1201）二月	俞烈（试户部尚书） 李言（福州观察使）	报谢	《宋史》卷三八，《金史·交聘表》	《金史·交聘表》载泰和元年八月丙申至
嘉泰元年（1201）六月	陈宗召（试吏部尚书） 窦夔（广州观察使）	贺金天寿节	《宋史》卷三八，《金史·交聘表》	《金史·交聘表》载泰和元年八月丙申
嘉泰元年（1201）九月	李景和（焕章阁学士） 陈有功（福州观察使）	贺金正旦	《宋史》卷三八，《金史·交聘表》	《金史·交聘表》载泰和二年正月丁未朔
嘉泰二年（1202）六月	赵不艰（试工部尚书） 黄卓然（鄂州观察使）	贺金天寿节	《宋史》卷三八，《金史·交聘表》	《金史·交聘表》载泰和二年八月庚子
嘉泰二年（1202）九月	鲁宜（试吏部尚书） 王处久（利州观察使）	贺金正旦	《宋史》卷三八，《金史·交聘表》	《金史·交聘表》载泰和三年正月辛未朔
嘉泰三年（1203）六月	刘甲（试礼部尚书） 郭倬（泉州观察使）	贺金天寿节	《宋史》卷三八，《金史·交聘表》，《宋会要辑稿》职官三六之六七	《金史·交聘表》载泰和三年八月甲子至
嘉泰三年（1203）九月	张孝曾（试吏部尚书） 林伯成（容州观察使）	贺金正旦	《宋史》卷三八，《金史·交聘表》	《金史·交聘表》载泰和四年正月乙丑朔
嘉泰四年六月	张嗣古（试礼部尚书） 陈涣（广州观察使）	贺金天寿节	《宋史》卷三八，《金史·交聘表》	《金史·交聘表》载泰和四年八月癸丑至

(续　表)

时　间	使、副姓名及官衔	任务	资料出处	备　考
嘉泰四年（1204）九月	邓友龙（试吏部尚书）皇甫斌（利州观察使）	贺金正旦	《宋史》卷三八，《金史·交聘表》	《金史·交聘表》载泰和五年正月己未朔
开禧元年（1205）六月	李璧（试吏部尚书）林仲虎（广州观察使）	贺金天寿节	《宋史》卷三八，《金史·交聘表》，《宋史全文》卷二九下	泰和五年闰八月辛巳。时李璧为礼部侍郎，《交聘表》所载为借官
开禧元年（1205）九月	陈景俊（试刑部尚书）吴琚（知阁门事）	贺金正旦	《宋史》卷三八，《金史·交聘表》	泰和六年正月癸未朔
开禧二年（1206）十一月	丘崈分遣忠训郎林拱，武翼郎宋显以书币乞和于金帅仆散揆		《金史·交聘表》	"林拱"恐为"林拱辰"之误
开禧二年（1206）十二月	丘崈再遣陈璧奉书乞和于金帅仆散揆		《金史·交聘表》	
开禧三年（1207）二月	方信孺	乞和	《金史·交聘表》	
开禧三年（1207）四月	方信孺（假朝奉郎枢密院检详文字充枢密院参谋官）	奉誓书通谢	《宋史》卷三九五，《宋史》卷三八	《金史·交聘表》载五月至
开禧三年（1207）六月	林拱辰（太府寺丞）林仲虎（右骁卫中郎将）	金国通谢使	《宋史全文》卷二九下，《宋史》卷三八	《金史·交聘表》无载
开禧三年（1207）六月	富管（中书门下省检正诸房公事）李谦（左屯卫将军）	告哀使	《宋史全文》卷二九下，《宋史》卷三八	《金史·交聘表》无载，《宋史》卷三八"富管"作"富琯"

（续　表）

时　　间	使、副姓名及官衔	任　　务	资料出处	备　　考
开禧三年（1207）六月	刘弥正（枢密院编修官）陈良彪（阁门舍人）	贺生辰使	《水心集》卷二○《故吏部侍郎刘公墓志铭》	《金史·交聘表》无载
开禧三年（1207）九月	二十八日辛丑,监登闻鼓院王柟持书赴金国都副元帅府		《建炎杂记》乙集卷一八	《金史·交聘表》载十一月至
开禧三年（1207）十二月	许奕（起居郎假朝议大夫试礼部尚书吴兴郡开国侯食邑一千户实封一百户赐紫金鱼袋）吴衡（阁门舍人假福州观察使右武卫上将军永康郡开国伯食邑七百户）	奉誓书通谢	《宋会要辑稿》职官五一之四四,《宋史》卷三八,《金史·交聘表》	《金史·交聘表》载泰和八年六月至
嘉定元年（1208）二月	宋钱象祖复遣王柟以书上金行省		《金史·交聘表》	
嘉定元年（1208）六月	邹应龙（户部尚书）李谦（泉州观察使）	贺金生辰	《宋史》卷三九,《金史·交聘表》	《金史·交聘表》记十月己卯至
嘉定元年（1208）十二月	曾从龙叶濚	贺正旦使,后改命吊祭使	《宋会要辑稿》职官五一之四四,《宋史》卷三九	《宋史》卷三九,改命曾从龙使金吊祭,《金史·交聘表》不载
嘉定元年（1208）十二月	宇文绍彭	贺即位使	《宋史》卷三九	《金史·交聘表》不载
嘉定二年（1209）六月	俞应符	贺金万秋节	《宋史》卷三九	《金史·交聘表》记八月至,不载使者姓名

(续　表)

时　间	使、副姓名及官衔	任　务	资料出处	备　考
嘉定二年 (1209) 九月	费培(大理卿)	贺金正旦	《宋史》卷三九,《宋史全文》卷三〇	《金史·交聘表》不载
嘉定三年 (1210) 六月	黄中(起居郎)	贺金万秋节	《宋史》卷三九,《宋史全文》卷三〇	《金史·交聘表》记八月至
嘉定三年 (1210) 九月	钱仲彪(司农卿)	贺金正旦	《宋史》卷三九,《宋史全文》卷三〇	《金史·交聘表》载大安三年正月乙酉朔
嘉定四年 (1211) 六月	余嵘	贺金生辰	《宋史》卷三九	《宋史》卷三九,会金国有难,不至而还。《金史·交聘表》不载
嘉定四年 (1211) 九月	程卓(朝散郎刑部员外郎假朝请大夫试工部尚书清化郡开国侯食邑一千户实封一百户赐紫金鱼袋) 赵师嵒(忠州防御使知大宗正事假昭信军承宣使左武卫上将军天水县开国伯食邑七百户)	贺正旦使	程卓《使金录》,《宋史》卷三九	《金史·交聘表》载崇庆元年正月
嘉定五年 (1212) 六月	傅诚(吏部郎中)	贺金生辰	《宋史》卷三九,《宋史全文》卷三〇	《金史·交聘表》不载
嘉定五年 (1212) 九月	应武(刑部郎官)	贺金正旦	《宋史》卷三九,《宋史全文》卷三〇	《金史·交聘表》不载
嘉定六年 (1213) 六月	董居谊	贺金生辰	《宋史》卷三九	《金史·交聘表》不载,《宋史》卷三九载会金国乱,不至而还

（续 表）

时 间	使、副姓名及官衔	任 务	资料出处	备 考
嘉定六年（1213）十月	真德秀（刑部尚书）	贺登位	《宋史》卷三九，《金史·交聘表》，《鹤山集》卷六九《参知政事资政殿学士致仕真公神道碑》	《金史·交聘表》载正月丁丑宋刑部尚书真德秀等贺即位，驻境上，以中都被围，论罢之
嘉定六年（1213）十月	李埴	贺金正旦	《宋史》卷三九	《金史·交聘表》不载，《宋史》卷三九载不至而还
嘉定七年（1214）十一月	聂子述（显谟阁学士）周师锐（广州观察使）	贺金正旦	《宋史》卷三九，《金史·交聘表》	《金史·交聘表》载贞祐三年正月辛酉朔
嘉定八年（1215）正月	丁焴（显谟阁学士）侯忠信（利州观察使）	贺金长春节，请减岁币如大定例	《宋史》卷三九，《金史·交聘表》	《金史·交聘表》载贞祐三年三月壬申
嘉定八年（1215）十一月	施累（试工部尚书）陈万春（广州观察使）	贺金正旦	《宋史》卷三九，《金史·交聘表》	《金史·交聘表》载贞祐四年正月乙卯朔
嘉定九年（1216）正月	留筠（华文馆学士）师亮（宜州观察使右武卫上将军）	贺金长春节	《宋史》卷三九，《金史·交聘表》	《金史·交聘表》载贞祐四年三月申子至
嘉定九年（1216）十一月	陈伯震（焕章阁学士）霍仪（福州观察使）	贺金正旦	《宋史》卷三九，《金史·交聘表》	《金史·交聘表》载，兴定元年正月己卯朔
嘉定十年（1217）正月	钱抚（试工部尚书）冯柄（潭州观察使）	贺金长春节	《宋史》卷四〇，《金史·交聘表》，《筼窗集》卷八	《交聘表》载兴定元年三月乙丑至。陈耆卿《筼窗集》卷八《朝散郎秘书丞钱公抚墓志铭》载："寻充金国生辰使假工部尚书。"

附录二　金国国信使表

时　间	使、副姓名及官衔	任　务	资料出处	备　考
政和八年 （1118） 十月	李庆善、小散多、勃达	还礼、报聘	《三朝北盟会编》卷二	《大金吊伐录》、《金史·交聘表》均载天辅二年（1118）正月遣，误。"小散多"《交聘表》记作"散覩"
宣和二年 （1120） 七月	斯剌习鲁（字董）高随、大迪乌	报聘，许还燕地	《三朝北盟会编》卷四	《金史·交聘表》不载。《三朝北盟会编》卷四全文收入此次金使所携国书，云："今差勃堇斯剌习鲁充使，大迪乌、高随充副，同回前去专奉书披陈。"
宣和三年 （1121） 正月	曷鲁（字董）大迪乌	议宋金夹攻辽	《三朝北盟会编》卷四	《金史·交聘表》不载
宣和四年 （1122） 五月	徒单乌甲（字董）高庆裔	通议使	《三朝北盟会编》卷七	《金史·交聘表》不载。《金史》卷二载于四月，而金国国书记为五月，应以国书为准。"徒姑坦乌歇"，《金史》作"徒单吴甲"

（续　表）

时　间	使、副姓名及官衔	任　务	资料出处	备　考
宣和四年 （1122） 十一月	撒卢母（字堇） 李靖（字堇）、王度 剌（字堇）	议岁币	《三朝北盟会 编》卷一一	《金史·交聘表》 不载
宣和四年 （1122） 十二月	李靖	计议燕京 税赋	《三朝北盟会 编》卷一二	《金史·交聘表》 不载
天辅七年 （1123） 二月	银尤可（字堇） 铎剌	许宋以武、 应、朔、蔚、 奉圣、归化、 儒、妫等州	《金史·交聘 表》，《金史》 卷二，《三朝 北盟会编》卷 一四	《三朝北盟会编》 卷一四载："今差 字堇宁割、度剌 为国信使副，及 思谋充议事。" "思谋"当为"乌 凌阿思谋"
宣和五年 （1123） 四月	撒卢母 杨天寿	取叛俘，宋 还赵温讯	《北盟会编》 卷一五	《金史·交聘表》 不载
宣和五年 （1123） 四月	杨璞	持誓书来	《三朝北盟会 编》卷一五	《金史·交聘表》 不载
天会元年 （1123） 十二月	李靖	阿骨打崩， 报哀	《金史·交聘 表》	
宣和五年 （1123） 十二月	高居庆（卢州管内 观察使都字堇） 杨并（大中大夫守 大理寺卿）	贺宋正旦	《三朝北盟会 编》卷一九， 《宋史·徽宗 纪》	《三朝北盟会编》 记为宣和五年正 月事，误，据《宋 史·徽宗纪》改
宣和六年 （1124） 五月	富谟古（辰州管内 都字堇） 李简（清州防御 使）	吴乞买立， 报登位	《三朝北盟会 编》卷一九	《金史·交聘表》 载："（天会二年 四月）以高术仆 古等充遗留国信 使，高兴辅、刘兴 嗣充告即位国 信使。"

（续　表）

时　　间	使、副姓名及官衔	任　务	资料出处	备　　考
天会二年 （1124） 八月	乌爪乃（字堇） 李用弓	贺宋生辰	《金史·交聘表》	
天会二年 （1124） 十二月	高庆居（字堇） 丘忠（大理卿）	贺宋正旦使	《金史·交聘表》	
天会三年 （1125） 六月	李用和 王永福	以灭辽告庆于宋	《金史·交聘表》	副使"王永福"据《三朝北盟会编》卷二四补
天会三年 （1125） 七月	耶律固	报谢宋国使	《金史·交聘表》	《大金国志》卷三载："先是，金人既获天祚，连遣三使聘宋：初曰报谢通好也；次曰告庆得天祚也；又次曰贺天宁节也。"然《金史·交聘表》不载贺天宁节之事
建炎三年 （1129） 十二月	程晖（归朝官）	致宗弼媪书	《系年要录》卷二九	《金史·交聘表》不载
绍兴四年 （1134） 正月	李永寿（文州团练使） 王翊（尚书职方郎中）等九人	求还刘豫之俘及西北人在东南者，又欲画江以益刘豫	《宋史》卷三七九，《系年要录》卷七二，《中兴小纪》卷一五	《金史·交聘表》不载，《系年要录》卷七二载："金国元帅府通书官李永寿等入见。"
绍兴八年 （1138） 六月	乌凌阿思谋（福州管内观察使太原府少尹河东北路制置都总管） 石庆克（中散大夫太常少卿骑都尉）	议和	《系年要录》卷一二○	《金史·交聘表》不载，《宋史》卷二九记"石庆克"为"石庆充"

（续　表）

时　间	使、副姓名及官衔	任　务	资料出处	备　考
天眷元年 （1138） 八月	张通古（尚书右司侍郎） 萧哲（明威将军签书宣徽院事）	以河南地赐宋	《金史·交聘表》，《系年要录》卷一二四	《系年要录》记十二月到
绍兴十一年 （1141） 十一月	萧毅（行台户部侍郎） 邢具瞻（翰林待制同知制诰）	审议使，许以淮水为界，岁币银帛各二十五万匹两，又欲割唐邓二州	《宋史》卷二九，《系年要录》卷一四二	《金史·交聘表》不载
皇统二年 （1142） 三月	刘筈（银青光禄大夫中书侍郎） 完颜宗贤（左副点检） 刘祹（山东西路都转运使） 高居安（少监）	册宋康王为宋帝，送天水郡王丧柩及宋帝母韦氏还江南	《金史》卷七十九，《中兴小纪》卷三〇，《金史·交聘表》，《宋史》卷三〇，《系年要录》卷一四三	完颜宗贤，本名赛里。《宋史》卷三〇记"完颜宗贤"为"完颜宗表"
皇统二年 （1142） 五月	使副名缺	赐宋誓诏	《金史》卷四，《金史·交聘表》	
绍兴十三年 （1143） 十二月	完颜晔（左金吾卫上将军右宣徽使） 马谞（秘书少监）	贺宋正旦	《中兴小纪》卷三一，《系年要录》卷一五〇	《金史·交聘表》不载
绍兴十四年 （1144） 五月	乌雅和（骠骑大将军安国军节度使） 孟浩（通议大夫行大理少卿）	贺宋主天申节	《系年要录》卷一五一	《金史·交聘表》不载
绍兴十四年 （1144） 十二月	布萨温（金吾卫上将军殿前右副都点检） 高庆先（安远大将军充东上阁门使）	贺宋正旦	《宋史》卷三〇，《系年要录》卷一五二	《金史·交聘表》不载，《宋史》卷三〇"布萨温"作"孛散温"

（续　表）

时　间	使、副姓名及官衔	任　务	资料出处	备　考
绍兴十五年（1145）五月	完颜宗永（龙虎卫上将军殿前左副都点检）程寀（通议大夫充翰林待制）	贺宋天申节	《宋史》卷三〇，《系年要录》卷一五三	《宋史》卷三〇"完颜宗永"作"完颜宗尹"
绍兴十五年（1145）十一月	蒲察阿虎迭（骠骑大将军殿前右副都点检）吴磐福（正议大夫尚书刑部侍郎）	贺宋正旦	《金史》卷一二〇《系年要录》卷一五四	《宋史》卷三〇为"蒲察说"，《系年要录》为"富察说"，《金史·蒲察阿虎迭传》云："（皇统）五年，使宋，为贺正人使。"知其为同一人。《金史·交聘表》不载
绍兴十六年（1146）五月	乌古论海（金吾卫上将军彰德军节度）赵兴祥（同知宣徽院事）	贺宋天申节	《系年要录》卷一五五	《金史·交聘表》不载
绍兴十六年（1146）十二月	卢彦伦（龙虎卫上将军会宁尹）张仙寿（定远大将军四方馆使）	贺宋正旦	《系年要录》卷一五五，《金史》卷七五《卢彦伦传》	《金史·交聘表》不载
绍兴十七年（1147）五月	完颜卞（龙虎卫上将军殿前右副都点检）大珪（宁远大将军东上阁门使）	贺宋天申节	《系年要录》卷一五六	《金史·交聘表》不载
绍兴十七年（1147）十二月	完颜宗藩（金吾卫上将军殿前左副都点检）吴前范（安远大将军充东上阁门使）	贺宋正旦	《系年要录》卷一五六	《金史·交聘表》不载

（续　表）

时　间	使、副姓名及官衔	任　务	资料出处	备　考
绍兴十八年（1148）五月	萧秉温（龙虎卫上将军会宁尹）申奉颜（昭武大将军充东上阁门使）	贺宋天申节	《系年要录》卷一五七	《金史·交聘表》不载
绍兴十八年（1148）十二月	召守忠（金吾卫上将军殿前右副都点检）刘君诏（昭武大将军同知宣徽院事）	贺宋正旦	《系年要录》卷一五八	《金史·交聘表》不载
绍兴十九年（1149）五月	唐古德温（龙虎卫上将军殿前左副都点检）高居安（昭武大将军四方馆使）	贺宋天申节	《系年要录》卷一五九	《金史·交聘表》不载，《宋史》卷三〇为"唐括德温"
绍兴十九年（1149）十二月	完颜兖（龙虎卫上将军殿前右副都点检）刘箴（昭武大将军西上阁门使）	贺宋正旦	《系年要录》卷一六〇	《金史·交聘表》不载
海陵天德二年（1150）正月	完颜思恭（龙虎卫上将军侍卫亲军马步军都指挥使）翟永固（翰林直学士通议大夫知制诰）	来报登位	《系年要录》卷一六一，《金史·交聘表》	《金史·交聘表》载，遣侍卫亲军步军都指挥使完颜思恭、翰林直学士翟永固为报谕宋国使。《金史》卷七〇作"完颜思敬"，避显宗允恭之讳

(续　表)

时　间	使、副姓名及官衔	任　务	资料出处	备　考
绍兴二十年 (1150) 五月	完颜思恭(龙虎卫上将军侍卫亲军马步军都指挥使) 翟永固(翰林直学士通议大夫知制诰)	贺宋生辰	《系年要录》卷一六一,《金史·交聘表》	《宋史》卷三〇载:"甲午,金就遣完颜思恭等来贺天申节。"《系年要录》卷一六一亦载:"甲午,金国贺生辰使副侍卫马步军都指挥使完颜思恭、翰林直学士翟永固见于紫宸殿。思恭等来报亮代立,既出境,就遣来贺。"而《金史·交聘表》:"二月甲子,以兵部尚书完颜元宜、修起居注高怀贞为贺宋生日使。"恐金临时改派,以宋方记载为是
绍兴二十年 (1150) 十二月	萧颐(正奉大夫秘书监兼左谏议大夫) 王竞(中大夫尚书礼部侍郎翰林待制兼行太常丞)	贺宋正旦	《系年要录》卷一六一	《金史·交聘表》不载
绍兴二十一年 (1151) 五月	刘长言(翰林学士中奉大夫知制诰兼太子少詹事) 耶律夔(昭毅大将军殿前右卫充龙翔军都指挥使)	贺宋天申节	《系年要录》卷一六二,《金史·交聘表》	《金史·交聘表》载:"(海陵天德三年)三月庚寅,以翰林学士中奉大夫刘长言、少府监耶律五哥为贺宋生日使。"

时　间	使、副姓名及官衔	任　务	资料出处	备　考
绍兴二十一年（1151）十二月	兀尤鲁定方（骠骑上将军殿前右副都点检）萧永祺（太中大夫右谏议大夫秘书少监）	贺宋正旦	《系年要录》卷一六二，《金史·交聘表》	《金史·交聘表》"兀尤鲁定方"作"不尤鲁阿海"
绍兴二十二年（1152）五月	田秀颖（宣奉大夫刑部尚书行大理卿）大允（安远大将军充客省使兼四方馆）	贺宋天申节	《系年要录》卷一六三，《金史·交聘表》	《金史·交聘表》"大允"作"大斌"
绍兴二十二年（1152）十二月	左瀛（汴京路都转运使）耨盌温都子敬（广威将军尚书兵部郎中兼四方馆）	贺宋正旦	《系年要录》卷一六三，《金史·交聘表》	《金史·交聘表》"张利用"作"张用直"，"耨盌温都子敬"作"温都斡带"。先遣太子詹事张利用为贺正旦使，后因张利用卒，改遣汴京路都转运使左瀛为正旦使
绍兴二十三年（1153）五月	纥石烈大雅（中奉大夫秘书监兼右谏议大夫）萧简（广威将军尚书兵部郎中兼四方馆）	贺宋生辰	《系年要录》卷一六四，《金史·交聘表》	《金史·交聘表》"纥石烈大雅"作"纥石烈撒合辇"，其官职是"右宣徽使"
绍兴二十三年（1153）十二月庚戌	蔡松年（宣奉大夫尚书左丞假户部尚书）纥石烈师颜（广威将军秘书少监兼行右拾遗）	贺宋正旦	《系年要录》卷一六五，《金史·交聘表》	《金史·交聘表》载副使是"右司郎中娄室"

（续 表）

时 间	使、副姓名及官衔	任 务	资料出处	备 考
绍兴二十四年 （1154） 五月	耶律安礼（金吾卫上将军工部尚书） 许霖（正议大夫尚书吏部侍郎）	贺宋天申节	《系年要录》卷一六六，《金史·交聘表》	《金史·交聘表》记为四月辛卯，是为派遣之日
绍兴二十四年 （1154） 十二月	白彦恭（骠骑上将军签书枢密院事） 胡励（中散大夫守右谏议大夫充翰林待制同知制诰）	贺宋正旦	《系年要录》卷一六七，《金史·交聘表》	《金史·交聘表》载"白彦恭"为"刑部侍郎"
绍兴二十五年 （1155） 五月	李通（正议大夫守秘书监兼右谏议大夫） 耶律隆（广威将军充群牧副使）	贺宋天申节	《系年要录》卷一六八，《金史·交聘表》	《金史·交聘表》载："三月庚午，以左司郎中李通、同知南京路都转运司事耶律隆为贺宋生日使。"又《金史》卷五载："（天德三年三月）以左司郎中李通为贺宋生日使。"
绍兴二十五年 （1155） 十二月己亥	耶律归一（奉国上将军太子詹事） 马枫（左中大夫行大理少卿）	贺宋正旦	《系年要录》卷一七〇，《金史·交聘表》	《宋史》卷三一记"己亥"，《交聘表》载"十月己亥，翰林学士承旨耶律归一为贺宋正旦使"
绍兴二十六年 （1156） 五月己未	敬嗣晖（宣奉大夫左宣徽使） 萧中立（定远大将军尚书兵部郎中）	贺宋天申节	《系年要录》卷一七二《金史·交聘表》	《金史·交聘表》载敬嗣晖是"左宣徽使"，萧中立为"大理卿"

（续 表）

时 间	使、副姓名及官衔	任 务	资料出处	备 考
绍兴二十六年（1156）十二月甲子	梁球（中奉大夫秘书监兼右谏议大夫）耶律谌（定远大将军充侍卫亲军马军副都指挥使）	贺宋正旦	《系年要录》卷一七五《金史·交聘表》	《金史·交聘表》载"十一月己巳朔，以右司郎中梁銶、左将军耶律湛为贺宋正旦使"
绍兴二十七年（1157）五月癸未	耶律守素（正议大夫守礼部尚书）许竑（中靖大夫太常少卿）	贺宋生辰	《系年要录》卷一七七，《金史·交聘表》	《金史·交聘表》载："六月，以礼部尚书耶律守素、邢部侍郎许竑为贺宋生日使。""六月"应为"三月"，误
绍兴二十七年（1157）十二月戊午	高思廉（骠骑上将军侍卫亲军马步军副都指挥使）阿勒根彦忠（昭毅大将军行尚书兵部郎中）	贺宋正旦	《系年要录》卷一七八，《金史·交聘表》	《金史·交聘表》载"十一月，侍卫亲军马步军副都指挥使高助不古、户部侍郎阿勒根窊产为贺宋正旦使"
绍兴二十八年（1158）五月戊寅	萧恭（骠骑上将军殿前司副都点检）魏子平（中大夫尚书工部侍郎）	贺宋生辰使	《系年要录》卷一七九，《金史·交聘表》	《金史·交聘表》载"三月辛巳，以兵部尚书萧恭、太府监魏子平为贺宋生日使"
绍兴二十八年（1158）十二月壬子	苏保衡（正奉大夫工部尚书）阿典（定远大将军太子左卫率府率）	贺正旦使	《系年要录》卷一八〇，《金史·交聘表》	《金史·交聘表》记副使为吏部侍郎阿典和实懑
绍兴二十九年（1159）五月壬申	王可道（资德大夫秘书少监）王蔚（定远大将军行太子左监门兼尚厩局副使）	贺宋生辰	《系年要录》卷一八二，《金史·交聘表》	《金史·交聘表》载"四月，遣资德大夫秘书监王可道、朝散大夫左司郎中王蔚为贺宋生日使"

（续　表）

时　间	使、副姓名及官衔	任　务	资料出处	备　考
绍兴二十九年 (1159) 十二月丙子	施宜生(翰林侍讲学士) 耶律翼(侍卫亲军马步军副都指挥使)	贺宋正旦	《系年要录》卷一八三,《金史·交聘表》	《金史·交聘表》载"十一月,甲辰,以翰林侍讲学士施宜生、宿州防御使耶律辟里剌为贺宋正旦使"
绍兴三十年 (1160) 二月乙卯	大怀忠(金吾卫上将军左宣徽使) 耨盌温都谦(太中大夫尚书礼部侍郎)	吊祭使	《系年要录》卷一八四,《金史·交聘表》	《金史·交聘表》载"乙丑,以左副点检大怀中、大兴少尹耨盌温都谦为宋吊祭使"
绍兴三十年 (1160) 五月丙申	萧荣(辅国上将军殿前右副都点检) 张忠辅(中大夫太子右谕德)	贺生辰使	《系年要录》卷一八四	《金史·交聘表》不载
绍兴三十年 (1160) 十二月庚午	孛散权(奉国上将军兵部尚书) 韩汝嘉(翰林学士忠靖大夫知制诰同修国史)	贺正旦使	《系年要录》卷一八七,《金史·交聘表》	《金史·交聘表》载"十一月,以济南尹仆散乌者、翰林直学士韩汝嘉为贺宋正旦使"
绍兴三十一年 (1161) 五月辛卯	高景山(龙虎卫上将军) 王全(通议大夫尚书刑部侍郎)	贺生辰使	《系年要录》卷一九〇,《金史·交聘表》	《金史·交聘表》载"四月,以签书枢密院事高景山为贺宋生日使"
绍兴三十二年 (1162) 三月壬子	高忠建(骠骑上将军元帅府左监军) 张景仁(通议大夫尚书礼部侍郎)	报登位使,以罢兵、归正隆所侵地报谕宋国	《系年要录》卷一九八,《金史·交聘表》	《宋史》卷三一记为"正月己丑",《三朝北盟会编》卷二五〇记为"三月",《金史·交聘表》载"(大定元年)十二月,元帅左监军高忠建、德昌军节度使张景仁以罢兵、归正隆所侵地,报谕宋国"

（续　表）

时　间	使、副姓名及官衔	任　务	资料出处	备　考
乾道元年（1165）四月庚子	完颜仲（殿前左副都点检）杨伯雄（太子詹事）	报问宋国	《宋史》卷三三，《金史·交聘表》	《宋史》中一般仅记载正使名，且无官职，官职、副使名据《金史·交聘表》。《大金国志》卷一六载杨伯雄为翰林直学士
乾道元年（1165）十月丁酉	高衍（吏部尚书）移剌道	贺宋会庆节	《宋史》卷三三，《金史·交聘表》	
乾道元年（1165）十二月壬寅	乌古论粘没曷（殿前右副都点检）刘仲渊（尚书礼部侍郎）	贺宋正旦	《宋史》卷三三，《金史·交聘表》	《宋史》卷三三"乌古论粘没曷"为"乌古论忠弼"
乾道二年（1166）十月辛卯	魏子平（户部尚书）夹谷查剌（殿前左卫将军）	贺宋会庆节	《宋史》卷三三，《金史·交聘表》	
乾道二年（1166）十二月丙申	乌古论元忠（殿前右副都点检驸马都尉）张仲愈（少府监）	贺宋正旦	《宋史》卷三三，《金史·交聘表》	
乾道三年（1167）十月乙卯	蒲察莎鲁窝（劝农使）梁彬（东上阁门使）	贺宋会庆节	《宋史》卷三四，《金史·交聘表》	
大定七年（1167）十一月	徒单忠卫（河间尹）	贺宋正旦	《宋史》卷三四，《金史》卷六	《金史》"徒单忠卫"作"徒单克宁"，《金史·交聘表》不载
乾道四年（1168）十月己酉	移剌神独斡（右宣徽使）高彦佐（太府监）	贺宋会庆节	《宋史》卷三四，《金史·交聘表》	

（续　表）

时　间	使、副姓名及官衔	任　务	资料出处	备　考
乾道四年（1168）十二月甲寅	辟合土（同签大宗正事）李昌图（尚书右司郎中）	贺宋正旦	《宋史》卷三四，《金史·交聘表》	《宋史》卷三四载"（乾道四年十二月）甲寅，金遣完颜仲仁等来贺明年正旦"
乾道五年（1169）十月癸卯	高德基（刑部尚书）副使缺	贺宋生日使	《宋史》卷三四，《金史·交聘表》	
乾道五年（1169）十二月戊申	完颜毅（京兆尹）牛德昌（尚书左司郎中）	贺宋正旦	《宋史》卷三四，《金史·交聘表》	
乾道六年（1170）十月丁卯	移剌子敬（签书枢密院事）张仅言（宫籍监）	贺宋会庆节	《宋史》卷三四，《金史·交聘表》	《金史》卷三四"移剌子敬"作"耶律子敬"，同书卷三九六亦作"耶律子敬"
乾道六年（1170）十二月壬申	蒲察蒲速越（太子詹事）韩纲（同知宣徽院事）	贺宋正旦	《宋史》卷三四，《金史·交聘表》	《宋史》卷三四"蒲察蒲速越"作"蒲察愿"
乾道七年（1171）十月壬戌	乌林答天锡（尚书刑部侍郎驸马都尉）李文蔚（御史中丞）	贺宋会庆节	《宋史》卷三四，《金史·交聘表》	
乾道七年（1171）十二月丙寅	完颜宗宁（西南路招讨使）程辉（户部侍郎）	贺宋正旦使	《宋史》卷三四，《金史·交聘表》	
乾道八年（1172）十月丙辰	夹谷清臣（殿前右副都点检）张汝弼（尚书左司郎中）	贺宋会庆节	《宋史》卷三四，《金史·交聘表》	

（续 表）

时 间	使、副姓名及官衔	任 务	资料出处	备 考
乾道八年 (1172) 十二月辛酉	曹望之(户部尚书) 纥石烈哲(尚书右司郎中)	贺宋正旦	《宋史》卷三四,《金史·交聘表》	
乾道九年 (1173) 十月庚辰	完颜襄(殿前都点检兼侍卫亲军副都指挥使) 张汝霖(国子司业兼尚书户部郎中)	贺宋会庆节	《宋史》卷三四,《金史·交聘表》	
乾道九年 (1173) 十二月乙酉	完颜璋(大兴尹) 高翙(客省使兼东上阁门使)	贺宋正旦	《宋史》卷三四,《金史·交聘表》	
淳熙元年 (1174) 三月癸丑	梁肃(刑部尚书) 蒲察讹里剌(赵王府长史)	详问宋夺书之事	《宋史》卷三四,《金史·交聘表》,《宋会要辑稿》职官五一之二五	《金史·交聘表》载:"五月,梁肃等还,宋主以谢书附奏。"《宋会要辑稿》职官五一之二五载:"三月二十六日,上御垂拱殿,引见金国泛使通奉大夫吏部尚书梁肃,定远大将军太府监蒲守中。"与《金史·交聘表》异。另"蒲守中"应为"蒲察讹里剌"之汉名
淳熙元年 (1174) 十月乙亥	完颜让(兵部尚书) 贾少冲(秘书少监)	贺宋会庆节	《宋史》卷三四,《金史·交聘表》	
淳熙元年 (1174) 十二月壬申	刘仲诲(御史中丞) 纥石烈奥也(殿前左卫将军兼修起居注)	贺宋正旦	《宋史》卷三四,《金史·交聘表》	

（续 表）

时 间	使、副姓名及官衔	任 务	资料出处	备 考
淳熙二年(1175)十月戊戌	完颜王祥（归德尹）卢玑（客省使兼东上阁门使）	贺宋会庆节	《宋史》卷三四，《金史·交聘表》	《宋史》卷三四"完颜王祥"作"完颜禧"
淳熙二年(1175)十二月甲辰	完颜靖（右宣徽使）高运国（拱卫直都指挥使）	贺宋正旦	《宋史》卷三四，《金史·交聘表》	《宋史》卷三四"完颜靖"作"完颜追"，《文忠集》所载国书记作"完颜治"。治、靖同义，疑为避讳改字，"追"恐是"治"字之误
淳熙三年(1176)十月壬辰	蒲察通（殿前都点检）张亨（尚书左司郎中）	贺宋会庆节	《宋史》卷三四，《金史·交聘表》	
淳熙三年(1176)十二月戊戌	刘珫（同知宣徽院事）乌林荅愿（近侍局使）	贺宋正旦	《宋史》卷三四，《金史·交聘表》	
淳熙四年(1177)十月丁亥	完颜习尼烈（殿前右副都点检）曹士元（提点太医院兼仪鸾使）	贺宋会庆节	《宋史》卷三四，《金史·交聘表》	《宋史》卷三四"完颜习尼烈"作"完颜忠"，《金史》卷七："（九月）以右副都点检完颜习尼烈等为贺宋生日史。"
淳熙四年(1177)十二月壬辰	完颜蒲刺睹（延安尹）郑子聃（左谏议大夫兼翰林直学士）	贺宋正旦	《宋史》卷三四，《金史·交聘表》	《金史》卷七"（十一月）丙辰，以延安尹完颜蒲刺睹等为贺宋正旦使"，《宋史》卷三四"完颜蒲刺睹"作"完颜炳"

（续 表）

时 间	使、副姓名及官衔	任 务	资料出处	备 考
淳熙五年 (1178) 十月辛亥	张九思(大理卿) 完颜崇肃(殿前左卫将军)	贺宋会庆节	《宋史》卷三五,《金史·交聘表》	
淳熙五年 (1178) 十二月丙辰	乌延查剌(静难军节度使) 王汝楫(太府监)	贺宋正旦	《宋史》卷三五,《金史·交聘表》	《宋史》卷三五"乌延查剌"作"乌延察"
淳熙六年 (1179) 十月乙巳	蒲察鼎寿(左宣徽使) 高德裕(尚书刑部郎中)	贺宋会庆节	《宋史》卷三五,《金史·交聘表》	
淳熙六年 (1179) 十二月庚戌	移剌愭(御史中丞) 左光庆(东上阁门使)	贺宋正旦	《宋史》卷三五,《金史·交聘表》	《宋史》卷三五"移剌愭"作"耶律愭"
淳熙七年 (1180) 十月庚子	李俌(太府监) 完颜乌里也(尚书左司郎中)	贺宋会庆节	《宋史》卷三五,《金史·交聘表》	
淳熙七年 (1180) 十二月甲辰	徒单守素(真定尹驸马都尉) 杨伯仁(左谏议大夫)	贺宋正旦	《宋史》卷三五,《金史·交聘表》	
淳熙八年 (1181) 十月甲子	胡什赉(殿前右副都点检) 邓俨(尚书左司郎中)	贺宋会庆节	《宋史》卷三五,《金史·交聘表》	《宋史》卷三五载:"甲子,金遣完颜寔等来贺会庆节。"
淳熙八年 (1181) 十二月戊辰	魏贞吉 副使名缺	贺宋正旦	《宋史》卷三五	《金史·交聘表》不载
淳熙九年 (1182) 十月戊午	完颜禅赤(殿前左卫将军) 吕忠翰(翰林直学士)	贺宋会庆节	《宋史》卷三五,《金史·交聘表》	《宋史》卷三五"完颜禅赤"作"完颜宗回"

时　间	使、副姓名及官衔	任　务	资料出处	备　考
淳熙九年 （1182） 十二月癸亥	孛尤鲁阿鲁罕（昭毅大将军吏部尚书） 宋中（中大夫都水监）	贺宋正旦	《宋史》卷三五，《金史·交聘表》	《宋史》卷三五"孛尤鲁阿鲁罕"作"孛尤鲁正"
淳熙十年 （1183） 十月壬子	完颜方（同签大宗正事） 刘玮（同知宣徽院事）	贺宋会庆节	《宋史》卷三五，《金史·交聘表》	
淳熙十年 （1183） 十二月丁亥	完颜婆卢火（西京留守） 李溏（尚食局使）	贺宋正旦	《宋史》卷三五，《金史·交聘表》	
淳熙十一年 （1184） 十月丙子	张大节（太府监） 完颜婆卢火（尚书左司郎中）	贺宋会庆节	《宋史》卷三五，《金史·交聘表》	
淳熙十二年 （1185） 十二月丙子	仆散守中（临潢） 马惠迪（御史中丞）	贺宋正旦	《宋史》卷三五，《金史·交聘表》	
淳熙十三年 （1186） 十月甲午	完颜宗浩（益都尹） 黄久约（左谏议大夫）	贺宋会庆节	《宋史》卷三五，《金史·交聘表》	《宋史》卷三五"完颜宗浩"作"完颜老"
淳熙十三年 （1186） 十二月己亥	移剌子元（刑部尚书） 马琪（尚书左司郎中）	贺宋正旦	《宋史》卷三五，《金史·交聘表》	《宋史》卷三五"移剌子元"作"耶律子元"
淳熙十四年 （1187） 十月己丑	田彦皋（河中尹） 完颜鹘杀虎（近侍局使）	贺宋会庆节	《宋史》卷三五，《金史·交聘表》，《文忠集·思陵录》	因高宗之丧，诏免入见，却其书币。《文忠集·思陵录》载副使为"完颜琥"，应为同一人

（续　表）

时　间	使、副姓名及官衔	任　务	资料出处	备　考
淳熙十四年（1187）十二月癸巳	完颜崇安（殿前左副都点检）李晏（翰林侍讲学士兼御史中丞）	贺宋正旦	《宋史》卷三五,《金史·交聘表》,《文忠集·思陵录》	《文忠集·思陵录》载正使为"完颜宗卞"
淳熙十五年（1188）二月丁亥	蒲察克忠（左宣徽使驸马都尉）刘玮（户部尚书）耶律履（读祭文官）	吊祭使	《宋史》卷三五,《金史·交聘表》	
淳熙十五年（1188）十月癸未	王克温（安武军节度使）完颜鹘杀虎（近侍局使）	贺宋会庆节	《宋史》卷三五,《金史·交聘表》,《文忠集·思陵录》	《文忠集·思陵录》载生辰使是中奉大夫礼部尚书王克温、广威将军客省使完颜琥,其官衔应为借官
淳熙十五年（1188）十二月戊子	田彦皋（河中尹）移剌仲方（吏部侍郎）	贺宋正旦使	《宋史》卷三五,《金史·交聘表》,《文忠集·思陵录》	《文忠集·思陵录》载:"北使中奉大夫吏部尚书田彦皋,副使广威将军户部郎中耶律中方朝见。"其官职与《金史·交聘表》所记不同,应为借官
淳熙十六年（1189）三月癸卯	王元德（大理卿）副使名缺	报哀	《宋史》卷三六,《金史·交聘表》	
淳熙十六年（1189）三月戊午	张万公	致遗留物	《宋史》卷三六	《金史·交聘表》不载
淳熙十六年（1189）四月戊寅	徒单镒	告即位	《宋史》卷三六	《金史·交聘表》不载

（续　表）

时　间	使、副姓名及官衔	任　务	资料出处	备　考
淳熙十六年（1189）八月癸丑	温迪罕速可（东北路招讨使）	贺宋即位	《宋史》卷三六，《金史·交聘表》	《宋史》卷三六"温迪罕速可"作"温迪罕肃"
淳熙十六年（1189）九月癸亥	完颜守贞	贺宋重明节	《宋史》卷三六，《金史·交聘表》	《宋史》卷三六"完颜守贞"作"完颜守真"
明昌元年（1190）七月己巳	王翛（礼部尚书）	贺宋生辰	《金史·交聘表》，《宋史》卷三六	《宋史》卷三六载绍熙元年九月丁巳
明昌元年（1190）十二月壬子	裴满余庆（右宣徽使）	贺宋正旦	《宋史》卷三六，《金史·交聘表》	
明昌元年（1190）十一月乙卯	把德固（签书枢密院事）	贺宋正旦使	《金史·交聘表》，《宋史》卷三六	《宋史》卷三六载绍熙元年十二月丙午
明昌二年（1191）正月丙寅	完颜亶	告皇太后徒单氏哀	《金史·交聘表》，《宋史》卷三六	《宋史》卷三六载绍熙二年二月丁未
明昌二年（1191）七月己巳	完颜兖（同签大睦亲府事）路伯达	贺宋重明节	《金史·交聘表》，《宋史》卷三六，《金史·路伯达传》	《宋史》卷三六载绍熙二年九月壬子
明昌二年（1191）十一月丁巳	完颜宗璧（豳王傅）	贺宋正旦	《金史·交聘表》，《宋史》卷三六	《宋史》卷三六载绍熙二年十二月辛丑
明昌三年（1192）七月辛卯	仆散端（殿前都点检）副使名缺	贺宋重明节	《金史·交聘表》，《宋史》卷三六	《宋史》卷三六载绍熙三年九月乙亥
明昌三年（1192）十一月戊寅	温敦忠（右副都点检）副使名缺	贺宋正旦	《金史·交聘表》，《宋史》卷三六	《宋史》卷三六载绍熙三年十二月乙丑

（续 表）

时 间	使、副姓名及官衔	任 务	资料出处	备 考
明昌四年 （1193） 七月己丑	董师中（御史中丞）	贺宋重明节	《金史·交聘表》，《宋史》卷三六	《宋史》卷三六载绍熙四年九月乙巳
明昌四年 （1193） 十一月戊寅	完颜弼（翰林直学士）	贺宋正旦	《金史·交聘表》，《宋史》卷三六	"完颜弼"原名"完颜匡"，避宋讳改，另《宋史》载绍熙四年十二月己未
明昌五年 （1194） 九月戊寅	尼厖古鉴（知大兴府事）	吊祭使	《金史·交聘表》，《宋史》卷三六	《宋史》卷三六载闰十月至
明昌五年 （1194） 闰十月	王启（河东南北路提刑使） 石抹仲温（广威将军殿前左副都点检）	贺宋即位国信使	《金史·交聘表》，《宋史》卷三六	《宋史》卷三六载十二月癸酉至
明昌五年 （1194）			《宋会要辑稿》职官五一之三八	《宋会要辑稿》职官五一之三八载："九月七日，本国皇帝生辰仰盱眙军关报对境，免遣一次。"
明昌五年 （1194） 十一月庚子	移剌敏（广威将军右宣徽使） 高世忠（山东东路转运使）	贺宋正旦	《金史·交聘表》，《宋史》卷三六	《宋史》卷三六载十二月癸未至
明昌六年 （1195） 八月辛未	吴鼎枢（吏部尚书） 纥石烈介（兵部郎中）	贺宋瑞庆节	《金史·交聘表》，《宋史》卷三七，《永乐大典》卷一二九六五	《宋史》卷三七载承安元年十月戊辰至。《金史·交聘表》不载副使。《永乐大典》卷一二九六〇载："（庆元元年九月，1195）戊辰，金主遣吏部尚书吴鼎枢、兵部郎中纥石烈介来贺瑞庆节。"

（续　表）

时　　间	使、副姓名及官衔	任　务	资料出处	备　考
明昌六年（1195）十一月丙申	纥石烈贞（刑部尚书）王珩（太常少卿）	贺宋正旦	《金史·交聘表》，《宋史》卷三七，《永乐大典》卷一二九六五	《金史·交聘表》不载副使。《永乐大典》卷一二九六〇载："（庆元元年十二月）丁丑，金主遣刑部尚书纥石烈正、太常少卿王珩来贺明年正旦。"
承安元年（1196）九月癸未	张嗣（吏部尚书）石顿思（工部侍郎）	贺宋瑞庆节	《金史·交聘表》下，《宋史》卷三七，《永乐大典》卷一二九六五	《宋史》卷三七载庆元二年十月壬戌至。《永乐大典》卷一二九六〇载："（庆元二年十月）壬戌，金主遣吏部尚书张嗣、工部侍郎石顿思来贺瑞庆节。"《金史·交聘表》不载副使姓名
承安元年（1196）十一月甲午	完颜宗道（兵部尚书）巨栋（太常少卿）	贺宋正旦	《金史·交聘表》，《宋史》卷三七，《金史》卷七三，《永乐大典》卷一二九六五	《宋史》卷三七载庆元二年十二月辛未至。《金史》卷七三《完颜宗道传》载承安二年（完颜宗道）为贺宋正旦使，与《金史·交聘表》异。《金史·交聘表》不载副使。《永乐大典》载："（庆元二年十二月）金主遣兵部尚书元（完）颜崇道、太常少卿巨栋来贺明年正旦。"

（续 表）

时 间	使、副姓名及官衔	任 务	资料出处	备 考
承安二年（1197）九月	完颜愈（知归德府事）张汝方（吏部郎中）	贺宋瑞庆节	《金史·交聘表》，《宋史》卷三七，《永乐大典》卷一二九六五	《宋史》卷三七载庆元三年十月丙戌至。《金史·交聘表》不载副使。《永乐大典》卷一二九六五载："（庆元三年）九月丙戌，金主遣户部尚书元（完）颜愈、吏部郎中张汝方来贺瑞庆节。"
承安二年（1197）十二月	奥屯忠孝（礼部尚书）薛愈（工部郎中）	贺宋正旦	《永乐大典》卷一二九六五	《金史·交聘表》不载，《永乐大典》卷一二九六五载："（庆元三年十二月）乙未，金主遣礼部尚书奥屯忠孝、工部郎中薛愈来贺明年正旦。"
承安三年（1198）二月	乌林答天益（武卫军都指挥使）贾风刚（户部郎中）	吊祭	《金史》卷一一，《宋史》卷三七，《永乐大典》卷一二九六五	《金史·交聘表》不载，《宋史》卷三七载庆元四年三月乙丑至。《永乐大典》卷一二九六五载："（庆元四年三月）金主遣兵部尚书乌林答天益、户部郎中贾风刚来吊祭。"

（续　表）

时　间	使、副姓名及官衔	任　务	资料出处	备　考
承安三年(1198)九月	孙铎(中都路转运使)帖合忠(客省使)	贺宋瑞庆节	《金史·交聘表》,《宋史》卷三七,《永乐大典》卷一二九六五	《宋史》卷三七载十月戊子至。《金史·交聘表》不载副使姓名。《永乐大典》卷一二九六五载："(庆元四年)十月戊子,金主遣吏部尚书孙铎、客省使帖合忠来贺瑞庆节。"
承安三年(1198)十一月	杨庭筠(太常卿)李木曾子元(户部郎中)	贺宋正旦	《金史·交聘表》,《宋史》卷三七,《永乐大典》卷一二九六五	《宋史》卷三七记为十二月己丑至。《金史·交聘表》不载副使。《永乐大典》卷一二九六五载："(庆元四年)十二月乙丑,金主遣太常少卿杨庭筠、户部郎中李木曾子元来贺明年正旦。"
承安四年(1199)九月	仆散琦(知东平府事)张汝猷	贺宋瑞庆节	《金史·交聘表》,《宋史》卷三七,《宋会要辑稿》职官五一之四三	《宋史》卷三七载二月丙子至
承安四年(1199)十一月	范楫(知济南府事)薄察守纯(四方馆使)	贺宋正旦	《金史·交聘表》,《宋史》卷三七,《永乐大典》卷一二九六五	《宋史》卷三七记为十二月甲申至。《金史·交聘表》不载副使。《永乐大典》卷一二九六五载："(庆元四年)十二月甲申,金主遣户部尚书范楫、四方馆使薄察守纯来贺明年正旦。"

时　间	使、副姓名及官衔	任　务	资料出处	备　考
承安五年（1200）十一月	乌古论谊（工部尚书）	吊祭	《金史·交聘表》,《宋史》卷三七	《宋史》卷三七载庆元六年十二月己亥至
承安五年（1200）十一月	纥石烈忠定（殿前右副点检）李愈（太常少卿）	贺宋正旦	《金史·交聘表》,《宋史》卷三七,《永乐大典》卷一二九六五	《宋史》卷三七载庆元六年十二月至。《永乐大典》卷一二九六五载:"（庆元六年）十二月戊申,金主遣殿前左副都点检纥石烈忠定、太常少卿李愈来贺明年正旦。"
承安五年（1200）十二月	完颜充（河南路统军使）	吊祭	《金史·交聘表》,《宋史》卷三七	《宋史》卷三七载嘉泰元年正月至
泰和元年（1201）九月	徒单怀忠（右宣徽使）李杨（秘书少监）	贺宋瑞庆节	《金史·交聘表》,《宋史》卷三八,《永乐大典》卷一二九六五	《宋史》卷三八载嘉泰元年十月甲午至。《永乐大典》卷一二九六五载:"（嘉泰元年）十月甲午,金主遣左徽使徒单怀忠、秘书少监李杨来贺瑞庆节。"
泰和元年（1201）十一月	纥石烈七斤（殿前右卫将军）孙复（礼部郎中）	贺宋正旦	《金史·交聘表》,《宋史》卷三八,《永乐大典》卷一二九六五	《宋史》卷三八载嘉泰元年十二月癸卯至,"纥石烈七斤"作"纥石烈真"。《金史·交聘表》不载副使。《永乐大典》卷一二九六五载:"（嘉泰元年）十二月癸卯,金主遣兵部尚书纥石烈真、礼部郎中孙复来贺瑞庆节。"

（续　表）

时　间	使、副姓名及官衔	任　务	资料出处	备　考
泰和二年（1202）九月丙辰	完颜瑭（拱卫直都指挥使）张行简（礼部郎中）	贺宋瑞庆节	《金史·交聘表》，《宋史》卷三八，《金史》卷一一，《永乐大典》卷一二九六五	《宋史》卷三八载嘉泰二年十月戊子至
泰和二年（1202）十二月癸酉	徒单公弼（武安军节度使）张衍（户部郎中）	贺宋正旦	《金史·交聘表》，《宋史》卷三八，《永乐大典》卷一二九六五	《宋史》卷三八载嘉泰二年闰十二月丁卯至。《金史·交聘表》不载副使。《永乐大典》卷一二九六五载："（嘉泰二年）闰十二月丁卯，金主遣兵部尚书徒单公弼、户部郎中张衍来贺明年正旦。"
泰和三年（1203）九月壬申	承晖（刑部尚书）完颜阿鲁带（奉御）	贺宋瑞庆节	《金史·交聘表》，《金史》卷一一，《宋史》卷三八	《宋史》卷三八载嘉泰三年十月壬子金遣完颜奕来贺瑞庆节
泰和三年（1203）十一月辛未	独吉思忠（签枢密院事）	贺宋正旦	《金史·交聘表》，《宋史》卷三八	《宋史》卷三八载十二月辛酉至
泰和四年（1204）八月乙卯	完颜昌（知真定府事）	贺宋瑞庆节	《金史·交聘表》，《宋史》卷三八	《宋史》卷三八载嘉泰四年十月壬寅至

时　间	使、副姓名及官衔	任　务	资料出处	备　考
泰和四年（1204）十一月丁卯	乌林答毅（殿前右副都点检）贾益（太常少卿）	贺宋正旦	《金史·交聘表》，《宋史》卷三八，《永乐大典》卷一二九六五	《宋史》卷三八载，十二月乙卯至。《金史·交聘表》不载副使。《永乐大典》卷一二九六五载："（嘉泰四年）十二月乙卯，金主遣殿前右副都点检乌林答毅、太常少卿贾益来贺明年正旦。"
泰和五年（1205）九月甲申	纥石烈子仁（河南路统军使）	贺宋瑞庆节	《金史·交聘表》，《宋史》卷三八	《宋史》卷三八记为开禧元年十月庚午
泰和五年（1205）十一月乙酉	赵之杰（太常卿）	贺宋正旦	《金史·交聘表》，《宋史》卷三八，《永乐大典》卷一二九六〇	《宋史》卷三八记为开禧元年十二月戊寅，《永乐大典》卷一二九六〇载："金主遣礼部尚书赵之杰来贺来年正旦。"
泰和六年（1206）十一月	韩元靓	议和	《宋史》卷三九五《方信儒传》，《金史·交聘表》	
泰和八年（1208）七月戊申	完颜侃（左副都点检）乔宇（礼部侍郎）	议和	《金史》卷一二，《宋史》卷三九，《金史·交聘表》	《宋史》卷三九记嘉定元年九月辛丑至
泰和八年（1208）八月己丑	高汝砺（户部尚书）	贺宋生辰使	《宋史》卷三九，《金史·交聘表》	《宋史》卷三九记嘉定元年十月癸未至

（续　表）

时　间	使、副姓名及官衔	任　务	资料出处	备　考
嘉定二年 (1209) 正月辛丑	裴满正 孙椿	告哀	《宋史》卷三九,《宋史全文》卷三〇	《交聘表》失载,"孙椿"据《宋史全文》补
嘉定二年 (1209) 正月庚申	蒲察知刚 刘仲渊	献遗留物	《宋史》卷三九	《金史·交聘表》不载
嘉定二年 (1209) 二月己巳	缺载	告即位	《宋史》卷三九	《金史·交聘表》不载
嘉定二年 (1209) 十月丁丑	缺载	贺宋瑞庆节	《宋史》卷三九	《金史·交聘表》不载
嘉定二年 (1209) 十二月丙戌	缺载	贺宋正旦	《宋史》卷三九	《金史·交聘表》不载
嘉定三年 (1210) 十月壬申	缺载	贺宋瑞庆节	《宋史》卷三九	《金史·交聘表》不载
嘉定三年 (1210) 十二月辛巳	缺载	贺宋正旦	《宋史》卷三九	《金史·交聘表》不载
嘉定四年 (1211) 十二月乙巳	缺载	贺宋正旦	《宋史》卷三九	《金史·交聘表》不载
嘉定四年 (1211) 十月				本年金国有难,贺宋生辰使不至
嘉定五年 (1212) 十月戊子	缺载	贺宋瑞庆节	《宋史》卷三九	《金史·交聘表》不载
嘉定五年 (1212) 十二月己亥	缺载	贺宋正旦	《宋史》卷三九	《金史·交聘表》不载

（续　表）

时　间	使、副姓名及官衔	任　务	资料出处	备　考
贞祐元年 （1213） 闰九月	乌林荅与（奉国上将军武卫军都指挥使） 高霖（尚书户部侍郎）	报谕，告即位	《宋史》卷三九，《金史·交聘表》	
嘉定六年 （1213） 十二月癸亥	缺载	贺宋正旦	《宋史》卷三九	《金史·交聘表》不载
嘉定七年 （1214） 三月	缺载	督二年岁币	《宋史》卷三九	《金史·交聘表》不载
嘉定七年 （1214） 七月	缺载	告迁都南京	《宋史》卷三九	《金史·交聘表》不载
嘉定七年 （1214） 八月	缺载	督岁币	《宋史》卷三九	《金史·交聘表》不载
嘉定七年 （1214） 十二月	缺载	贺宋正旦	《宋史》卷三九	《金史·交聘表》不载
贞祐三年 （1215） 九月己巳	把胡鲁（左谏议大夫） 徒单欧里白（尚书工部侍郎）	贺宋生日	《金史·交聘表》，《宋史》卷三九	《宋史》卷三九载嘉定八年十月壬寅至
贞祐三年 （1215） 十一月庚辰	蒲察五斤（拱卫直都指挥使） 杨云翼（尚书礼部侍郎）	贺宋正旦	《金史·交聘表》，《宋史》卷三九，《遗山先生文集》卷一八	《宋史》卷三九载嘉定八年十二月辛亥至。《遗山先生文集》卷一八《内相文献公神道碑铭》载："（杨云翼）三年任礼部侍郎，兼提点司天台，充赐宋国岁元国信副使。"

时　间	使、副姓名及官衔	任　务	资料出处	备　考
贞祐四年 (1216) 九月乙未	完颜奴婢(荣禄大夫中卫尉) 纳坦谋嘉(太子少詹事)	贺宋生辰使	《金史·交聘表》,《宋史》卷三九	《宋史》卷三九记为嘉定九年十月丙申至
贞祐四年 (1216) 十一月甲辰	完颜和尚(尚书工部侍郎) 仆散毅夫(尚书右司郎中)	贺宋正旦	《金史·交聘表》,《宋史》卷三九	《宋史》卷三九记为嘉定九年十二月乙亥至
兴定二年 (1218) 十二月甲寅	吕子羽(开封府治中) 冯璧(南京路转运副使)	详问宋国使	《金史·交聘表》,《金史》卷一四,《遗山先生文集》卷一九	行至淮中流,宋人拒止之,自此和好遂绝。《遗山先生文集》卷一九《内翰冯公神道碑铭》:"(兴定)三年春,上以宋人利吾北难,岁币不入者累年,假公(冯璧)安远大将军兵部侍郎充国信副使,副吕子羽详问。宋人拒于淮上,使者不得行。"
正大元年 (1224) 三月	遣忠孝军三百,送省令史李唐英往滁州通好。宋人宴犒旬日,以奏禀为辞,和事不成		《金史·交聘表》	
正大四年 (1227) 六月	遣前御史大夫完颜和周为议和使		《金史》卷一七	
正大七年 (1230)	扬州制置赵善湘遣黄谟诣京东帅府约和,朝廷以宁陵令王渥往议,凡再往,约竟不成		《金史·交聘表》	

引 用 书 目

凡例：

一、本目录为引用书目，凡曾参考而书中未曾引用者不列，以避繁复。

二、本目录分古籍、近人著述、外文著述三目。

三、古籍略依《四库总目》之分类。

四、近人著述与外文著述依作者姓名首字排列。

一、古 籍 之 属

经部之属

[宋]方闻一：《大易粹言》，文渊阁《四库全书》本。

[宋]卫湜：《礼记集说》，文渊阁《四库全书》本。

[宋]叶时：《礼经会元》，文渊阁《四库全书》本。

[清]秦蕙田：《五礼通考》，文渊阁《四库全书》本。

史部之属

[汉]司马迁：《史记》，中华书局 1995 年。

[汉]班固：《汉书》，中华书局 1995 年。

[梁]沈约：《宋书》，中华书局 1995 年。

[唐]李百药:《北齐书》,中华书局 1995 年。

[后晋]刘昫:《旧唐书》,中华书局 1995 年。

[元]脱脱:《宋史》,中华书局 1995 年。

[元]脱脱:《辽史》,中华书局 1974 年。

[元]脱脱:《金史》,中华书局 1995 年。

[宋]欧阳修:《新五代史》,中华书局 1995 年。

[宋]李心传:《建炎以来系年要录》,上海古籍出版社 1992 年。

[宋]李心传:《建炎以来系年要录》,胡坤点校本,中华书局 2013 年。

[宋]司马光编著,[元]胡三省音注:《资治通鉴》,中华书局 1987 年。

[宋]刘时举:《续宋编年资治通鉴》,丛书集成新编本。

[宋]李焘:《续资治通鉴长编》,中华书局 1985 年。

[宋]熊克:《中兴小纪》,顾吉辰点校,福建人民出版社 1985 年。

[宋]佚名:《宋史全文》,李之亮点校本,黑龙江人民出版社 2005 年。

[宋]徐梦莘:《三朝北盟会编》,上海古籍出版社 1987 年。

[宋]宇文懋昭:《大金国志》,崔文印校证本,中华书局 1986 年。

[金]佚名:《大金吊伐录》,金少英校补本,中华书局 2001 年。

[宋]洪皓:《松漠纪闻》,阳羡生点校,《宋元笔记小说大观》第三册,上海古籍出版社 2001 年。

[宋]陈准:《北风扬沙录》,《金史辑佚》本,吉林文史出版社 1990 年。

[宋]钟邦直:《宣和乙巳奉使行程录》,陈乐素校补本。

[宋]程卓:《使金录》,《续修四库全书》本。

[宋]倪思:《重明节馆伴语录》,载《永乐大典》卷 11312,中华书局 1986 年。

[宋]周煇:《北辕录》,丛书集成新编本。

[宋]范成大:《揽辔录》,丛书集成新编本。

[宋]楼钥:《攻媿集》,四部丛刊初编本。

[明]杨士奇:《历代名臣奏议》,文渊阁《四库全书》本。

[宋]岳珂:《鄂国金佗稡编·续编校注》,王曾瑜点校,中华书局 1989 年。

[明]宋濂:《浦阳人物记》,文渊阁《四库全书》本。

[宋]杜大珪:《名臣碑传琬琰之集》,文渊阁《四库全书》本。

[宋]陆游:《入蜀记》,知不足斋丛书本,《宋史资料萃编》第四辑,文海出版社 1981 年。

[宋]潜说友:《咸淳临安志》,《宋元方志丛刊》第四册,中华书局 1990 年。

[宋]周淙:《乾道临安志》,《宋元方志丛刊》第四册,中华书局 1990 年。

[宋]徐兢:《宣和奉使高丽图经》,文渊阁《四库全书》本。

[宋]范成大:《吴郡志》,《宋元方志丛刊》第一册,中华书局 1990 年。

[清]赵宏恩编:《江南通志》,文渊阁《四库全书》本。

[清]沈翼机编:《浙江通志》,据清乾隆元年重修本影印,京华书局 1967 年。

[宋]施宿:《嘉泰会稽志》,《宋元方志丛刊》第七册,中华书局 1990 年。

[清]谢旻编:《江西通志》,文渊阁《四库全书》本。

[朝]佚名:《朝鲜史略》,文渊阁《四库全书》本。

[宋]陈骙等:《南宋馆阁录》,张富祥点校,中华书局 1998 年。

[清]徐松辑:《宋会要辑稿》,中华书局 1957 年。

[宋]李心传:《建炎以来朝野杂记》,徐规点校本,中华书局 2000 年。

[元]马端临:《文献通考》,华东师大出版社 1985 年。

[金]张暐:《大金集礼》,丛书集成新编本。

[明]王圻:《续文献通考》,现代出版社 1986 年。

[清]永瑢:《四库全书总目》,中华书局 1956 年。

[宋]陈振孙:《直斋书录解题》,徐小蛮点校,上海古籍出版社 1987 年。

[明]焦竑撰:《国史经籍志》,冯惠民、李万健等选编:《明代书目题跋丛刊》上册,书目文献出版社 1994 年。

[宋]尤袤:《遂初堂书目》,海山仙馆丛书本,载《中国历代书目丛刊》第一辑,现代出版社 1987 年。

[明]杨士奇:《文渊阁书目》,冯惠民、李万健等选编:《明代书目题跋丛刊》上册,书目文献出版社 1994 年。

[宋]晁公武、赵希弁:《郡斋读书志》,孙猛校证本,上海古籍出版社 1990 年。

[清]陆心源:《宋史翼》,中华书局1991年。

[宋]留正:《增入名儒讲义皇宋中兴圣政》,宛委别藏本。

子部之属

[宋]黎靖德编《朱子语类》,中华书局1986年版。

[宋]黄震:《黄氏日抄》,文渊阁《四库全书》本。

[宋]吴自牧:《梦粱录》,知不足斋丛书本,《宋史资料萃编》第四辑,文海出版社1981年。

[宋]周密:《齐东野语》,黄益元校点本,《宋元笔记小说大观》第五册,上海古籍出版社2001年。

[宋]周煇:《清波杂志》,中华书局1994年。

[宋]赵彦卫:《云麓漫钞》,张国星点校本,辽宁教育出版社1998年。

[宋]周密:《武林旧事》,据清武林掌故丛编本影印,广陵书社2003年。

[宋]岳珂:《愧郯录》,四部丛刊续编本。

[宋]岳柯:《桯史》,黄益元点校,载《宋元笔记小说大观》第四册,上海古籍出版社2001年。

[宋]王明清:《挥麈录》,上海书店2001年。

[宋]吴曾:《能改斋漫录》,上海古籍出版社1979年。

[金]刘祁:《归潜志》,黄益元点校,《宋元笔记小说大观》第六册,上海古籍出版社2001年。

[宋]叶梦得:《石林燕语》,《宋元笔记小说大观》第三册,上海古籍出版社2001年。

[宋]赵昇:《朝野类要》,文渊阁《四库全书》本。

[清]钱大昕:《十驾斋养新录》,江苏古籍出版社1997年。

[清]赵翼:《廿二史劄记》,黄寿成校点,辽宁教育出版社2000年。

[宋]高承:《事物纪原》,金园点校本,中华书局1989年。

[宋]王应麟:《玉海》,广陵书社2007年。

[宋]孙逢吉:《职官分纪》,文渊阁《四库全书》本。

［元］富大用：《古今事文类聚》，文渊阁《四库全书》本。

［明］陶宗仪：《说郛》，上海古籍出版社 1988 年。

［明］谢缙编：《永乐大典》，中华书局 1986 年。

集部之属

［宋］宋庠：《元宪集》，武英殿聚珍本。

［宋］欧阳修：《欧阳文忠公集》，四部丛刊初编本。

［宋］苏颂：《苏魏公文集》，文渊阁《四库全书》本。

［宋］曹彦约：《昌谷集》，文渊阁《四库全书》本。

［宋］陆九渊：《象山集》，四部丛刊初编本。

［宋］叶适：《水心先生文集》，四部丛刊初编本。

［宋］胡铨：《澹庵文集》，文渊阁《四库全书》本。

［宋］杨时：《龟山集》，文渊阁《四库全书》本。

［宋］曹勋：《松隐集》，文渊阁《四库全书》本。

［宋］李纲：《梁溪先生文集》，清福建刻本。

［宋］宗泽：《宗忠简集》，江苏古籍出版社 1984 年。

［宋］朱熹：《朱子文集》，陈俊民校订本，德富文教基金会 2000 年。

［宋］陈宓：《复斋先生龙图陈公文集》，《续修四库全书》本。

［宋］陈渊：《默堂先生文集》，四部丛刊三编本。

［宋］陈耆卿：《筼窗集》，文渊阁《四库全书》本。

［宋］刘爚：《云庄集》，文渊阁《四库全书》本。

［宋］杨万里：《诚斋集》，四部丛刊初编本。

［宋］吴泳：《鹤林集》，文渊阁《四库全书》本。

［宋］楼钥：《攻媿集》，四部丛刊初编本。

［宋］崔敦诗：《崔舍人玉堂类稿》，《续修四库全书》本。

［宋］洪适：《盘洲文集》，四部丛刊初编本。

［宋］沈与求：《沈忠敏公龟溪集》，四部丛刊续编本。

［宋］周必大：《文忠集》，清光绪二十五年刻本。

［宋］汪藻:《浮溪集》,四部丛刊初编本。

［宋］刘才邵:《檆溪居士集》,文渊阁《四库全书》本。

［宋］周麟之:《海陵集》,海陵丛刻本。

［宋］陈傅良:《止斋集》,四部丛刊初编本。

［宋］郑刚中:《北山集》,文渊阁《四库全书》本。

［宋］张纲:《华阳集》,四部丛刊三编本。

［宋］张扩:《东窗集》,文渊阁《四库全书》本。

［宋］魏了翁:《鹤山先生文集》,四部丛刊初编本。

［宋］汪应辰:《文定集》,文渊阁《四库全书》本。

［宋］真德秀:《西山文集》,四部丛刊初编本。

［宋］韩元吉:《南涧甲乙稿》,文渊阁《四库全书》本。

［宋］卫泾:《后乐集》,文渊阁《四库全书》本。

［宋］刘克庄:《后村先生大全集》,四部丛刊本初编本。

［宋］王之望:《汉滨集》,文渊阁《四库全书》本。

［金］元好问:《遗山先生文集》,四部丛刊初编本。

［元］许有壬:《圭塘小稿》,文渊阁《四库全书》本。

［元］白珽:《湛渊静语》,文渊阁《四库全书》本。

［明］程敏政:《新安文献志》,文渊阁《四库全书》本。

［清］沈嘉辙等:《南宋杂事诗》,文渊阁《四库全书》本。

［清］厉鹗:《宋诗纪事》,上海古籍出版社 1983 年。

二、近人著述之属

B

包伟民主编:《宋代制度史研究百年》,商务印书馆 2004 年。

C

陈乐素:《求是集》,广东人民出版社 1984 年。

陈述:《辽金史论集》,上海古籍出版社1987年。

陈学霖:《金宋史论丛》,香港中文大学出版社2003年。

D

邓广铭:《岳飞传》,三联书店1955年。

丁傅靖辑:《宋人轶事汇编》,台湾商务印书馆1982年。

F

傅乐焕:《辽史丛考》,中华书局1984年。

傅璇琮主编:《全宋诗》,北京大学出版社1991年。

G

龚延明编著:《宋代官制辞典》,中华书局1997年。

H

韩酉山:《秦桧传》,上海古籍出版社1999年。

何竹淇:《岳飞抗金史略》,三联书店1959年。

何忠礼、徐吉军:《南宋史稿》,杭州大学出版社1999年。

黄现璠:《宋代太学生之救国运动》,民国丛书,上海书店1996年。

J

贾敬颜:《五代宋金元人边疆行记十三种疏证稿》,中华书局2004年。

L

李修生:《元杂剧史》,江苏古籍出版社2002年。

李之亮:《宋代京朝官通考》,巴蜀书社2003年。

李澍田编:《金史辑佚》,吉林文史出版社1990年。

刘浦江:《辽金史论》,辽宁大学出版社1999年。

刘子健:《两宋史研究汇编》,台北联经出版事业公司1987年。

鲁歌等:《历代歌咏诗词选注》,长江文艺出版社1982年。

M

莫砺锋主编《第二届宋代文学国际研究讨会论文集》,江苏教育出版社2003年。

牟润孙:《注史斋丛稿》,中华书局1987年。

N

聂崇歧：《宋史丛考》，中华书局1980年。

Q

乔幼梅：《宋辽夏金经济史研究》，齐鲁书社1995年。

S

沈起炜：《宋金战争史略》，湖北人民出版社1958年。

T

陶晋生：《宋辽关系史研究》，台北联经出版事业公司1984年。

陶晋生：《金海陵帝的伐宋与采石战役的考实》，台湾大学文学院《文史丛刊》1963年。

W

王曾瑜：《岳飞和南宋前期政治与军事研究》，河南大学出版社2002年。

王曾瑜：《荒淫无道宋高宗》，河北人民出版社1999年。

X

谢诒徵：《宋之外交》，上海大东书局1935年。

Y

姚从吾：《东北史论丛》，台北中正书局1959年。

Z

张峻荣：《南宋高宗偏安江左原因之探讨》，台北文史哲出版社1986年。

周君远：《徽钦北徙录》，上海书店1941年。

赵永春：《金宋关系史研究》，吉林教育出版社1999年。

朱瑞熙等：《辽宋西夏金社会生活史》，中国社会科学出版社1998年。

诸葛忆兵：《宋代宰辅制度研究》，中国社会科学出版社2000年。

祝尚书：《宋人别集叙录》，中华书局1999年。

中国古籍善本书目编辑委员会：《中国古籍善本书目》，上海古籍出版社1985年。

三、外文著述之属

Chan Hok-lam, Legitimation in Imperial China（1115—1234）, the University of Washington Press, 1984.

Edmund H. Worthy, JR：Diplomacy for survival：Domestic and Foreign Relations of Wu Yueh, 907—978, Morris Rossabi, ed., China Among Equals.

Herbert Frank：Sung Embassies：Some General Observations, Morris Rossabi, China among Equals.

J. K. Fairbank, The Chinese World order, Harvard University Press, 1968.

Morris Rossabi, China among Equals：The Middle Kingdom and Its Neighbors, 10th—14th Centuries, University of California Press, 1984.

Tao. Jin-shen, Two Sons of Heaven, The University of Arizona Press, 1999.

［日］加藤繁:《中国经济史考证》,台北华世出版社 1981 年。

［日］外山军治:《金朝史研究》,李东源译,黑龙江朝鲜民族出版社 1988 年。

《刘子健博士颂寿纪念宋史研究论集》,（京都）同朋舍 1989 年。

［日］加藤繁:《唐宋时代之金银研究》,台北新文丰出版公司 1974 年。

［德］傅海波等编《剑桥中国辽西夏金元史》,史卫民等译,中国社会科学出版社 1998 年。

后　　记

　　本书是在我的博士论文《宋金交聘制度研究》(复旦大学,2005 年)基础上修改而成。论文的主题是我的导师姚大力教授确定的:以宋金关系为主线,考察宋人是怎样看待女真人,宋人是怎样处理观念与现实之间的差距。这原本是一个很漂亮的题目,但以我当时的学力还不能完全把握,只能中规中矩地做出《宋金交聘制度研究》这样一篇论文,完成了博士阶段的学业,不能不说是一个遗憾。毕业以后,穷于各种应付,在闲暇之余,常常思考如何修改它,一放就是近十年。而今本书付印之际,我如获重释,就像压在心里十年的债,终于还清了。

　　感谢我的导师姚大力教授。在我做论文的阶段,正值姚师赴日本交流。那时笔记本电脑还未像现在这样普遍,在日本姚师没有自己的专用电脑,在没有中文系统的公用电脑上,他用英文打出修改意见,然后用电子邮件传给我。以姚师"一指禅"的打字功夫,不知道那一封封邮件花去了他多少时间!

　　感谢论文答辩委员会的王家范教授、朱维铮教授、虞云国教授、严耀中教授、韩昇教授。他们提出的各种意见,令我获益匪浅。同时感谢我的同门师弟温海清,他在我的论文答辩过程中,承担了诸如论文送审等杂务。

　　感谢我的父母家人。我的老妈妈一直帮我带孩子,让我腾出时间看书学习。我的兄弟姐妹一直默默支持着我,我的爱人冯国栋阅读过本书若干章节,并提出意见。还要对我八岁的儿子说声谢谢。在他两岁时,不得不将他送回老家,他小小的手紧紧拉着我,哭着说:"妈妈,我要跟你一起走。"我不知道当时是怎样挣扎着离开老家。回想当初,我现在还常常自责。儿子很懂事,四五岁时就会说"妈妈在工作,我们不要打扰她",还贴心地将书房的门关好。读书人的生活简单而忙碌,在儿子的成长过程中,我投入的时间太少了。

感恩所拥有的一切。

是为记。

2014 年 8 月于港湾家园寓所

图书在版编目（CIP）数据

宋金交聘制度研究（1127—1234）/李辉著．—上海：上海古籍
出版社，2023.5
（南宋及南宋都城临安研究系列丛书·博士文库）
ISBN 978-7-5732-0680-0

Ⅰ.①宋… Ⅱ.①李… Ⅲ.①官制—研究—中国—宋
代②官制—研究—中国—金代 Ⅳ.①D691.42

中国国家版本馆 CIP 数据核字（2023）第 058959 号

南宋及南宋都城临安研究系列丛书·博士文库

宋金交聘制度研究（1127—1234）　　　　李　辉 著

责任编辑　陈丽娟
出版发行　上海古籍出版社
　　　　　地址：上海市闵行区号景路 159 弄 1—5 号 A 座 5F　邮编：201101
　　　　　（1）网址：www.guji.com.cn
　　　　　（2）E-mail：gujil@guji.com.cn
　　　　　（3）易文网网址：www.ewen.co
印　　刷　上海颛辉印刷厂有限公司
开　　本　787×1092 毫米　1/16
印　　张　17.25
字　　数　247 千
版 印 次　2023 年 5 月第 1 版　2023 年 5 月第 1 次印刷
书　　号　ISBN　978-7-5732-0680-0/K·3364
定　　价　86.00 元